Carl-Auer
Fachbücher für jede:n

Unseren großartigen Töchtern M. und P.

Christel Rech-Simon, Fritz B. Simon

Survival-Tipps für Adoptiveltern

Vierte Auflage, 2023

Reihe: »Fachbücher für jede:n«
Lektorat: Barbara Imgrund, Heidelberg
Gestaltung: Uwe Göbel
Satz: Verlagsservice Hegele, Heiligkreuzsteinach
Printed in Germany
Druck und Bindung: CPI books GmbH, Leck

MIX
Papier | Fördert gute Waldnutzung
FSC® C083411

Vierte Auflage, 2023
ISBN 978-3-8497-0510-7 (Printausgabe)
ISBN 978-3-8497-8453-9 (ePub)

Bibliografische Information der Deutschen Nationalbibliothek:
Die Deutsche Nationalbibliothek verzeichnet diese Publikation
in der Deutschen Nationalbibliografie; detaillierte bibliografische
Daten sind im Internet über http://dnb.d-nb.de abrufbar.

Informationen zu unserem gesamten Programm, unseren Autoren
und zum Verlag finden Sie unter: **https://www.carl-auer.de/**.
Dort können Sie auch unseren Newsletter abonnieren.

Carl-Auer Verlag GmbH
Vangerowstraße 14 • 69115 Heidelberg
Tel. +49 6221 6438-0 • Fax +49 6221 6438-22
info@carl-auer.de

Inhalt

Danksagung

Unser Dank gilt unseren beiden Töchtern, die uns nicht erlaubt haben, in Ruhe alt zu werden. Sie haben uns mit genug Herausforderungen versorgt (und tun das noch), um nicht in bewusstlosem Dämmerzustand das Leben zu verpassen. Ohne sie hätten wir uns sicher weniger Gedanken darüber gemacht, was für uns wirklich wichtig ist …

1 Einleitung

1.1 Wozu dieses Buch?

Brauchen Adoptiveltern Ratschläge, die sich von denen für Eltern nichtadoptierter Kinder unterscheiden? Und geht es dabei wirklich um ihr »Überleben«, wie der leicht dramatisierende Titel dieses Buches unterstellt? Wir meinen, dass beide Fragen mit »Ja« zu beantworten sind. Denn es gibt Adoptivfamilien, in denen Eltern wie Kinder an existenzielle Grenzen kommen und in denen zumindest das psychische Überleben der Beteiligten gefährdet erscheint.

Dass dies nur in einer Minderheit der Fälle zutrifft, muss zu Beginn betont werden. Denn die meisten Adoptionsgeschichten unterscheiden sich nicht oder nur wenig von den Geschichten biologischer Familien. Dieses Buch ist aber, um Missverständnisse von vornherein zu vermeiden, für diejenigen Adoptiveltern gedacht, die sich mit unerwarteten Problemen konfrontiert sehen – wenn sie sich im Umgang mit ihrem Kind als Akteure in einem Drama finden, das sie sich nicht hätten träumen lassen und auf das sie keiner vorbereitet hat.

Adoptiveltern, die den Eindruck haben, die Konflikte und Probleme, die sie mit ihren Kindern gelegentlich haben, seien nicht anders als in anderen Familien – denn Konflikte sind ja in keiner Familie vermeidbar (Trotzphase, Pubertät etc.) –, die brauchen hier gar nicht weiter zu lesen. Sie werden wahrscheinlich nicht ansatzweise nachvollziehen können, um welche Schwierigkeiten es in diesem Buch gehen soll.

Ganz allgemein geht ja die Frage, ob man seine Kinder »richtig« oder »falsch« erzieht, immer an den Kern der elterlichen Identität. Deswegen sind Erziehungsfragen sehr intim und emotional hoch brisant. Wenn mit den Kindern alles gut geht, dann schreiben sich die Eltern die Verantwortung zu. Sie meinen (wie die Leute in ihrem Umfeld auch), sie hätten ihren Job hinreichend gut erledigt. Und das stimmt wahrscheinlich auch. Damit Kinder gedeihen, müssen die Eltern nicht Kinderpsychologie studiert haben, es reichen in der Regel »hinreichend gute Eltern« – so zeigt die Forschung.

Wenn es aber Probleme mit den Kindern gibt – wenn es zu großen Konflikten oder zu auffälligen Verhaltensweisen des Kindes kommt –, dann sehen sich die Eltern infrage gestellt – nicht nur von anderen (das auch), sondern vor allem von sich selbst. Denn der Schluss liegt ja nahe, dass die Eltern vieles (oder gar alles) falsch gemacht haben, wenn die Kinder »aus der Spur« geraten. Da Eltern schon seit Urzeiten ihre Kinder großziehen, sollte es doch eigentlich – so die öffentliche Meinung – kein so großes Problem sein, sie in Anstand und Würde großzuziehen. Wenn also »die Karre in den Dreck gefahren wird«, dann richtet sich der Blick bei der Suche nach den Schuldigen auf die Eltern, schließlich sollten sie ja am Steuer zu sitzen. Sie scheinen intellektuell oder emotional ihrer Aufgabe nicht gewachsen zu sein (zu »dumm«, zu »nachlässig« oder zu »uneinfühlsam« usw., um zu wissen oder zu spüren, was Kinder brauchen).

Wenn so geurteilt wird, dann liegt dahinter eine Vorstellung der Eltern-Kind-Beziehung, in der *richtig* und *falsch* die Endpunkte eines Spektrums von Verhaltensmöglichkeiten sind. Am einen Ende ist das *total falsche* Verhalten von Eltern einzuordnen, am anderen Ende das *vollkommen richtige*. Die meisten Durchschnittseltern sind in diesem Modell mit ihrem Verhalten irgendwo in der Mitte zu positionieren, d. h., sie machen weder alles richtig noch alles falsch. Und das Gedeihen oder Missraten der Kinder ist der Test dafür (»Es fällt ja immer auf die Eltern zurück!«).

Solch eine Sichtweise geht – nicht ganz zu Unrecht, aber auch nicht ganz zu Recht – davon aus, dass alle Kinder irgendwie gleich bzw. ähnlich sind und in gewisser Weise dieselben Bedürfnisse haben. Daher müsste eigentlich auch die Eltern-Kind-Beziehung immer in irgendeiner Form ähnlich oder gleich sein, und Eltern müssten immer irgendwie Ähnliches tun. Der Unterschied zwischen »guten« und »schlechten« Eltern bzw. funktionalen und dysfunktionalen Eltern-Kind-Beziehungen ist in dieser Sichtweise eher quantitativ bestimmt: Die Eltern haben entweder *zu wenig* oder *zu viel* Liebe, Einfühlung, Fürsorge (oder was auch immer) gegeben oder *zu wenig* oder *zu viel* Grenzen gesetzt, Machtworte gesprochen, Disziplin eingefordert usw.

Doch diese Sichtweise wird den Adoptivfamilien, in denen es zu größeren Schwierigkeiten kommt, nicht gerecht. Denn wenn dort die Eltern das tun, was üblicherweise von »guten Eltern« erwartet wird (und woran sie sich selbst auch meistens orientieren), dann scheitern sie grandios.

Es gibt Adoptivkinder, bei denen die nach »gesundem Menschenverstand« und pädagogischer wie psychologischer Lehrmeinung richtigen erzieherischen Verhaltensweisen der Eltern desaströse Folgen haben. Sie sind – so kann aus der Außenperspektive gesagt werden – *falsch*, denn sie führen leider nur zu oft in die Katastrophe.

Um es auf eine – in ihrer Radikalität hoffentlich unmissverständliche – Formel zu bringen: *Viele elterliche oder erzieherische Verhaltensweisen, die im Umgang mit durchschnittlichen Kindern (ob adoptiert oder nicht) richtig sind, erweisen sich im Umgang mit bestimmten Adoptivkindern schlicht und einfach als falsch.* Und je mehr Eltern und Erzieher das tun, was allgemein als »richtig« gilt, umso verfahrener und auswegloser wird die Situation.

Doch das weiß kaum jemand, sogar nur die wenigsten der vermeintlichen Experten. So geraten die Eltern dieser Kinder fast zwangsläufig in eine extrem schwierige Sandwichposition. Sie sind auf der einen Seite dem für sie oft nicht verstehbaren und uneinfühlbaren Verhalten ihres Kindes ausgeliefert, und auf der anderen Seite stehen sie Verwandten, Freunden, Nachbarn und mehr oder minder wohlmeinenden Sozialarbeitern und Lehrern gegenüber, von denen sie sich genauso wenig verstanden fühlen, wie sie ihr Kind verstehen. All deren gute Ratschläge sind zu nichts nütze, weil sie von bestimmten Vorannahmen über die Eltern-Kind-Beziehung ausgehen, die in »durchschnittlichen« Familien mit »durchschnittlichen« Kindern passend sind, in ihrem Fall aber nicht.

Um unser Thema noch einmal perspektivisch einzuordnen: Glaubt man den Statistiken, so entwickeln sich die meisten Adoptionen zur Zufriedenheit der Beteiligten, und nur eine Minderheit hat die Art von Schwierigkeiten, von denen wir im Folgenden sprechen wollen. Doch um genau diese Fälle geht es uns. Wir wollen, ganz *parteiisch*, den Familien, in denen die Adoption zum Drama gerät, Hilfestellung leisten. Um dies tun zu können, haben wir die Fachliteratur studiert, Interviews mit betroffenen Familien geführt, Theorien diskutiert und die Erfahrungen von Experten ausgewertet.

Neben dem fachlichen Interesse haben wir aber auch einen persönlichen Grund, dieses Buch zu verfassen. Wir sind selbst Eltern von Adoptivkindern. Was uns auf den ersten Blick von den meisten anderen Adoptiveltern unterscheidet, ist, dass wir lange Jahre hauptberuflich mit Kindern und Familien gearbeitet haben (als analytische Kinder- und Jugendlichenpsychotherapeutin bzw. als systemischer Familientherapeut), und wir haben beide eine psychoanalytische Ausbildung genossen. Daher haben wir auch ganz gute Vorstellungen davon, was sich in der Psyche eines Kindes abspielt und wie Familien funktionieren. Wir sind außerdem darin trainiert, unsere eigenen Gefühle und Gedanken im Umgang mit anderen Menschen kritisch zu beobachten und zu reflektieren. Doch all unser Training hat uns nur begrenzt geholfen, mit den Herausforderungen umzugehen, die mit der Adoption unserer Kinder verbunden waren. Es gab immer wieder Momente, in denen wir mit unserem Latein am Ende waren und die uns an unserer Kompetenz, ja, an uns selbst zweifeln ließen. Es waren Situationen, auf die uns unsere Ausbildung nicht vorbereitet hatte und in denen wir alle »guten« Ratschläge von Kollegen und anderen Experten als irgendwie »daneben« erlebten. Und wir fanden uns oft in einer Lage, in der wir uns vom Rest der Welt nur sehr begrenzt verstanden und manchmal sogar unverhüllt abgelehnt und ausgegrenzt fühlten.

In diesen Phasen hätten wir gern ein Buch gehabt, in dem wir uns nicht nur in unserer besonderen Lage als Adoptiveltern wiedererkannt hätten, sondern in dem wir auch konkrete Ratschläge gefunden hätten, was wann wie zu tun ist – im Umgang mit unseren Kindern, den Nachbarn, den Lehrern usw.

Nun sind unsere Kinder erwachsen, und wir haben in den Jahren seit ihrer Adoption Vieles erfahren und – schmerzlich wie freudig – gelernt, dessen Kenntnis für Adoptiveltern hilfreich und ermutigend sein könnte.

Dennoch ist dies kein Buch über unsere Kinder, sondern unser Ziel war, *das* Buch zu schreiben, das wir gern zur Hand gehabt hätten, als wir – manchmal am Rande der Verzweiflung – in Schwierigkeiten mit unseren Kindern geraten sind.

Unser Vorteil als therapeutische Profis war und ist, dass wir nicht so leicht einzuschüchtern sind wie »normale«, d. h. fachlich unvorbelastete, Eltern. Wir konnten immer zwischen der Innenperspektive der emotional betroffenen und beteiligten Eltern und der etwas distanzierteren Außenperspektive von Therapeuten, die (auch) mit Adoptivfamilien arbeiten, wechseln und den Blick aus beiden Winkeln zueinander in Beziehung setzen.

Unsere Hoffnung ist, dass wir anderen Adoptiveltern mit diesem Buch ganz konkrete Hilfestellungen geben können, um die manchmal existenziellen Herausforderungen, mit denen sie konfrontiert werden (können), relativ (!) gelassen, vor allem aber zuversichtlich (!) durchzustehen. Dabei geht es uns nicht darum, das Thema Adoption in all seiner psychologischen und soziologischen Vielschichtigkeit abzuhandeln, sondern wir wollen den betroffenen Eltern »Survival-Tipps« geben, um so nicht nur ihr eigenes, sondern auch das (emotionale, soziale etc.) Überleben ihrer Kinder ein wenig leichter zu machen.

Und, um auch in dem Punkt keine Missverständnisse aufkommen zu lassen: Dieses Buch soll keineswegs vor der Adoption warnen. Wir halten Adoption für eine großartige Sache – und die Mehrheit der problemlosen Adoptionen belegt dies. Auch für uns – wie für viele unserer Interviewpartner – gehört die Adoption unserer Kinder zu den sinnvollsten Dingen, die wir im Leben getan haben.

Um die Botschaft, die wir geben wollen, gleich zu Beginn deutlich zu formulieren: Auch in den schwierigsten und scheinbar ausweglosesten Situationen gibt es guten Grund, die Zuversicht zu bewahren: Man ist als Mutter oder Vater nicht hilflos, man kann etwas tun – auch wenn dies oft etwas anders ist, als gemeinhin erwartet wird …

1.2 Gebrauchsanweisung

Ein paar Worte zur Struktur und Benutzung des Buches: Auch wenn wir im Titel Tipps versprechen, so ist das, was im Alltag einer Familie so alles geschehen kann, nicht vorhersehbar. Das heißt, niemand kann heute wissen, ob, wann und in welcher Lage Eltern solche Tipps morgen brauchen werden. Außerdem sind keine zwei Situationen im Leben unterschiedlicher Familien gleich. Jede Familie ist unverwechselbar, jedes Kind – ob adoptiert oder nicht –, jede Mutter und jeder Vater ist einzigartig.

Aber trotzdem gibt es gewisse Anforderungen und Herausforderungen im Leben von Kindern und Eltern, die sie alle bewältigen müssen und denen keiner entgeht. Das betrifft zunächst einmal bestimmte körperliche Entwicklungen, die biologisch vorgegeben sind. Man kann sich – außer vielleicht im Roman – nicht entscheiden, nicht zu wachsen oder nicht älter zu werden.

Und so, wie man bestimmte körperliche Veränderungen psychisch und im Umgang miteinander bewältigen muss, müssen die Mitglieder *jeder* Familie mit der Tatsache umgehen, dass es im sozialen Umfeld bestimmte Vorstellungen und Anforderungen an das Verhalten jedes Einzelnen gibt, denen er oder sie gerecht werden muss, wenn sie oder er vorhersehbare negative Konsequenzen vermeiden will.

Trotz der unverwechselbaren Einzigartigkeit jedes Individuums sind aber auch – das ist einer der oft schwer zu fassenden Widersprüche – alle Menschen ähnlich »gestrickt«. Eigenarten, die alle Menschen charakterisieren, charakterisieren auch jeden einzelnen Menschen.

Dasselbe gilt für Familien: Auch hier kann gesagt werden, dass es wahrscheinlich keine zwei Familien auf der Welt gibt, die nach exakt denselben Spielregeln funktionieren. Daraus gewinnt das eigene Familienleben für viele Menschen seine spezifische Attraktivität. Und dennoch sind sich alle Familien irgendwie gleich. Sonst würden wir keine Schwiegermutterwitze verstehen, wir könnten nicht nachvollziehen, warum jemand den Wunsch hat, sich von seiner überfürsorglichen Mutter abzugrenzen oder gegen einen autoritären Vater zu rebellieren usw.

Wenn es diese Gemeinsamkeiten nicht gäbe, dann gäbe es auch weder Psychologie noch Pädagogik als Wissenschaften, keine Familienforschung, weder Kinder- und Jugendlichen-Psychotherapie noch Familientherapie. Sie alle haben mit dem grundsätzlichen Widerspruch von Unterschieden und Gemeinsamkeiten umzugehen: dass alle Menschen und alle Familien einzigartig sind und sich doch irgendwie gleichen.

Als Wissenschaften können sie daher nicht exakt sein – wie Physik, Mathematik oder Astronomie. Sonnenaufgang und -untergang lassen sich auf die Sekunde genau vorhersagen, das Verhalten eines Menschen allerdings (glücklicherweise) nicht. Aber trotz dieses Mangels an genauer Berechenbarkeit können psychologische und familiendynamische Einsichten und Theorien im Alltag nützlich sein, um die grobe Richtung des eigenen Handelns daran zu orientieren.

In diesem Sinne sind unsere Tipps zu verstehen. Wir versuchen, gewisse theoretische Grundlagen darzustellen, die es Eltern von Adoptivkindern erleichtern können, ihre Kinder zu verstehen und deren Verhaltensweisen zu erklären. Denn wie wir uns als Eltern verhalten, hängt ja nicht allein von den beobachtbaren Fakten ab, sondern davon, wie wir sie *deuten*. Sehen wir in unserem Kind, das gerade wütend die Tür zuknallt, jemanden, der sich »schlecht benimmt« (obwohl er oder sie genau weiß, dass »man das nicht tut«), oder sehen wir im Knallen der Tür die Mitteilung, dass es unserem Kind gerade »schlecht« geht und es »Hilfe braucht«?

Das Verhalten eines Menschen – sei es Kind oder Erwachsener – muss immer (!) in seiner Bedeutung interpretiert werden. Und diese Bedeutung ist nicht objektiv klar und eindeutig festgelegt, sondern sie entsteht im Auge des Betrachters. Wir zerbrechen uns den Kopf über die Ursachen des Verhaltens unserer Kinder und bewerten es nicht nur sachlich, sondern auch emotional. Und unsere Kinder tun im Blick auf unser Verhalten dasselbe. Je nachdem, wie diese Erklärungen und Bewertungen ausfallen, fallen die Reaktionen der Beteiligten aus.

Adoptierte Kinder sind mit Herausforderungen in ihrer psychischen Entwicklung konfrontiert, die Kindern, die mit ihren biologischen Eltern aufwachsen, in der Regel (allerdings nicht in jedem Fall und nicht immer) erspart bleiben. Das ist auch für die Eltern mit Herausforderungen verbunden. Denn viele erzieherische Strategien, die im Umgang mit nichtadoptierten Kindern nützlich sein mögen, funktionieren hier nicht – ja, sie führen oft zur Verstärkung von Problemen. Um sich in dieser Situation anders verhalten zu können, als es die alltagspsychologische Weisheit nahelegt, ist es nötig, eine Ahnung davon zu entwickeln, wo und wie (manche) adoptierte Kinder anders »ticken« als andere Kinder.

Unsere Tipps beruhen auf einem Erklärungsmodell[1], das wir über das ganze Buch hinweg durchsichtig zu machen versuchen (dabei haben wir uns bemüht, jedes Fachchinesisch zu vermeiden). Dieser – wenn man so will – theoretische Teil bildet das Skelett des Buches.

Das Fleisch liefern dann zum einen konkrete Szenen aus Adoptivfamilien, die typische Situationen illustrieren (auch wenn sie in dieser Form natürlich nur in der jeweils beschriebenen Familie vorgekommen sind). Sie werden – so unsere Hoffnung – durch die von uns dargestellten Erklärungsmodelle in ihrer emotionalen Logik nachvollziehbar.

Dieser Verknüpfung von Theorie und Praxis soll auch ein ausführliches Interview mit einer Adoptivmutter (Frau Sommer) dienen. Es zeigt exemplarisch, wie Adoptiveltern ihre Situation erleben und durch welche Höhen und Tiefen sie zu gehen haben.

Den dritten Bestandteil des Buches bildet ein Beobachtungsschema, aus dem Tipps im engeren Sinne abgeleitet werden können. Wie bereits erwähnt, ist Familienleben nicht vorhersehbar. Daher können nur einige charakteristische, mit einer gewissen Wahrscheinlichkeit immer wieder auftretende, Situationen behandelt werden.

Unser Beobachtungsschema für Adoptiveltern folgt dabei einer dreiteiligen Ordnung:

Wir beginnen mit der Skizzierung charakteristischer Situationen und dem Erleben der Eltern (Selbstbeobachtung). Die Aufmerksamkeit wird dabei auf die eigene Beteiligung an der Kommunikation gerichtet – genauer gesagt: die »Einladung zum Tanz«, die bei uns als Vater oder Mutter ankommt, wenn unser Kind sich auf die eine oder andere Weise verhält. Wir reagieren erfahrungsgemäß alle auf bestimmte Verhaltensweisen unserer Kinder mit bestimmten, nahezu automatisierten Reflexen, und

---

[1] Es ist aus systemtheoretischen, konstruktivistischen und entwicklungspsychologischen Modellen abgeleitet, vgl. Simon (1990, 2006).

unsere Kinder tun dies bei unserem Verhalten. Auf diese Weise entsteht – von außen betrachtet – so etwas wie ein Tanz, eine Schrittfolge, bei der die Beteiligten gemeinsam ein Muster der Kommunikation erzeugen, das keiner allein unter Kontrolle hat (man braucht eben zwei, um Tango zu tanzen). Solche Tänze können nützlich, sie können aber auch schädlich sein.

Um ein Beispiel zu geben: Wenn ein Kind weint und offensichtlich traurig ist, dann spüren wir als Eltern (meistens) zwei Dinge: Zum einen fühlen wir mit unserem traurigen Kind, d. h., wir erleben in einer Art der Resonanz die Gefühle, die auch unser Kind zu haben scheint (ob es solche Gefühle *wirklich* hat, können wir natürlich nicht wissen, da wir nicht in das Kind hineinblicken können, sondern nur seinem Verhalten diese Bedeutung zuschreiben; aber Empathie – Einfühlungsvermögen – ist die Fähigkeit, die gegenseitiges Verstehen überhaupt erst ermöglicht). Zum anderen spüren wir den Handlungsimpuls, auf unser Kind zuzugehen und es tröstend in den Arm zu nehmen. Es schickt durch sein Weinen eine »Einladung« an uns, es zu trösten, und wenn wir das tun, dann beginnt der Tröstungs-Tanz (was in den meisten Fällen hilfreich, nützlich und befriedigend für beide, Eltern wie Kinder, ist). Aber nicht alle derartigen Tänze sind nützlich und hilfreich. Manche sind sogar ausgesprochen destruktiv (wenn zum Beispiel die Demütigung des einen zur Retourkutsche einlädt, sodass die Demütigung des anderen der »logische« nächste Schritt zu sein scheint usw.).

Ob ein Kind, wenn es weint, tatsächlich möchte, dass Mutter oder Vater es tröstet, weiß niemand wirklich, und meist weiß es das Kind selbst auch nicht. Da niemand in eine fremde Seele hineinschauen kann, kann das auch niemand wirklich wissen, sondern immer nur vermuten und erspüren (»Bauchgefühl«). Was wir als Eltern aber genau wissen und beobachten können, ist unser *eigener* Handlungsimpuls – unsere individuelle Reaktion auf eine Einladung. Wenn wir uns ihrer bewusst werden, so gewinnen wir die Option, solche Einladungen anzunehmen oder abzulehnen. Wenn unsere »liebe Kleine« oder unser »lieber Großer« zum Beispiel »Streit sucht« (wie es so schön heißt), so sind wir frei zu sagen: »Diesen Tanz lasse ich mal aus!« Und wenn solch eine Einladung ausgeschlagen und nicht zur Kenntnis genommen wird, dann kommt es auch zu keinem Streit, denn allein kann man sich nicht wirklich gut streiten …

Unser Beobachtungsschema beginnt daher stets mit der Frage nach dem eigenen Erleben und den eigenen Handlungsimpulsen, die wir als Eltern verspüren:

(a) »Wie geht es mir jetzt gerade, d. h., welche Gefühle erlebe ich in dieser Situation?« (Hier stellt sich dann immer die Frage, ob es sich um die Resonanz des Erlebens des Kindes handelt – ein Verstehen der Gefühle, die das Kind selbst im Moment gerade fühlt oder fühlen könnte.) Und

(b) »Wenn ich jetzt spontan (aus dem Bauch heraus) handeln würde, was würde ich tun?«

Zugegeben: Das ist etwas paradox, weil das Beantworten der Frage nach dem spontanen Handeln ja das spontane Handeln verhindert. Aber diese Verzögerung ist gewollt, denn der Weg vom Fühlen zum Handeln ist normalerweise sehr kurz, sodass wir stets Gefahr laufen, zu schnell (!) zu reagieren. Solch ein schnelles Reagieren ist erfahrungsgemäß in Notfallsituationen nützlich (wenn z. B. das Haus brennt). Doch in der Beziehung zu unseren Kindern ist meist keine Eile geboten und ruhiges Reagieren besser als überhasteter Aktionismus.

Diese beiden Fragen sind deswegen wichtig, weil ihre Beantwortung uns eine Idee davon vermitteln kann, zu welchem Tanz wir eingeladen werden. Denn wenn wir uns in die Position des Kindes einfühlen (Empathie, Resonanz), so können wir in etwa nachvollziehen, wozu es uns gerade (ge)braucht. Und wenn wir uns unsere Handlungsimpulse bewusst machen, dann sehen wir den Gegenpart dazu. Ein Tanz (auf dem Parkett wie im Familienleben) ist immer eine Gemeinschaftsleistung. Diese Fragen helfen, einen Blick von außen auf den möglichen oder wahrscheinlichen, in seiner Wirkung konstruktiveren oder destruktiveren Tanz zu werfen. Dadurch eröffnet sich die Möglichkeit, Nein zur jeweiligen Einladung zu sagen.

Nach der Beantwortung dieser Fragen versuchen wir, zwei unterschiedliche Arten konkreter Tipps zu geben. Zum einen geben wir exemplarisch Ratschläge, was man als Vater oder Mutter (oder gemeinsam) in solch einer Lage aktiv tun kann. Zum anderen geben wir Ratschläge, was man lieber unterlassen oder vermeiden sollte.

Das Schema unserer Tipps wird also mehrgliedrig sein:

Zunächst schildern wir eine Situation, damit unsere Tipps nicht im luftleeren Raum hängen. Im Rahmen der Selbstbeobachtung fragen wir (a) nach dem eigenen *Erleben* der Eltern, (b) nach den *Handlungsimpulsen,* um daraus abgeleitet (c) einen Blick auf die *Einladungen zum Tanz* zu werfen, die in der jeweiligen Situation verschickt (und eventuell angenommen) werden. Wir kommentieren sie und versuchen zu erklären, was in der geschilderten Situation gerade geschieht. Danach geben wir dann konkrete »Was-tun?«-Ratschläge. Wir werden hier zwei Rubriken unterscheiden: Unter der Überschrift »Ja« werden wir Vorschläge machen, was man als Mutter oder Vater in der dargestellten Situation tun kann, und unter der Überschrift »Nein« werden wir Hinweise geben, was man besser unterlassen oder vermeiden sollte. Beides sind Vorschläge, die nicht unbedingt wörtlich zu verstehen sind, da sie eher Prinzipien illustrieren sollen, die dann entsprechend der aktuellen Situation zu modifizieren sind.

Natürlich sind wir uns dessen bewusst, dass man als Vater oder Mutter nicht immer das tun kann, was theoretisch sinnvoll oder gar das Beste wäre (unsere Familie kann da ein Lied singen). Deshalb scheinen uns die Ratschläge, die benennen, was besser unterlassen werden sollte (»Nein«), weit wichtiger als die Darstellung eines vermeintlichen elterlichen Idealverhaltens (»Ja«). Es gibt keine idealen Eltern, und Eltern machen – gemessen am Ideal – immer vieles »falsch«. Wir alle sind Menschen, und das wissen auch unsere Kinder (zumindest merken sie es im Laufe der Zeit). Und alle Forschungen zeigen: Es gibt nicht die eine, richtige Methode, seine Kinder großzuziehen.

Wie in vielen anderen Bereichen unseres Lebens ist *Erfolgsrezepten* generell zu misstrauen, denn es gibt immer viele Wege zum Ziel. Was man aber ganz gut und relativ zuverlässig analysieren kann sind *Misserfolgsrezepte*. So wie man ziemlich genau sagen kann, was man als Mensch tun muss, um krank zu werden oder früh zu sterben (z. B. sich ungeimpft und unter Vernachlässigung aller Hygienemaßnahmen in einer Infektionsstation aufhalten/vom Hochhaus springen …), nicht aber, was man tun muss, um zuverlässig gesund zu bleiben, kann man auch viel leichter Prinzipien des Scheiterns in der Familie formulieren. Sie sind deswegen so hilfreich, weil es viel einfacher ist, etwas altbewährt Schädliches zu vermeiden (z. B. vom Hochhaus zu fallen), als etwas neues Nützliches zu tun.

Deswegen ist es uns viel wichtiger, wenn Sie als Leser, statt irgendein ideales Verhalten anzustreben, Verhaltensweisen vermeiden, die erfahrungsgemäß zu Schwierigkeiten oder gar in die Katastrophe führen. Das Problem bei derartigen Verhaltensweisen ist, dass wir sie ja nicht aus bösen Absichten, sondern – ganz im Gegenteil – oft aus den nobelsten Motiven heraus vollziehen. Aber bekanntermaßen ist ja »das Gegenteil von gut die gute Absicht«. Und oft resultieren unsere Handlungsimpulse als Eltern aus solchen guten Absichten: »Ich kann doch nicht ruhig zusehen, wie mein Kind …« Doch manchmal ist Nichtstun das Beste, was Sie tun können. Denn zu destruktiven Tänzen kommt es in der Familie leider oft gerade dann, wenn wir als Eltern unseren spontanen Handlungsimpulsen unreflektiert folgen.

Deswegen erscheint es uns auch so sinnvoll, durch die Einschaltung der genannten Fragen (»Was fühle ich gerade?«; »Welche Handlungsimpulse spüre ich gerade?«; »Zu welchem Verhalten fühle ich mich eingeladen?«) Zeit zu gewinnen. Auf diese Weise wird die Interaktion verlangsamt, und damit lässt sich oft schon eine Eskalation verhindern, bei der viel emotionales Porzellan zerschlagen würde, das später nur schwer wieder zu kitten wäre.

Also: Nichts spricht dagegen, dass Sie sich an unseren guten »Ja«-Ratschlägen orientieren. Aber, wenn das zu schwierig erscheint, ist es nicht tragisch. Viel wichtiger für Ihr Überleben und das Ihres Kindes ist, dass Sie im Zweifel unsere »Nein«-Tipps beherzigen.

Am Ende des Buches versuchen wir, so etwas wie *10 Gebote für Adoptiveltern* zu formulieren, d. h. allgemeine Prinzipien, die es Ihnen erleichtern sollen, sich in den unvorhersehbaren Geschehnissen des familiären Alltags zu orientieren und zu handeln.

Doch bevor wir uns all dem widmen, richten wir unseren Blick auf die Frage, warum es sich überhaupt lohnt, sich Kinder anzuschaffen – denn das kann auch erklären, was uns mit anderen Adoptiveltern verbindet und warum wir dieses Buch schreiben.

1.3 Wozu Kinder?

Früher »bekam« man Kinder. Ob man Kinder »haben« wollte oder nicht, war keine Frage, die man wirklich entscheiden konnte. Das ist heute anders. Die verschiedenen Möglichkeiten der Empfängnisverhütung eröffnen die Option, sich zumindest *gegen* Kinder entscheiden zu können. Erst seither stellt sich die Frage, warum sich Menschen *für* Kinder entscheiden.

Es ist eine Entscheidung, von der jeder weiß oder zumindest ahnt, dass sie sein Leben radikal verändern wird. Und dennoch – oder gerade deshalb – wollen viele Menschen Kinder haben. Da es für sie um die Gestaltung der eigenen Zukunft geht, steht nicht so sehr die Frage nach dem *Warum* im Mittelpunkt des Interesses (Warum-Fragen sind immer irgendwie vergangenheitsorientiert), sondern die Frage nach dem *Wozu:* Wozu wollen Menschen eine lange Phase ihres Lebens mit einem oder mehreren Kindern verbringen?

Diese Frage stellt sich heute jedem in unserer westlichen Hemisphäre, der sich mit dem Gedanken beschäftigt, Kinder großzuziehen. Das ist besonders dann der Fall, wenn Kinder adoptiert werden sollen. Biologische Eltern können dieser Frage ausweichen, sie verleugnen oder es als selbstverständlich und gottgegeben annehmen, dass sie Kinder bekommen. Wer hingegen ein Kind adoptieren will, entgeht dieser Frage nicht, schon weil in die Entscheidung darüber – anders als bei biologischen Eltern – eine Vielzahl anderer Akteure einbezogen ist (z. B. Behörden). Der Kinderwunsch muss begründet und rechtfertigt werden, er wird kritisch betrachtet und hinterfragt, er ist keine Privatsache (mehr).

Wie immer die Motive im Einzelnen sein mögen: Sich Kinder »anzuschaffen« widerspricht heute (das war nicht immer so) der ansonsten in der westlichen Welt vorherrschenden ökonomischen Rationalität. Man zeugt keine Kinder mehr, um billig zu Arbeitskräften zu kommen, die bei der Ernte helfen, oder damit man im Alter versorgt ist. Und schon gar nicht adoptiert man Kinder aus derartigen Gründen. Es muss also um etwas anderes gehen. Wenn wir unsere eigenen Motive wie die anderer Adoptiveltern, die wir kennen und mit denen wir gearbeitet haben, betrachten, so ist die plausibelste Antwort die, dass Kinder über die eigene, begrenzte Existenz hinaus dem eigenen Leben Sinn zu stiften vermögen – und das in einer nahezu konkurrenzlosen Weise.

Wer sich jemals auf das Gedankenexperiment einlässt, sich auf sein Sterbebett zu fantasieren und auf sein Leben zurückzuschauen, der wird merken, dass ihm von all den Gütern, die er im Laufe seines Lebens erworben hat, nur wenige wirklich etwas bedeuten und dass die Ehrungen, Erfolge und der Reichtum, die er errungen haben mag, ziemlich schnell ihre Bedeutung verlieren. Was ihm – wenn er denn ein erfülltes Leben gehabt haben sollte – geblieben ist, sind befriedigende Beziehungen zu einzelnen, unverwechselbaren Menschen, die ihm nahe stehen, Höhen und Tiefen einer gemeinsamen Geschichte, Erfahrungen mit Personen, die für ihn emotional wichtig waren und für die er wichtig war.

Diese sinnstiftende Wirkung von Kindern ist nicht schwer zu erklären. Wir leben in einer Zeit, in der von jedem Einzelnen einerseits erwartet wird, sich in seiner Individualität zu verwirklichen bzw. zu beweisen. Auf der anderen Seite ist unser gesellschaftliches Leben so organisiert, dass jeder Einzelne vollkommen austauschbar ist. Wir mögen in unserem Beruf noch so gut sein, von den Kollegen geschätzt und geachtet – an der Tatsache, dass wir ersetzbar sind, ändert dies nichts. In unserer professionellen Rolle werden wir dafür bezahlt, dass wir bestimmte Aufgaben und Funktionen übernehmen, und wenn wir sie nicht übernehmen, so übernimmt sie ein anderer. Keine Behörde und kaum ein Unternehmen geht daran zugrunde, dass einem ihrer Mitarbeiter ein Ziegelstein auf den Kopf fällt. Ganz im Gegenteil, die prinzipielle Austauschbarkeit der Mitglieder sichert das Überleben all der Organisationen, die heute unser Arbeitsleben bestimmen.

Für den einzelnen Rollenträger heißt dies, dass seine persönliche Wichtigkeit immer nur begrenzt ist. Darüber hinaus muss er sich bewusst sein, dass er nicht als »ganzer Mensch« gefragt ist, sondern nur ein sehr beschränkter Teil von ihm: die Fertigkeiten und Kompetenzen, die zur Erfüllung seiner Aufgabe nötig sind. Und auch als Kunde, Antragsteller oder jemand, der etwas von einer Organisation »will« oder ihr ausgeliefert ist, sind wir auf wenige Aspekte reduziert: unser Anliegen, unseren Bedarf usw. Als Individuen bestehen wir aber aus viel mehr, d. h., unsere Möglichkeiten, Fähigkeiten, Wünsche und Ziele gehen weit über das hinaus, was wir im beruflichen Rahmen realisieren können oder was an uns als Kunden interessant ist.

In der Familie ist das anders (wobei der Begriff Familie hier für eine langfristige Beziehung zwischen Eltern und Kindern stehen soll – ob mit oder ohne Trauschein –, aber nicht für Paare ohne Kinder). In der Beziehung zu seinen Kindern kann sich jeder als nicht austauschbar erfahren, als unverwechselbar. Denn Kinder haben eben im Allgemeinen nur *ein* Elternpaar, mit und bei dem sie aufwachsen. Mit der Geburt beginnt eine gemeinsame Geschichte, deren Resultat eine spezifische Form der Bindung ist. Ob nun diese Bindung dafür sorgt, dass man eine gemeinsame Geschichte durchläuft, oder ob die gemeinsame Bindung entsteht, weil man eine gemeinsame Geschichte durchläuft, ist eher von akademischem Interesse. Auf jeden Fall entsteht in der Beziehung zwischen Eltern und Kindern – seien es biologische oder adoptierte – eine spezifische Verbindung, ein soziales System mit einzigartigen Qualitäten, eine Gegenwelt zum Rest der Gesellschaft. Nur hier wird der Einzelne als *ganzer Mensch* gesehen, nur hier ist alles, was für den einen wichtig ist, auch für die anderen wichtig. Wer sich Kinder anschafft, eröffnet sich ein Universum, in dem weder er noch seine Kinder auf die Erfüllung von Funktionen reduziert werden können. Als unverwechselbares Individuum kommt jeder Einzelne heute nur noch in der Familie vor.

Deshalb bedarf es keiner prophetischen Fähigkeiten, um zu prognostizieren, dass die Idee der Familie (wenn auch vielleicht nicht in ihrer kleinbürgerlichen Form) eine Renaissance erleben wird. Aber nicht, um die Rentenkasse aufzufüllen oder aufgrund der Sonntagsreden von Politikern, sondern aufgrund der Tatsache, dass in Zeiten, in denen das rein wirtschaftliche Überleben der meisten Menschen gesichert ist, Raum für die Frage entsteht: »Was wollen wir denn eigentlich mit unserem Leben anfangen?«, oder anders: »Wozu leben wir?«.

Hier liefern Kinder eine Antwort, und hier gewinnt die Adoption von Kindern ihren Sinn. Neugeborene und kleine Kinder sind nicht allein lebensfähig. Sie können schon rein physisch – über das Psychische ist noch zu sprechen – nur überleben, wenn Erwachsene für sie sorgen. Die Überlebenseinheit ist also in dieser Phase des menschlichen Lebens nie der kindliche Organismus allein, sondern immer eine soziale Einheit, die aus dem Kind und einer oder mehreren versorgenden Personen besteht. Wer sich »eigene« Kinder anschafft (biologische/adoptierte), kann diese überlebenssichernde Funktion nur übernehmen, wenn er sein Handeln an den (vermuteten/erspürten/verstandenen ...) Bedürfnissen des Kindes orientiert, sich in sein Kind einzufühlen versteht und sich – mit anderen Worten – mit seinem Kind identifiziert. Sie oder er (das betrifft Mutter wie Vater) muss zumindest für einige Zeit seines Lebens ein Selbstbild entwickeln, das seine/ihre eigenen körperlichen Grenzen überschreitet und das eigene Fühlen, Denken und Handeln in den Dienst einer größeren Überlebenseinheit stellt – bestehend aus ihm/ihr selbst und dem Kind. Diese Aufhebung der Ich-Du-Unterscheidung in der frühen Phase der Eltern-Kind-Beziehung ermöglicht es jedem Elternteil, in seinem Handeln einen Sinn zu finden, der über die Anforderungen, Ziele und Beschränktheiten des Alltags und der eigenen Person hinausgeht.

Sich Kinder anzuschaffen erfordert und erlaubt – das ist durchaus ambivalent zu verstehen –, sich vom Realitätsprinzip des sozialen Umfelds zu distanzieren und eigene (d. h. andere) Prioritäten zu setzen, als es z. B. die Berufswelt erfordert. Das ist für Eltern (meistens die Mütter) oft ein Handicap im Blick auf die Karrierechancen. Es kann aber auch ein riesiger Vorteil im Blick auf die Frage sein, was im Leben wirklich wichtig ist. Wer Kinder großzieht, investiert sich und seine Ressourcen zwangsläufig anders als Menschen, die sich etwa den Zielen von Organisationen verpflichtet fühlen. Sich um Kinder zu kümmern bedarf keiner abstrakten Begründungen, die Sinnhaftigkeit des eigenen Tuns ist alltäglich konkret erlebbar.

Doch die Identifikation mit den Kindern ist riskant. Wer seinen Lebenssinn aus der Elternrolle zieht, macht sich abhängig von seinen Kindern. Wer z. B. auf berufliche Selbstbestätigung verzichtet, um sich ganz den Kindern zu widmen, gibt seinen Kindern eine Wichtigkeit, die sie möglicherweise überfordert. Wer eine »gute Mutter« oder ein »guter Vater« sein will und den eigenen Selbstwert daran misst, wie »gelungen« oder »missraten« seine Kinder sind, bringt sie in eine unangemessene Machtposition. Denn nun können die Kinder durch ihr »gutes« oder »schlechtes« Verhalten über die Identität ihrer Eltern, über ihr Scheitern oder ihren Erfolg – also über ihr Selbstwertgefühl – entscheiden.

Das gilt in besonderem Maße für Adoptiveltern, die sich nicht darauf berufen können, sie hätten die Kinder schicksalhaft bekommen. Sie haben sich für ihre Kinder, *diese* Kinder, entschieden. Sie sind sehenden Auges eine Bindung eingegangen, deren Konsequenzen nicht vorhersehbar waren. Das gilt zwar auch für biologische Kinder, aber bei denen ist die Situation etwas anders, weil hier diffuse Vererbungshoffnungen zur beruhigenden Erwartung der Ähnlichkeit mit den Eltern führen.

In jedem Fall kann gesagt werden, dass eine (im Allgemeinen wenig thematisierte, aber doch nicht zu unterschätzende) Wirkung von Kindern die ist, dass sie für Überraschungen im Leben ihrer Eltern sorgen. Auf diese Weise verhindern sie, dass ihre Eltern einrosten, erstarren, engstirnig und kleinkariert werden. Kinder sind nicht wirklich steuerbar, sie verhalten sich unkalkulierbar, zeigen Vorlieben und Talente, mit denen niemand gerechnet hat usw. Das hat auf Erwachsene meist die Wirkung, dass sie darüber klagen, früher sei alles besser gewesen. Doch Eltern haben nicht die Chance, sich auf diese Weise zu distanzieren und sich vor der Entwicklung der Welt um sie herum zu verschließen. Ihre Kinder haben eine irritierende Wirkung, auf die sie reagieren müssen. Und wenn alles gut geht, so ist diese Irritation der Auslöser für die eigene Weiterentwicklung, die Veränderung ihrer Interessen, ihrer Weltanschauung, die Erhaltung ihrer Flexibilität, ihre eigene Persönlichkeitsentwicklung usw. Auch dies ist ein Effekt der Bindung zwischen Eltern und Kindern.

Eltern und Kinder begeben sich auf eine Art gemeinsamer Wanderung, vergleichbar mit einer Bergtour. Auch dort ist man in der Regel nicht als isolierter Einzelgänger unterwegs, sondern sichert sich in unwegsamem Gelände und auf gefährlichem Grund dadurch, dass man sich aneinander bindet (Sicherungsseile). In manchen Fällen werden diese Bindungen nur wenig beansprucht, weil die Wanderung nur durch ein liebliches Hügelland führt. Die Befriedigung, ja, das Vergnügen ist dann größer als die Mühe. In anderen Fällen ist das aber ganz anders. Die gemeinsame Geschichte entwickelt sich zur riskanten Hochgebirgstour, die durch ungeahnte Höhen und Tiefen führt und in der das Überleben der Beteiligten davon abhängt, dass die gegenseitige Sicherung aufrechterhalten wird. Im Falle der Adoption von Kindern finden sich die Eltern manchmal (und wie die Statistiken zeigen: öfter als in anderen Familien) mit ihren Kindern in einer Steilwand wieder. Hier besteht die Gefahr, dass alle gemeinsam abstürzen.

Wenn diese schwierigen und steilen Phasen gemeinsam durchgestanden werden, so eröffnet sich danach aber oft auch eine ganz besondere und wunderbare Aussicht – sowohl im Blick zurück als auch voraus – auf des *Lebens ganze Fülle* …

2 Prinzipielles: Abhängigkeit und Autonomie

2.1 Drei »gewöhnliche« Situationen[2]

Szene 1:
Sobald Nadine laufen konnte, entwickelte sie die Angewohnheit, vollkommen fremde Leute, die ihr auf der Straße begegneten, anzulächeln. Jeder, der von diesem entzückenden kleinen Mädchen mit dem niedlichen Wuschelhaar angelächelt wurde, blieb ganz selbstverständlich stehen und sprach ein paar Worte mit ihm. Nadine streckte dann das Händchen aus und nahm den oder die Fremde an die Hand. Sie drehte sich dann noch einmal »triumphierend« lächelnd – so schien es zumindest den Eltern – zu ihnen um, winkte ein fröhliches »Bye-bye« und beobachtete, wie die Eltern schauen, um anschließend bereitwillig und offensichtlich guten Mutes mit der wildfremden Person des Weges zu gehen. So ging sie, ohne sich ein weiteres Mal umzusehen, nicht nur ein paar Schrittchen, sondern auch um die nächste Ecke, ohne irgendeinen Abschiedsschmerz zu zeigen. Die von ihr auf diese Weise »adoptierten« Ersatzeltern amüsierten sich meist sehr und ergötzten sich, bestimmt ohne böse Absicht, am Befremden der Eltern: »Ach, ist die süß, die nehmen wir jetzt mit!«

Nadine wäre wohl auch noch um weitere Ecken mitgegangen, wenn die Eltern sie nicht – meist mit einem gequälten Lächeln – zurückgeholt hätten. Für die Eltern waren das schmerzliche Momente: »Hat sie denn gar keine Angst, mit Fremden mitzugehen? Uns zu verlassen? Sich von uns zu trennen? Hat sie uns denn gar nicht lieb? Sind wir ihr denn ganz egal?«

[2] Diese Szenen sind verkürzt dargestellt und sollen charakteristische Alltagssituationen illustrieren. Sie sind aufgrund von Interviews hier skizziert, d. h. es handelt sich um bearbeitetes Material und nicht immer um wörtliche Zitate. Alle Daten, die zur Identifikation von Kind oder Eltern führen könnten, sind verändert worden.

Szene 2:

Marie sitzt mit ihren Eltern und ihrer jüngeren Schwester am Abendbrottisch. Die Stimmung ist, wie schon oft bei solchen Gelegenheiten, zum Zerreißen gespannt. Der Tisch ist liebevoll gedeckt, das Essen ist köstlich – daran kann es nicht liegen. Vielmehr ist die Rede von nicht gemachten Schularbeiten, von verbummelten Unterrichtsstunden, von der Sorge um die Zukunft, die den Eltern schlaflose Nächte bereitet. Daher ergreifen sie jede Gelegenheit (und so viele gibt es gar nicht, denn Maries Anwesenheit im Elternhaus wird immer seltener), um mit ihrer Tochter ein ernstes Wort zu sprechen. Nein, sie will nichts von der Zukunft hören, nichts über die Schule und irgendwelche nicht erfüllten Verpflichtungen. Ihre Augen funkeln wild, und da die Klagen und Einwände nicht abreißen, hebt sie den vollen Teller hoch und lässt ihn mit voller Kraft auf den Tisch donnern, wo er in tausend Stücke zerbirst. Das Essen spritzt in alle Richtungen und verteilt sich auf Teppich, Tisch und die restlichen Familienmitgliedern. Marie schmeißt den Stuhl um und rennt in ihr Zimmer. Wenig später schnappt die Haustür zu.

... Ruhe, aber nur äußerlich. Die Eltern sind aufgewühlt und wütend. Keiner hat mehr Appetit. Die kleine Schwester klaubt die Speisereste vom Teppich. Der Vater sammelt die Scherben zusammen. Die Mutter holt den Wischlappen. Alle hätten den Abend gerne gemütlich miteinander verbracht und genossen. Allen ist grässlich zumute. Zum Heulen.

»Wann kommt sie wohl heute wieder nach Hause?«, fragt sich die Mutter. »Hoffentlich nicht wieder so spät, hoffentlich kommt sie überhaupt!«

»Gibt es hier eigentlich noch ein anderes Thema außer Marie und ihre Probleme?«, fragt sich die jüngere Schwester.

»Komm, lass uns frische Luft schnappen gehen!«, sagt der Vater. »In drei Tagen ist Maries 13. Geburtstag. Sie freut sich immer so auf ihren Geburtstag! Wir kriegen das schon alles wieder hin!«

Aber auch an ihrem Geburtstag warten immer noch alle bangend auf Marie, sie kommt nicht nach Hause ...

Szene 3:

Robin ist ein hübscher, blonder 14-Jähriger. Jeder, der mit ihm Bekanntschaft macht, muss ihn einfach mögen. Er ist geradeheraus, ehrlich, witzig, herzlich, hilfsbereit. Zu Hause zeigt er diese positiven Eigenschaften leider nicht so häufig. Seine Schulkarriere bereitet den Eltern besondern Kummer. Robin ist nahezu aus allen Schulen der Kleinstadt, in der die Familie lebt, rausgeflogen. Entweder wollte er selbst nicht mehr hingehen, weil er die Lehrer und/oder die Schüler unmöglich fand, sich dort nicht wohlfühlte oder sich nicht für den Lehrstoff interessierte. Oder die Lehrer fanden sein Verhalten störend, sein dauerndes Fehlen nicht akzeptabel und seine Leistungen ungenügend »trotz guter Intelligenz«.

Jetzt ist Robin in Sachen Schule erstmals selbst aktiv geworden. Ein gutes Zeichen. Vielleicht kommt er endlich zur Vernunft, alt genug ist er doch. Man hat ihm immer wieder genug Chancen eröffnet. Jetzt hat er sich eine Schule gesucht, wo alles für ihn stimmt. Er ist motiviert, er mag die Lehrer und seine Mitschüler, von denen einige schon länger zu seinem Freundeskreis gehören. Er hat die Aufnahmeinterviews bestanden und die Warteliste, die diese Schule führt, überwunden. Die Eltern sind in der Lage und willens, das nicht unerhebliche monatliche Schulgeld zu zahlen, denn es ist eine Privatschule. »Hier ist er gut aufgehoben!«, ist das Gefühl der Eltern. Die Lehrer scheinen sensibel und engagiert. Nach einer Woche schon erfahren sie, dass Robin sich gut in die Klasse integriert hat, dass er eine wichtige Rolle im Klassenverband spielt und gemocht wird. Nach 14 Tagen fängt Robin an zu schwänzen. Den Gesprächen mit den Lehrern weicht er aus, schließlich geht er gar nicht mehr hin.

Sucht man nach einem gemeinsamen Nenner dieser drei Szenen, so zeigen sie beispielhaft Verhaltensweisen von Kindern, die keine Eltern emotional neutral und unbeteiligt lassen, wenn sie verantwortungsbewusst sind. »Wir müssen doch etwas tun!«, so ist der kaum vermeidbare, elterliche Impuls. Man kann doch nicht sehenden Auges abwarten, wie Kinder Entscheidungen treffen, die ihre Zukunft aufs Spiel setzen und deren Konsequenzen sie nicht realistisch abschätzen können.

Besonders stark wird die Notwendigkeit, »etwas« zu tun, dann erlebt, wenn die Kinder sich oder andere durch Verhaltensweisen, die das Vorstellungsvermögen »normaler« Eltern bei weitem übersteigen, zu schädigen scheinen. In solchen Situationen kommt es dann oft zum Versuch der Eltern, auf irgendeine Weise die Kontrolle über ihr Kind zu gewinnen (um es vor sich selbst zu schützen). Die Folge ist dann – vorhersehbar – ein Machtkampf zwischen Eltern und Kind, den tragischerweise oft beide verlieren.

Es muss nicht immer zu solchen Machtkämpfen um das Kindeswohl kommen. Im Übrigen entwickeln sie sich oft genug auch in anderen Familien, in denen die Kinder nicht adoptiert sind. Und auch in Adoptionsfamilien geschieht dies nur in einem Bruchteil der Fälle. Doch wenn es passiert, dann finden sich die Adoptiveltern in einer Situation, in der sie sich fast zwangsläufig in Paradoxien verstricken: Wenn sie das tun, was die pädagogisch-psychologischen Schulweisheiten nahe legen, so wird die Situation nicht besser, sondern sie eskaliert.

Solche Verstrickungen sind – um das noch einmal zu betonen – auch in anderen Familien zu beobachten, aber in Adoptivfamilien scheinen sie häufiger aufzutreten. Das mag daran liegen, dass sich Adoptiveltern ihrer – selbstgewählten – elterlichen Verantwortung besonders bewusst sind, oder aber: dass sich manche Adoptivkinder anders als andere Kinder verhalten.

Beginnen wir mit der zweiten Hypothese – denn epidemiologische Untersuchungen zeigen, dass Adoptivkinder häufiger als psychiatrisch auffällig diagnostiziert werden und in Behandlung kommen[3] – und einigen Überlegungen zum Hintergrund.

2.2 Warum Adoptivkinder »ganz anders« sind ... und warum sie es nicht sind

Sind Adoptivkinder wirklich anders als andere Kinder? Die Antwort lautet: ja und nein – in gewisser Hinsicht ja, in anderer Hinsicht nein, manche ja, manche nein, manchmal ja, manchmal nein ...

[3] Für eine Übersicht über entsprechende Studien siehe Schleiffer (1997).

Denn Adoptivkinder sind erst einmal und vor allem eins: Kinder. Und als Kinder haben sie, bis sie erwachsen sind, bestimmte Entwicklungsschritte zu vollziehen. Das ist unvermeidlich. Ihr Körper wächst und verändert sich, ihre Fähigkeiten der Wahrnehmung entwickeln sich, sie sind in eine soziale Umgebung versetzt – zunächst die Familie, später dann Nachbarschaft, Kindergarten, Schule usw. –, in der kommuniziert wird. Sie lernen das Verhalten ihrer Mitmenschen auf seine Bedeutung hin zu überprüfen, sie sind damit konfrontiert, dass ihrem eigenen und fremdem Verhalten Bedeutung gegeben wird. Sie lernen Handlungen und Sprache zu verstehen, erfahren, wie es ist, verstanden oder auch nicht verstanden zu werden.

So entwickelt und differenziert sich – an der Schnittstelle zwischen den eigenen körperlichen Prozessen und Bedürfnissen einerseits und den Eigenarten und Anforderungen der unmittelbaren sozialen Lebenswelt andererseits – die psychische Struktur eines jeden Menschen. Wie sie sich im konkreten Einzelfall formt, hängt zum einen davon ab, welche biologischen Bedingungen, Möglichkeiten und Beschränktheiten das Kind von seinen biologischen Eltern ererbt hat, und zum anderen von den Bedingungen, Möglichkeiten und Beschränktheiten, die das soziale Umfeld – Eltern, Familie, Heim etc. – zur Verfügung stellt.

Wie ein Kind sich entwickelt, ist also weder allein biologisch noch allein sozial vorbestimmt. Beides kann dabei nie im Sinne einer eindeutigen Ursache-Wirkungs-Beziehung festlegen, wie ein Mensch sich im Laufe seines Lebens entwickelt und welchen Weg er wählt. Sie sind eher – um beim Bild des Weges zu bleiben – als Begrenzungen von Möglichkeiten, als »Leitplanken«, zu verstehen, die Möglichkeiten einschränken. Aber innerhalb dieser Grenzen lassen sie einen weiten Spielraum für individuelle Entscheidungen. Mit anderen Worten: Biologisches Erbe und soziale Umstände legen *nicht* fest, wie ein Individuum sich tatsächlich verhält, sie legen aber fest, wie es sich *auf keinen Fall* verhält.

Wer kein musikalisches Talent mitbringt, wird *nie* ein Starpianist werden, aber auch er wird, wenn er sich sehr anstrengt und viel übt, vielleicht gut genug Klavier spielen lernen, um bei Betriebsfesten als Gelegenheitspianist für gute Stimmung sorgen zu können. Aber, und das ist wichtig zu wissen, das biologische Erbe wird ihn nie *zwingen*, Klavier zu spielen …

Ähnliches kann von den sozialen Bedingungen gesagt werden. Auch sie bestimmen nicht, wie ein Kind psychisch auf sie reagiert und wie es sich entwickelt. Deswegen ist es auch problematisch, irgendwelche *allgemeinen* Aussagen über Adoptivkinder zu machen. Jedes Kind ist von Geburt an ein unverwechselbares Individuum, und keiner kann in es hineinschauen und sagen, was es erlebt, wie es denkt und fühlt, was sein Handeln tatsächlich motiviert.

Wahrscheinlich ist es überhaupt problematisch, davon auszugehen, dass neugeborene Kinder dieselbe Art von Gefühlen haben wie Erwachsene. Man kann sie nicht fragen, und selbst wenn sie antworten könnten, so müssten sie bereits eine Sprache erlernt haben, um wissen zu können, welche körperlichen Reaktionen, welches Erleben und welches Verhalten mit Begriffen wie Freude, Schmerz, Angst, Trauer und ähnlichem verbunden ist. Das heißt aber nicht, dass sie solche Gefühle nicht hätten. Ganz im Gegenteil: Zu Beginn unseres Lebens bestehen unsere psychischen Prozesse in erster Linie aus Gefühlen – und die Muster der Gefühle, die wir in früher Kindheit erlernen, nehmen wir mit auf unseren Lebensweg.

So legen eine Vielzahl psychophysiologischer Studien den Schluss nahe, dass wir mit einer Art Aussteuer an »Grundgefühlen« geboren werden, d. h. der Möglichkeit charakteristischen Erlebens. Dies verbindet uns als Menschen ebenso miteinander wie unsere Ausstattung an Sinnesorganen bzw. die damit verbundenen Wahrnehmungsmöglichkeiten. Beides zusammen ermöglicht es uns, miteinander zu kommunizieren. Diese grundlegenden Erlebens- und Wahrnehmungsqualitäten entsprechen dem, was wir in psychologischen Begriffen (sie sind in ihrer Bedeutung in der Regel zu eng gefasst und müssen daher jeweils in einem weiten, metaphorischen Sinne verstanden werden) als »Hunger«, »Angst«, »Aggression«, Ärger«, »Schmerz«, »Trauer«, »Freude« bezeichnen. Und sie müssen auch immer im Sinne eines erlebten Unterschieds verstanden werden. Das heißt, Freude als Erleben eines »Erfülltseins« wird erst wahrnehmbar, wenn auch der Mangel an Freude oder gar »Ekel« als Erleben des »Überfülltseins« wahrgenommen werden[4] können. Aus diesen Zutaten wird üblicherweise ein Gefühlscocktail gemischt, oder besser gesagt: In unserem alltäglichen Erleben mischt sich solch ein Cocktail, und wir haben selbst keinen oder nur einen geringen bewussten und steuernden Einfluss auf die Mischung. Die Rezeptur wird zu einem großen Teil von unseren früheren Erfahrungen bestimmt. Das gilt für Erwachsene wie für Kinder, nur dass Kinder erst eine kürzere Geschichte durchlaufen und noch nicht so viele Erfahrungen gesammelt haben. Dadurch gewinnen ihre aktuellen Erfahrungen eine prägendere Bedeutung für die Musterbildung, als dies bei Erwachsenen der Fall ist. So wird durch unser frühes emotionales Erleben ein grobes Schema für unsere individuellen Weltbilder und Verhaltensmuster vorgezeichnet.

Die frühe Kindheit ist für jeden Menschen ein Lernprozess, bei dem er unbewusst eine Art innerer, emotionaler Landkarte zeichnet – ein Orientierungssystem, das seine Entscheidungen leitet, unabhängig davon, wie er über eine Angelegenheit denkt. Dieses Lernen dauert Jahre, und die Sprache liefert dabei nicht nur unschuldige Etiketten für Gefühle und Gedanken, die sowieso schon da sind, sondern sie ordnet und strukturiert unsere Gefühle und Gedanken. Ohne die »Namen« unserer Gefühle hätten wir sie nicht – zumindest nicht in dieser Form. Aber auch wenn es schwierig ist, angemessene Begriffe für das Erleben unserer Kinder zu finden, die nicht in unangemessener Weise die Er-

[4] Machleidt et al. (1989, S. 139 ff.).

lebensweisen von Erwachsenen in die Kinder hineinprojizieren, so können wir das kaum vermeiden, denn ihr Verhalten zeigt ein großes Spektrum unterschiedlicher Ausdrucksmöglichkeiten. Und das ist in der Regel auch gut so, weil sie den Eltern einen Leitfaden für ihr eigenes Verhalten liefern.

Niemand wird ein jammerndes Kind für besonders glücklich und zufrieden halten. Stattdessen machen sich die Eltern Gedanken darüber, was denn los ist mit ihrem jammernden Kind. Hat es Hunger? Durst? Tut ihm etwas weh? Ist es wütend? Traurig? Und aufgrund dieser Einfühlung handeln sie dann. Wenn ihre Vermutungen »richtig« waren, dann beruhigt sich ihr Kind, und die Eltern fühlen sich in ihrer Einfühlung bestätigt.

Dass diese Form der Einfühlung funktioniert und Eltern spontan ein hinreichend gutes Einfühlungsvermögen in die Bedürfnisse ihrer Kinder haben, auch ohne Psychologie studiert zu haben, dürfte an der verbindenden Möglichkeit liegen, die genannten »Grundgefühle« zu erleben. Sie ermöglicht die Kommunikation zwischen Eltern und Kindern und hat (bislang) das Überleben der Menschheit gesichert.

Dabei lassen sich gewisse Muster feststellen, die kulturübergreifend die Eltern-Kind-Beziehung bestimmen – und damit auch die Weichenstellungen zu unterschiedlichen Entwicklungswegen des Kindes.

Um mit den Gemeinsamkeiten zu beginnen: Alle Kinder – ob adoptiert oder nicht – durchlaufen in ihrer Entwicklung bestimmte Krisenphasen. Das hat zum einen mit ihrer körperlichen Entwicklung zu tun (Wachstum, körperliche Reifung, Hormonumstellung, Ausprägung sekundärer Geschlechtsmerkmale etc.), zum anderen mit gesellschaftlichen Erwartungen, die an bestimmte Altersstufen gebunden sind (was die Sprachentwicklung angeht, Schulpflicht, Adoleszenz, Mündigkeit etc.). Wie bei anderen Übergangstufen auch besteht hier die Gefahr, ins Stolpern zu geraten. Im Prinzip müssen alle Eltern in solchen Phasen mit Konflikten rechnen. Sie haben damit zu tun, dass ihre Kinder ihr

Selbstbild in dieser Zeit ändern und dies in der Regel auch mit Veränderungen in der Beziehung zu ihren Eltern verbunden ist. Diese Änderungen erfordern auf beiden Seiten eine Anpassungsleistung, nicht nur bei den Kindern. Denn die Eltern müssen sich ebenfalls ein neues Verhaltensrepertoire zulegen, wenn sie auf einmal mit einem Menschen zu tun haben, der sich beispielsweise als erwachsen, d. h. selbstständig, eigenverantwortlich und mündig, statt als Kind, d. h. abhängig, fürsorgebedürftig und in seiner Entscheidungsfähigkeit nur begrenzt verantwortlich, betrachtet. Und was diese Einschätzung angeht, gehen die Meinungen und Bewertungen zwischen Kindern bzw. Jugendlichen und Eltern eben oft auseinander.

Solche Übergänge sind schleichend, das Aushandeln der Grenzen der elterlichen Verantwortung bzw. der Selbstverantwortung ihres Kindes erfolgt über Jahre. Es ist kein Prozess, der zu einem bestimmten Zeitpunkt beginnt (etwa am Vorabend des 18. Geburtstags) und zu einem genau feststellbaren Zeitpunkt beendet ist (am Tag nach dem 18. Geburtstag).

Die Entwicklung der Eltern-Kind-Beziehung in unserer westlichen Welt, in der das autonome Individuum hoch geschätzt wird, ist daher mehr oder weniger durchgängig vom Konflikt zwischen Abhängigkeit und Autonomie bestimmt, auch wenn er sich in unterschiedlichen Altersstufen des Kindes verschieden entfaltet.

Dieser Konflikt spielt sich in zwei Arenen ab:

Innerpsychisch zeigt er sich als Ambivalenz des Kindes zwischen seinen Unabhängigkeits- und Abhängigkeitswünschen. Versorgt und beschützt zu werden ist ja für die meisten Menschen nichts wirklich Schlimmes. In seinem Freiraum eingeschränkt zu werden ist dagegen weniger angenehm. Meist bekommt man aber (auch als Erwachsener) das eine nur um den Preis des anderen …

Die zweite Arena ist die Interaktion zwischen Eltern und Kindern: Hier zeigt sich die Abhängigkeits-Autonomie-Ambivalenz als Konflikt um die Verantwortlichkeit. Wer hat die Verantwortung für das, was das Kind/der Jugendliche tut? Wenn die Eltern sich verantwortlich fühlen, so werden sie versuchen, ihr Kind zu kontrollieren. Wenn sie es als eigenverantwortlich betrachten, so werden sie seinen Handlungsspielraum so wenig wie möglich einzuschränken versuchen und werden es in seiner Selbstentfaltung fördern. Doch welche Eltern können sicher sein, dass ihr Kind schon reif genug ist, auf sich selbst aufzupassen? Wenn Eltern zu dem Schluss kommen, dass ein Laissez faire nicht zu verantworten ist und sie sich einmischen müssen, wird ihr Kind sich in seiner Autonomie eingeschränkt und bedroht fühlen. So eskaliert der Konflikt in vielen Familien (nicht nur in Adoptivfamilien), und es kommt zum Machtkampf um das Wohl des Kindes.

Warum Adoptivkinder besonders zu solchen Konflikten einladen (der Begriff »einladen« soll darauf hinweisen, dass man als Eltern solche Beziehungsangebote nicht annehmen muss oder sollte – aber dazu später mehr in den konkreten Tipps …), lässt sich durch die Erfahrungen des Kindes zwischen Geburt und Adoption erklären und nachvollziehen. Hier liegen die Wurzeln dafür, warum manche Adoptivkinder anders sind als andere Kinder und warum Adoptiveltern manchmal Survival-Tipps brauchen können.

2.3 Vor und nach der Geburt

Die Geburt ist nicht der Anfang. Das Leben beginnt eher. Solange sich der kindliche Organismus im Mutterleib entwickelt, lebt er in einer relativ zuverlässigen biologischen Umgebung. Die Temperatur ist konstant, und nicht einmal dann, wenn die Mutter friert oder schwitzt, wird es unangenehm kalt oder warm für das Kind. Physiologische Mechanismen sorgen für einen Ausgleich eventueller Schwankungen. Das wachsende Kind spürt keinen

Hunger oder Durst, weil sein Blutkreislauf mit dem der Mutter verbunden ist. Die Mutter isst und trinkt für das Kind. Es muss nicht einmal atmen, da auch seine Versorgung mit Sauerstoff auf diese Weise sichergestellt ist. Wenn es der Mutter körperlich gut geht, dann geht es dem Kind meist auch körperlich gut.

Der kindliche Organismus funktioniert zwar noch nicht unabhängig und abgetrennt von der Mutter, gewinnt aber, je näher der Zeitpunkt der Geburt kommt, zunehmend die Fähigkeit dazu. Er ist an seine biologische Umwelt angepasst: an den Biorhythmus der Mutter, ihre guten oder schlechten Ess-, Trink- oder Schlafgewohnheiten, ihre Anspannung und ihre Entspannung.

Außerdem nimmt die Wahrnehmungsfähigkeit des Kindes immer mehr zu. Es reagiert auf Musik, die in seiner Umgebung zu hören ist, auf harsche oder liebliche Töne und Geräusche. Es beginnt noch vor seiner Geburt, seine spätere soziale Umwelt kennenzulernen. Es ist vertraut mit der Stimme seiner Mutter und der Menschen, mit denen sie zusammenlebt.

Die Veränderungen bis hin zur Geburt, auch die Zunahme der Wahrnehmungsfähigkeit, erfolgen kontinuierlich. Mit der Geburt tritt dann ein radikaler Wandel ein: Die sichere biologische Umwelt, deren Bedingungen vorher relativ konstant waren und nur wenige Störungen verursacht haben (wenn die Mutter nicht krank wurde, Drogen nahm, unter großem Stress litt o. Ä.), wird verlassen. In den Mythen unterschiedlicher Völker wird dieser radikale Wandel als »Vertreibung aus dem Paradies« thematisiert – ein Bild, das den Sachverhalt ganz gut trifft. Ab jetzt muss das Kind sich das eigene Überleben »im Schweiße seines Angesichts erarbeiten«.

Der Begriff der Arbeit mag hier ein wenig provokativ und abseitig klingen. Aber er ist bewusst gewählt, weil die »paradiesische« Lebensphase, in der jeder physische Bedarf (Nährstoffe, Sauerstoff, Wasser etc.) durch automatisch ablaufende, physiologische Mechanismen gedeckt wurde, mit der Geburt ihr Ende findet. Von nun an kann es zum Entgleisen des physiologischen Gleichgewichts kommen, und das heißt, in eine psychologische Begrifflichkeit übersetzt, dass auf einmal mehr oder weniger regelmäßig Bedürfnisse (in der Sprache der Erwachsenen: »Hunger«, »Durst« etc.) erlebt werden und ihre Befriedigung an eigene Aktivitäten des Kindes (= Arbeit) gebunden sind: Es muss z. B. atmen (was wahrscheinlich kein größeres Problem darstellt, da dies auf einer Reflexebene geregelt ist und automatisch passiert). Anders ist es beim Sinken des Blutzuckerspiegels oder dem Steigen des Flüssigkeitsbedarfs, die irgendwelche Formen der »Unlust« – negative Affekte, »Angst« – auslösen und, eng damit verbunden, charakteristische Verhaltensweisen (Schreien, Weinen). Dieses Entgleisen des körperlichen Gleichgewichts, die Erfahrung einer Not, ist eine neue, sicher erst einmal unangenehme Erfahrung für das Kind – für jedes Kind.

Es wird in eine Welt »geworfen«, die ihm vollkommen fremd ist. Um zu überleben, muss die Not abgewendet werden, d. h., notwendige Bedürfnisse müssen befriedigt werden. Das Überleben des Kindes ist objektiv existenziell bedroht, und das wird vom Kind – wenn auch sicher anders als vom Erwachsenen – wohl auch entsprechend erlebt.

Wenn es von der leiblichen Mutter in Empfang genommen wird, so dürfte es einige Elemente seines früheren, intrauterinen Lebens wiedererkennen: die Stimme der Mutter, den Herzschlag, wenn es auf ihrem Bauch liegt, wahrscheinlich auch noch bestimmte biochemische Eigenheiten ihres Körpers, die es in der getrunkenen Milch wieder findet, die sich auch im Geruch der Mutter zeigen, u. Ä. Dies mildert die Radikalität der Änderung, den Schock, denn der Faden des Vertrauten reißt nicht vollkommen ab, es gibt neben allen Unterschieden auch Gemeinsamkeiten zu den Wahrnehmungen und zum Erleben der Zeit vor der Geburt.

Trotzdem ist unvermeidlich, dass für das Neugeborene der Wandel seiner Lebenswelt mit extremem Stress verbunden ist.

Das bezieht sich nicht nur auf die Geburt selbst, sondern auch auf die Zeit danach. Es findet sich plötzlich im Exil und muss lernen, sich in dieser neuen Welt zu orientieren.

Stressreaktionen, das zeigen die Untersuchungen bei Erwachsenen, sind mit charakteristischen körperlichen Prozessen verbunden. Sie stellen Notfallreaktionen dar, die besondere Kräfte freisetzen, um der Notlage zu entgehen. Beim Erwachsenen sind das physiologische Umschaltungen, z. B. Hormonausschüttungen, die es ermöglichen, schnell und entschieden zu handeln und auch die letzten Energiereserven noch freizusetzen. Die Erregung steigt, die Muskeln werden aktiviert, die Verdauungsaktivität reduziert sich usw. So ist der Körper optimal auf zwei unterschiedliche Verhaltensformen vorbereitet, die in der Gefahr die Chance des Überlebens sichern helfen: *Kampf* oder *Flucht*. Verbunden ist mit diesen körperlichen Reaktionen der dazu »passende« Gefühlscocktail: Angst, Aggressivität, Ärger, und – eng damit verbunden – die Bereitschaft zu handeln, ja, die Tendenz zum Aktionismus.

Im »Kampf« wird der Versuch unternommen, die als gefährlich erlebte Situation (personalisiert: den Gegner, von dem die Bedrohung ausgeht) unter Kontrolle zu bekommen und zu »beherrschen«. Erscheinen Gegner oder Gefahr zu groß oder zu stark, dann wird die Handlungsbereitschaft zur Flucht genutzt. »Nichts wie weg!«, ist dann der Impuls. Das Ausweichen, der Rückzug, das Vermeiden der Gefahr verspricht zwar keine Kontrolle oder Beherrschung der Situation, es eröffnet aber die Chance, selbst fremder Kontrolle oder Unterwerfung zu entgehen (– dies sind natürlich alles Formulierungen, mit denen wir derartigen Verhaltensmustern eine Absicht zuschreiben, sie werden aber reflexhaft und automatisch aktiviert, ob wir wollen oder nicht). Flucht und Vermeidung der Gefahr bilden das zweite Schema, das in solch extremen Gefahrensituationen aktiviert werden kann.

Diese Muster sind ein Erbe der menschlichen Evolution, sie laufen automatisch ab, sind biologisch vorgeformt, und wir haben keine bewusste Kontrolle über sie. Wo immer wir uns bedroht fühlen, steigt die Chance, dass wir »kämpfen« oder »fliehen« (wie das konkret aussieht, ist sehr verschieden und hängt von der Alters- und Entwicklungsstufe des jeweiligen Individuums sowie von der aktuellen Situation ab).

Wenn unsere »rettenden« Aktivitäten – sei es der Kampf, sei es die Flucht – nicht erfolgreich sind, d. h., wenn die Not nicht gewendet werden kann, dann steigern wir in der Regel unsere Bemühungen, und wir machen meist – wie von bösen Geistern getrieben – mehr desselben, auch wenn dies nicht zum Ziel führt: noch mehr Kampf, noch mehr Rückzug.

Falls all dies nicht hilft und wir keine Hoffnung mehr haben, irgendeinen Einfluss auf unser Schicksal nehmen zu können, dann verfallen wir in einen Zustand der Lähmung, unsere Vitalität und Aktivität verringern sich radikal, die körperlichen Kräfte scheinen reduziert, die Funktion etlicher Organe und des Immunsystems stellen sich auf Sparflamme, und wir fühlen uns hilflos, depressiv und krank …

Diese Muster sind biologisch vorgegeben, d. h. nicht individuell erlernt, aber wir lernen im Laufe unseres Lebens, mit ihnen umzugehen. Was bei einem kleinen Kind Flucht- oder Kampfimpulse auslöst, ist für den Erwachsenen meist eine harmlose Situation. Er hat zu unterscheiden gelernt, d. h., seine kognitiven Fähigkeiten erlauben ihm, ein differenziertes Bild der Welt und seiner Beziehung zu ihr bzw. den anderen Menschen zu entwickeln. Das Neugeborene verfügt über diese Fähigkeiten noch nicht, es muss erst einen Erfahrungsschatz aufbauen und ordnen, der ihm gezieltes Handeln ermöglicht.

Wie dies geschieht, lässt sich beispielhaft und schematisch folgendermaßen skizzieren: Das Kind spürt so etwas wie Hunger und reagiert darauf reflexhaft mit Weinen oder Schreien. Auf dieses Signal hin sorgt die Mutter oder eine andere versorgende Person dafür, dass das Kind seine Milch bekommt. Der Hunger – bzw. das Kind – ist gestillt. Wenn sich diese Abfolge mit einer gewissen Regelmäßigkeit wiederholt, dann »lernt« das Kind, sein Verhalten und seine Wahrnehmung miteinander zu einem (»sensomotorischen«) Schema zu verknüpfen.

Der Begriff Lernen ist hier ein wenig problematisch, da er den Eindruck erwecken könnte, es handle sich dabei um einen bewussten Vorgang. Doch dieses Lernen muss als unbewusster Selbstorganisationsprozess verstanden werden, bei dem sich psychische Strukturen entwickeln. Er ist wohl am besten mit der Ausbildung von *Erwartungen* und *Gewohnheiten* zu vergleichen.

Sind die Erfahrungen in der Interaktion mit der versorgenden Person zuverlässig, so kann das Kind so etwas wie »Urvertrauen« entwickeln. Es ist gewiss, dass – auch wenn Hunger und Durst als Not erlebt werden – diese Not sich wendet. Solch ein Urvertrauen entspricht der Überzeugung: »Alles wird gut!« Und deswegen werden auch nicht so schnell Kampf- und Fluchtschemata aktiviert.

Wenn diese Zuversicht nicht erworben wird, weil die Welt als *nicht* zuverlässig erlebt wird, so werden »Kampf-» und »Fluchtreflexe« aktiviert, und auch aus ihnen wird gelernt. Wenn dabei die eigene Aktivität als »Ursache« der Bewältigung von Angst erlebt wird, so gewinnt das Kind ein Gefühl der »Macht« und der Kontrolle über sein Schicksal. Es erfährt das eigene, andauernde, schließlich (wenn auch nach langer Zeit) doch noch zum Erfolg führende Schreien – um beim Beispiel von Hunger und Durst zu bleiben – als »Ursache« für das Gestilltwerden.

Wenn es die eigenen Aktivitäten und Aktionen als Ursache für die Bewältigung der Angst und Not erlebt, so wird es in Situationen, in denen es sich bedroht fühlt, aller Wahrscheinlichkeit nach sein Heil (die Überwindung der Angst) in gesteigerter Aktivität suchen. Wenn es gute Erfahrungen damit gemacht hat, eher passiv zu bleiben, dann wird es in ängstigenden Momenten zur Untätigkeit neigen. Beides sind Schemata, die auch später das Verhalten in Situationen leiten können, in denen sich das Kind in Abhängigkeitsbeziehungen befindet.

Während es vor der Geburt vom Funktionieren eines biologischen Systems abhängig war (der physischen Einheit aus Mutter und Kind), ist es nun vom Funktionieren eines sozialen Systems abhängig (der sozialen Einheit aus ihm selbst und der/den versorgenden Person/en). An die Stelle biochemischer Prozesse sind Kommunikationsprozesse getreten, die Bindung an eine andere Person. Wenn dies nicht funktioniert, dann ist das Überleben genauso bedroht wie durch körperliche Krankheiten der Mutter vor der Geburt. Aber – und das ist ein großer Unterschied – die leibliche Mutter ist *nicht* mehr unverzichtbar. Deswegen können Kinder überleben, auch wenn ihre Mutter bei der Geburt stirbt, und deswegen können Kinder auch adoptiert werden und in Adoptiv- oder Pflegefamilien gedeihen.

Das Risiko für Adoptiv- und Pflegekinder ist allerdings, dass sie nicht schnell oder gar nicht solch eine zuverlässige, soziale Umgebung finden, keine versorgende Person, die dauerhaft und berechenbar überlebenswichtige Funktionen für sie übernimmt. Das führt dann in vielen Fällen dazu, dass sie in einer frühen Phase ihres Lebens immer wieder – mit jeder Veränderung der sozialen Lebenswelt (Pflegefamilie, Heim, Adoptivfamilie) – in Situationen geraten, die solche Kampf- oder Fluchtimpulse auslösen. Und es ist nicht selbstverständlich, dass ein Kind diese Phasen überlebt, denn wenn es schließlich depressiv reagiert, kann die körperliche Widerstandskraft versiegen, und es kann sterben. Wenn es diese Phasen der Unzuverlässigkeit überlebt, so setzt es unbewusst Kampf oder Flucht mit Überleben gleich. Und diese Gleichung *(Kampf/Flucht = Überleben)* wird seine Entscheidungen leiten, wenn es sich bedroht fühlt. Statt sich in seine Hilflosigkeit und Angst zu ergeben oder sich aufzugeben, wird es auch in Zukunft kämpfen oder fliehen, um so der bedrohlichen Situation nicht ausgeliefert zu sein und die Kontrolle über das eigene Schicksal zu gewinnen.

Szene 4:
Helen, jetzt 24 Jahre alt, leidet, seit ihre Adoptiveltern sie kennen, unter Alpträumen. Als Kleinkind lässt sie sich ohne großen Protest ins Bettchen bringen. Schauen die Eltern nach, ob ihr Kind denn auch schläft, finden sie Helen oft mitten in der Nacht aufrecht in ihrem Gitterbett stehend. Eingemummelt in ihren Schlafsack summt und wippt sie vor sich hin und scheint sich nicht dem Schlaf überlassen zu wollen. Später schläft sie nur bei Licht, schreit nachts auf und erzählt von ihren bösen Träumen.

Die Masken aus fremden Ländern, Souvenirs der Eltern von früheren Reisen, müssen aus dem Flur verschwinden. Helen hat zu große Angst vor ihnen. Niemals kommt ein im Ganzen gegrillter Fisch auf den Teller, denn Helen will nichts mit Augen essen. Augen starren sie an, vor den Augen fürchtet sie sich.

Seit sie mit ihrem Freund zusammenlebt, kann sie es ab und zu aushalten, wenn kein Licht in der Nacht brennt, zumal auch die Straßenbeleuchtung dafür sorgt, dass es im Schlafzimmer nie ganz finster wird.

In ihren Träumen wird sie von Wesen verfolgt, die ihr Böses wollen, die sie jagen und ihr schreckliche, panische Angst machen. Selbst heute ist das noch so.

»Aber«, so erzählt sie, halb geängstigt und halb rebellierend beim Nachdenken über ihre schlimmen Träume, »ich gebe nie auf, ich gebe nie nach, ich kämpfe und renne! Es ist immer ganz viel los in meinen Träumen. Die Zeit geht ganz schnell vorbei!« Trotzdem würde sie abends nie gruselige Filme ansehen.

Wie die meisten menschlichen Kompetenzen kann die ungeheure Fähigkeit vieler Adoptivkinder, in Situationen, die sie – bewusst oder unbewusst – als bedrohlich erleben, initiativ und aktiv (wie den Beobachtern oft scheint: hyperaktiv) zu werden und zu kämpfen oder die Flucht zu ergreifen, Fluch wie Segen sein. Zum Segen wird diese Fähigkeit nur, wenn es – ihnen selbst wie ihren Eltern und denen, die für sie eine erzieherische Verantwortung tragen – gelingt, diese Handlungsbereitschaft als Ressource zu sehen und zu nutzen.

Szene 5:
Chandra und Maneka, zwei indische Adoptivkinder, wurden von ihren deutschen Adoptiveltern im Abstand von 2 Jahren in Indien persönlich abgeholt.

Frau R. erzählt: »Unsere beiden Töchter entwickelten in der ersten Nacht bei uns hohes Fieber. Bei Chandra, unserem ersten Kind, waren wir frisch gebackenen Eltern noch ganz aufgeregt. Wir fragten uns: Ist sie jetzt ernsthaft krank, wo sie sich doch gerade erst von einer längeren Krankheit erholt hatte? Sollten wir noch in der Nacht einen Doktor holen? Wir entschieden uns, bis zum nächsten Morgen abzuwarten. Chandra verbrachte die Nacht auf meinem Bauch liegend, heiß wie ein kleiner Ofen. Trotz der Beunruhigung über das Fieber war es nach der langen Zeit des Wartens ein schönes Gefühl, sie so nahe bei mir zu haben. Irgendwann schliefen wir alle ein und irgendwie, so scheint es mir, wurde sie in dieser Nacht zu unserem Kind. Wir begannen, uns aneinander zu gewöhnen.

Am nächsten Morgen erwachte ich mit dem kleinen, klitschnass geschwitzten Bündel Mensch auf dem Bauch, das nun wieder fieberfrei und durchaus munter war – bereit, ein Fläschchen zu trinken, sich baden zu lassen und den neuen Tag mit den neuen Eltern anzugehen. Wie waren wir erleichtert und froh!

Als wir zwei Jahre später Maneka aus Indien abholten, reagierte auch sie in unserer ersten gemeinsamen Nacht mit hohem Fieber. Dieses Mal konnten wir es etwas gelassener nehmen. Auch sie erwachte am nächsten Morgen nass geschwitzt auf meinem Bauch liegend. Ein wenig erinnerte es uns an eine Geburt, einen Beginn. So empfanden wir es jedenfalls.«

Das Beispiel in Szene 5 zeigt, dass auch Fieber als eine Kampfreaktion erklärt werden kann – allerdings nicht auf der psychischen Ebene, sondern auf der körperlichen. Wenn unser Körper mit fremden, schädigenden Stoffen konfrontiert ist, die er abwehren und deren Wirkung er neutralisieren muss, entwickelt er im Rahmen seiner Immunreaktionen Fieber. Das Ausgeliefertwerden an wildfremde Menschen (die bis dahin unbekannten Adoptiveltern) kann von einem so kleinen Kind noch nicht mit Kampf- oder Fluchtverhalten beantwortet werden, aber sein Körper zeigt analoge Reaktionen. Fieber als psychosomatische Reaktion, die – aus der Außenperspektive gesehen – in diesem Fall nicht wirklich für das Überleben nötig war. Aus der Innenperspektive des Kindes ist das Erleben von Fremdheit wahrscheinlich identisch mit dem Erfahren einer unmittelbaren Bedrohung des Überlebens. Und das aktivierte, körperliche Reaktionsmuster ist im Rahmen von Immunprozessen in den meisten Fällen hoch funktionell: ein Schema der Überlebenssicherung (wie später Kampf- und Fluchtverhalten).

2.4 »Frühe Traumatisierung« versus »frühes Lernen«

In der (nicht sonderlich umfangreichen) Literatur zum Thema Adoptivkinder und -familien wird häufig und gerne von »hochproblematischen«, »deutlich verhaltensauffälligen«, »früh traumatisierten« Adoptiv- und Pflegekindern gesprochen. Solche Begriffe haben den Charakter von Diagnosen, und Diagnosen sind ganz allgemein zwiespältig zu bewerten. Der negative Aspekt ist, dass sie als selbsterfüllende Prophezeiungen wirken können. Eltern hören, ihr Kind sei »verhaltensauffällig«, und sie beginnen, ihr Kind auf »auffälliges« Verhalten hin zu beobachten. Von nun an fallen ihnen auch viele Verhaltensweisen als verdächtig auf, die sie ohne die Diagnose als harmlos erachtet hätten und die ihnen anderenfalls nie aufgefallen wären. Mit der misstrauischen Suche nach Bestätigung der Diagnose senden die Eltern dann – ob sie sich dessen bewusst sind oder nicht, ob sie das wollen oder nicht – Einladungen an ihr Kind, die Erwartungen (Befürchtungen) zu bestätigen: Wenn die Kinder die Aufmerksamkeit ihrer Eltern haben wollen, dann brauchen sie nur ein »auffälliges Verhalten« zu zeigen, und der Problemtanz beginnt. Einer der Gründe, warum wir hier derartige diagnostische Begriffe nicht unkritisch übernehmen, ist also, dass sie Erwartungen erzeugen, und Erwartungen erzeugen nur zu oft genau das, was erwartet wird …

Aber was wird mit Diagnosen wie »traumatisiert« eigentlich bezeichnet? Ein beobachtbares Verhalten des Kindes – hier und jetzt? Seine Erklärung – damals in der frühen Kindheit ist … passiert, und deswegen verhält es sich heute …? Oder die Bewertung des Verhaltens – es fällt negativ auf, weil es von den üblichen Erwartungen und Normen abweicht?

In Diagnosen sind fast immer diese drei Aspekte miteinander vermischt. Und das ist problematisch und risikoreich. Denn auch, wenn mehrere Beobachter sich darüber einig sind, dass ein Kind sich *anders* als andere verhält, so gibt es meistens Meinungsverschiedenheiten darüber, wie es zu erklären ist, d. h., was die Ursachen dafür sind. Erklärungen sind deswegen so wichtig, weil aus ihnen üblicherweise abgeleitet wird, was »zu tun« ist, um ein Verhalten wahrscheinlicher oder unwahrscheinlicher zu machen. Ob das eine oder andere angestrebt wird, hängt von der Bewertung des jeweiligen Verhaltens ab.

Um dies zu verdeutlichen, sei hier ein Beispiel genannt, das nichts mit der hier behandelten Adoptionsproblematik zu tun hat: Spielt ein Kind gerne Klavier, und die Eltern bewerten dies positiv, so werden sie das Kind zum Klavierunterricht schicken, es wird ein eventuell vorhandenes Talent entwickeln usw. Wird das »Geklimper« hingegen negativ bewertet, weil die Eltern nur sportliche Aktivitäten wertschätzen, so wird es eher negative Reaktionen erleben und insgesamt wenig musikalische Förderung erfahren. Wird ein Verhalten gar als »hochproblematisch« bewertet (was beim Klavierspielen seltener der Fall ist), so hängt die Reaktion der Eltern und Erzieher weitgehend davon ab, wie die Entstehung dieses Verhaltens erklärt wird.

Wenn von frühkindlicher Traumatisierung gesprochen wird, so ist eine Metaphorik gewählt, die aus der Medizin stammt. Unter Trauma wird dort das Resultat einer äußeren Gewalteinwirkung auf den Körper verstanden. Wörtlich übersetzt bedeutet

»Trauma« *Wunde* (griech.). Solche medizinischen Bilder legen es nahe, sich auch im Umgang mit dem psychisch »Traumatisierten« an der Behandlung körperlicher Wunden oder Verletzungen zu orientieren.

Das ist zunächst keine schlechte Idee, denn die menschliche Psyche hat in ihrer Funktionsweise gewisse Ähnlichkeiten mit der Funktionsweise des Organismus (schließlich gibt es ohne ihn und sein Funktionieren auch keine psychischen Prozesse). Wie bei körperlichen Verletzungen kann eine psychische »Heilung« nie von außen erfolgen. Weder der menschliche Körper noch seine Seele sind Maschinen, die von irgendwelchen Fachleuten repariert werden können. Was ein guter Arzt, z. B. der Chirurg, der täglich körperlich schwer traumatisierte Patienten behandeln muss, tun kann, ist, Bedingungen zu schaffen, welche die Selbstheilung (!) des Organismus ermöglichen oder wahrscheinlicher machen. So kann er ein gebrochenes Bein, bei dem die auseinander gebrochenen Knochenenden weit auseinander stehen, in ihre ursprüngliche Lage bringen und zusammenschrauben, damit die Bruchstücke wieder zusammenwachsen können. Aber es sind nicht die Schrauben, die den Bruch »reparieren«. Denn, wenn die Knochen nicht zusammen wachsen, so halten auch die Schrauben die Knochen nicht zusammen. Damit zusammenwachsen kann, was zusammengehört, stellt der Chirurg eine Situation her, in der die Selbstheilungsprozesse – es sind interne, biologische, *körpereigene* Prozesse – wirksam werden können: die Knochenenden sind einander angenähert, sodass die Selbstheilung des Bruchs möglich wird. Würden sie zu weit auseinander stehen, würde auf beiden Seiten zwar ein Wachstumsprozess stattfinden, aber beide würden keinen Anschluss aneinander finden.

Was die Ideen zur Heilung von »Traumata« angeht (Konstruktion einer Erklärung, d. h. von Ursachen und Wirkungen), scheint die medizinische Metaphorik ganz nützlich. Denn auch psychische Wunden lassen sich nicht von außen, fremdgesteuert nach dem Mechanikermodell heilen. Aber es lassen sich äußere Bedingungen dafür schaffen.

Trotzdem scheint die Verletzungsmetaphorik nicht wirklich geeignet, das, was mit früh von ihren Müttern und Familien getrennten Kindern geschieht, zu beschreiben, zu erklären und zu bewerten.

Bei einem körperlichen Trauma haben wir es stets mit der Verletzung einer als »normal« oder »gesund« bewerteten, organischen Struktur zu tun, die stillschweigend vorausgesetzt wird und keiner weiteren Erklärung bedarf. Die Struktur des Knochens ist vor dem Unfall intakt und wird durch das Trauma verletzt. Also wird nun im Idealfall versucht, die Wiederherstellung des zuvor bestehenden, »gesunden« oder »normalen« Zustands zu ermöglichen.

Bei körperlichen Strukturen und Verletzungen hat sich dieser Typus der Erklärung bewährt, und er mag auch angemessen sein, um die psychischen Traumata von Erwachsenen zu erfassen. Denn wenn sie – etwa als Überlebende von Naturkatastrophen oder schweren Unfällen – traumatisiert werden, so werden ihre bis zu diesem Zeitpunkt bestehenden, ihr individuelles Überleben sichernden, psychischen Strukturen zutiefst erschüttert. Die bis dahin bestehende Sicherheit ihrer Welt, das Gefühl, ihr Leben selbst zu bestimmen und zu kontrollieren, scheint zu zerbrechen. Ihre affektiven und kognitiven Schemata, die sich bis dahin bewährt hatten, sind auf einmal grundlegend infrage gestellt.

Beim sogenannten früh traumatisierten Kind hingegen haben wir es mit einer ganz anderen Situation zu tun, und es empfiehlt sich daher unseres Erachtens, andere Erklärungen (Ursache-Wirkungs-Zusammenhänge) zu konstruieren. Seine psychischen Strukturen sind noch nicht festgelegt, sondern noch extrem flexibel. Dadurch ist der Einfluss äußerer Ereignisse (der Interaktion mit den versorgenden Personen in seiner unmittelbaren Umgebung) nicht nur erheblich größer als dies bei einem traumatisierten Erwachsenen der Fall ist, sondern er hat auch eine andere Qualität.

Wo Strukturen sich erst entwickeln, werden sie durch sogenannte traumatisierende Ereignisse nicht zerstört, aber – und das kann viel weitreichender in den Konsequenzen sein – der Prozess ihres fortschreitenden Aufbaus und Umbaus wird entscheidend beeinflusst.

Wenn wir die Wirkung früher Trennungen aus solch einer Perspektive betrachten, dann erscheint es weit angemessener, die frühe Entwicklung von Adoptivkindern als Ergebnis von »Lernprozessen« zu analysieren. Die Frage ist dann erheblich spezifischer: Welche Entwicklungsbedingungen führen zu welcher Art psychischer Strukturen bzw. welche sozialen (familiären) Lernbedingungen führen zu welchen Lernergebnissen.

Wenn das Verhalten eines Adoptivkindes als Ergebnis eines Lernprozesses erklärt wird, so ergeben sich daraus etwas andere Konsequenzen, als wenn sie als Resultat einer Traumatisierung erachtet werden. Zum einen klingt »Lernen« etwas weniger dramatisch als »Traumatisierung«, zum anderen eröffnet Lernen erheblich mehr konkrete Handlungsmöglichkeiten für Gegenwart und Zukunft als Traumatisierung. Denn ein Trauma zu heilen ist immer nur die zweitbeste Möglichkeit gegenüber einem Zustand, in dem es gar nicht erst zur Verletzung gekommen ist. Beim Lernen ist das anders. Auch hier kann normativ bewertet werden, ob etwas Gutes oder Schlechtes gelernt wurde. Aber das Ergebnis ist nicht so statisch, denn es kann auch Neues erlernt werden, Altes verlernt oder schlicht und einfach vergessen werden … Und wenn etwas Neues erlernt wird, so kann das, was zuvor erlernt wurde, immer noch nützlich sein und als wichtige Erfahrung zur Ressource für das weitere Leben werden. Das ist bei biologischen Schäden eher selten der Fall – außer vielleicht bei der Wirkung von Infektionen auf das Immunsystem, wie sie bei Impfungen genutzt wird (wo der Körper lernt, die Wirkung potenzieller Krankheitserreger »abzuwehren«).

Die frühen, sicher schmerzhaften Erfahrungen, die viele Adoptiv- und Pflegekinder machen mussten, können – und das ist uns wichtig zu betonen – für ihr weiteres Leben nicht nur eine Belastung sein (was leider oft der Fall ist), sondern sie können auch Chancen eröffnen. Die Bewertung ist nicht so zwangsläufig, wie es die Trauma-Metaphorik suggeriert.

»Psychisches Trauma«, das sollte man nicht vergessen, ist ein Erklärungsprinzip, d. h. nichts, was als Phänomen direkt zu beobachten wäre. Wenn wir sagen, das Adoptivkind Nadine sei »früh traumatisiert«, so sprechen wir eigentlich nicht über Nadine, sondern über uns selbst – genauer gesagt: über unsere Erklärung für das Verhalten von Nadine. Und wir schreiben ihr damit eine Identität zu: Sie gehört zur Klasse frühtraumatisierter Menschen, und das bleibt sie ihr Leben lang – auch wenn sie sich schon lange nicht mehr auffällig verhält.

Wenn wir hingegen ein Lernmodell zur Erklärung ihres auffälligen Verhaltens verwenden, so schreiben wir nicht so leicht eine dauerhafte Identität zu. Es wird klarer zwischen dem Verhalten und der Person, die dieses Verhalten zeigt, unterschieden. Und jede Person, so weiß man, kann ganz verschiedene Verhaltensweisen zeigen, neue erlernen, alte aufgeben usw.

Eine *Identität*, die obendrein durch Ereignisse in der Vergangenheit begründet ist, zu ändern, ist weit schwerer, als sich von *Verhaltensmustern* und *-strategien*, die vor langer Zeit einmal *erlernt* worden sind, zu verabschieden. Hinzu kommt, dass es relativ gut erprobtes Handwerkszeug gibt, das neues Lernen ermöglicht.

Welche Erklärungen wir für das beobachtbare Verhalten eines Kindes wählen, ist weder eine Frage der Willkür noch objektiv vorgegeben. Denn unsere Wirklichkeitskonstruktionen (Beschreibungen, Erklärungen und Bewertungen) haben einen verändernden Einfluss auf das, was sie beschreiben, erklären oder bewerten. Jeder kennt das: Wird im Fernsehen über einen »wichtigen« und »prominenten« Menschen berichtet, so wird er dadurch wichtig und prominent. Unser soziales Leben – auch das in der Familie – ist zu einem guten Teil durch derartige selbsterfüllende Prophezeiungen geprägt. Daher empfiehlt es sich, sehr sorgsam mit seinen Beobachtungen, der Konstruktion von Kausalitäten und mit Bewertungen umzugehen.

Doch neben solchen eher strategischen Überlegungen stellt sich die Frage, ob eine Erklärung zu den beobachteten Phänomenen »passt«. Eine Erklärung ist eine Hypothese, in der von einem Beobachter (das kann auch jemand sein, der sich selbst beobachtet) ein Mechanismus konstruiert wird, der – wenn er denn tatsächlich wirksam wäre – zu dem beobachteten Phänomen führen würde. Wenn wir z. B. die Hypothese haben, dass die Sonne die Erde umkreist, so gäbe es keinen Grund, diese These aufgrund unserer alltäglichen Erfahrungen infrage zu stellen. Wenn wir hingegen Daten haben, die zeigen, dass die Erde sich um die Sonne dreht, brauchen wir eine neue Hypothese über die Entstehung des von uns regelmäßig wahrgenommenen Wechsels von Tag und Nacht.

Wenn wir das Erklärungsmodell für Probleme von und mit Adoptivkindern von der »frühen Traumatisierung« hin zum »frühen Lernen« wechseln, so erscheint uns das nicht nur besser zum physischen und psychischen Entwicklungsstadium des Neugeborenen und Kleinkinds zu passen, es hat auch praktische Konsequenzen für den Umgang mit unseren Adoptivkindern. Denn als Trauma kann ein einzelnes Ereignis wirken – das ist in der Logik des Trauma-Modells implizit. Wenn wir hingegen davon ausgehen, dass wir es mit Lernprozessen zu tun haben, dann erhalten einmalige Ereignisse einen anderen Status, denn Lernen ist an Wiederholungen gebunden. Als Menschen lernen wir aufgrund wiederholter Erfahrungen. Was sich *nicht wiederholt*, gewinnt keine Bedeutung und wird vergessen. Und Menschen sind nicht nur erstaunlich lernfähig, sondern auch in der Lage, sich vor unnötigem oder gar schädlichem Lernen zu schützen und, falls das mal nicht gelingt, sind sie in erstaunlichem Maße fähig zu vergessen.

So ist ein Neugeborenes z. B. in der Lage, jede Sprache der Welt zu erlernen, wenn man es in eine soziale Umgebung steckt, in der in dieser Sprache kommuniziert wird. Und es lernt seine »Muttersprache«, ohne dass es dazu irgendwelche Volkshochschulen oder Sprachkurse besuchen müsste. Und wenn es dann (etwa bis zum 8. Lebensjahr) – durch welches Schicksal auch immer – in einen anderen Kulturkreis, eine Familie, in der eine andere Sprache gesprochen wird, verschlagen wird, so ist es in der Lage, eine neue »Muttersprache« zu erwerben und die alte zu vergessen.

Kleinkinder sind sozial extrem anpassungsfähig, sie sind die geborenen Kommunikationsforscher. Allerdings lernen sie Sprachen nicht so, dass sie nachher erklären könnten, warum sie wie sprechen, sondern sie tun es einfach. In derselben Weise sind sie in der Lage, sich in höchst unterschiedliche familiäre oder andere Kulturen einzufügen und deren Regeln zu praktizieren.

Das Prinzip dieser Art des Lernens und Nicht-Lernens wird wohl am besten durch die folgende, viel zitierte Geschichte illustriert:

Ein Mann geht durch die Strassen und klatscht dabei in die Hände. Ein Bekannter, den er unterwegs trifft, fragt ihn erstaunt: »Warum klatschst du denn dauernd in die Hände?«, und er antwortet: »Um die Elefanten zu verscheuchen!« – »Aber, hier sind doch gar keine Elefanten!«, entgegnet der Bekannte. Worauf der unbeirrt weiter in die Hände klatschende Mann im Brustton der Überzeugung antwortet: »Siehst Du, es wirkt.«

Diese etwas absurde Geschichte zeigt, dass wir unsere Probleme – die Angst vor Elefanten – im Allgemeinen nicht in der bestmöglichen, »rationalsten«, »kostengünstigsten« oder »schnellsten« Weise lösen (was immer die Qualitätskriterien der Problemlösung sein mögen), sondern meist die erste Lösung nehmen, die hinreichend wirksam ist, und diese dann wiederholen.

In der psychologischen Literatur wird dies etwas irreführend als »Versuch-Irrtum-Methode« bezeichnet. Denn eigentlich geht es nicht so sehr um den Irrtum, sondern um die Lösung – irgendeine Lösung. Deswegen hat man auch vorgeschlagen, diese Lernmethode als »Suchen-und-Festhalten« zu bezeichnen. Gefunden wird auf diese Weise nicht die beste denkbare Lösung, aber immerhin eine, die »gut genug« funktioniert.

Für Adoptiveltern heißt dies, dass sie sich Gedanken darüber machen sollten, was ihre Kinder möglicherweise vor der Adoption alles erlernt haben, das anders ist als bei anderen Kindern und jetzt zu Schwierigkeiten führen kann. Nur so können sie ihnen helfen, nicht weiter in die Hände zu klatschen, obwohl weit und breit keine Elefanten in Sicht sind.

2.5 Das Abspalten von Gefühlen

Beim Stichwort Lernen denken wahrscheinlich die meisten von uns an das Auswendiglernen eines Gedichts, an Vokabeln oder auch irgendeine Kunst oder Technik (z. B. Aquarellmalen, Autofahren, Tennisspielen), die zielorientiert und bewusst erlernt wird. Das ist beim Erwerb der Muttersprache nicht so und auch nicht bei unseren Mustern zu denken und zu fühlen bzw. den damit verbundenen Verhaltensstrategien, die sich während der frühen Kleinkindphase entwickeln. Hier ist Lernen ein selbstorganisierter Prozess, dessen Ergebnis von Zufall und Notwendigkeit bestimmt wird und der beginnt, lange bevor wir uns dessen bewusst werden können. Aus diesem Grund können wir – das heißt unsere Kinder – ihn als Lernende auch nicht gezielt beeinflussen. Sie sind diesem unbewussten Lernen ausgeliefert.

Zur Erklärung des Verhaltens (mancher) adoptierter Kinder (aber nicht nur adoptierter Kinder) sind dabei zwei Mechanismen von besonderem Interesse. Sie werden in der psychologischen Fachsprache als »Assoziation« und »Dissoziation« bezeichnet. Im ersten Fall werden Wahrnehmungen zu einer Einheit zusammengepackt (»assoziiert«). Im zweiten Fall werden

Wahrnehmungen gespalten (»dissoziiert«), auch wenn sie zunächst eine Einheit gebildet haben.

Bei der Geburt sind wir als Menschen mit differenzierten Wahrnehmungsfähigkeiten ausgestattet. Bereits Babys im Alter von zwei bis drei Tagen sind in der Lage zu unterscheiden, ob sie es mit ein, zwei oder drei Gegenständen zu tun haben, d. h., sie können – wenn man das so nennen will – schon »zählen« und »rechnen«. Denn sie reagieren darauf, wenn von zwei Gegenständen, die sie sehen, einer entfernt wird, oder wenn zu einem Gegenstand ein weiterer hinzugefügt wird. Dasselbe gilt für ihre Wahrnehmung von Geräuschen, wenn sie auf einmal zwei Töne statt wie erwartet nur einen hören.

Der Prozess der Assoziation von Wahrnehmungen führt dazu, dass verschiedene Ereignisse, die *wiederholt* gleichzeitig oder direkt nacheinander wahrgenommen werden, miteinander verknüpft werden. Wenn das Kind schreit und die Mutter daraufhin kommt und es stillt und diese Abfolge von Aktionen sich wiederholt, so entwickelt das Kind die Erwartung, dass dies passiert. Unterschiedliche Wahrnehmungen – der eigene Hunger oder Durst, das eigene Schreien, das Verhalten der Mutter usw. und die eigene Sättigung, werden im Sinne einer Wenn-dann-Regel gekoppelt. Aus der Gleichzeitigkeitsassoziation werden Wirklichkeitskonstruktionen, die es ermöglichen, die Welt – in gewissen Grenzen – als berechenbar zu erleben. In Begriffen der Erwachsenenpsychologie könnte man auch sagen: Die Welt erweist sich als zuverlässig und sie verdient daher Vertrauen.

Es sind aber nicht nur sensorische Wahrnehmungen, die miteinander assoziiert werden, sondern immer auch – und vor allem – Gefühle, die auf diese Weise die Wahrnehmungen des Kindes »färben« (= bewerten). Sind mit solchen Sequenzen eher angenehme oder unangenehme, Lust- oder Unlustgefühle usw. verbunden?

Wird ein Kind in den ersten Wochen und Monaten seines Lebens immer wieder in neue soziale Umgebungen versetzt und mit anderen Menschen konfrontiert (z. B. biologische Mutter, unterschiedliche Pflegekräfte, Heimpersonal und schließlich Adoptiveltern), so ist damit die Entstehung zuverlässiger Wenn-dann-Regeln und des Vertrauens in sie nicht möglich (Vertrauen heißt hier, dass aufgrund der erlebten Wiederholungen Erwartungen entstehen, die dann bestätigt werden).

Die Kommunikation zwischen Mutter und Kind bzw. der an die Stelle der Mutter tretenden Personen ist sehr komplex. Um bei dem bereits eingeführten Bild zu bleiben: Es entsteht ein Tanz, dessen Regeln beide gemeinsam bestimmen. Im Laufe der gemeinsamen Geschichte entsteht eine gemeinsame Sprache, eine Sammlung von spezifischen Zeichen und Signalen, die Resultat und Voraussetzung der gegenseitigen Einfühlung und des gegenseitigen Kennens und Verstehens sind. Jeder Wechsel der Bezugspersonen, jede dauerhafte Trennung ist für das Kind mit dem Verlust dieser Sprache, der Enttäuschung seiner bisher aufgebauten Erfahrungen und Erwartungen verbunden. Was bisher erlernt wurde – vor allem das langsam wachsende Vertrauen, nicht hilflos ausgeliefert zu sein, sondern Einfluss nehmen zu können –, ist total entwertet.

Da das Kind noch über kein Wissen über eine Welt verfügt, das über seine konkreten Erfahrungen mit den Menschen in seiner Umgebung hinausgeht, muss es diese Veränderung als Zusammenbruch seiner Welt und als Bedrohung seines Lebens erfahren. Es wird – so ist aus den Reaktionen zu schließen – von Angst, Schmerz, Traurigkeit überflutet (obwohl dies natürlich wieder Begriffe sind, die aus der Erwachsenenpsychologie auf die des Kindes übertragen werden und daher sicher nur annäherungsweise erfassen, welche Gefühle das Kind tatsächlich erlebt – aber es gibt eben keinen besseren Zugang zum Erleben des Kindes, als zu versuchen, sich einzufühlen).

In solchen Situationen der existenziellen Bedrohung werden – wie bereits erwähnt – reflexartig entweder Kampf- und Fluchtmechanismen aktiviert, oder aber es kommt in der Folge zur

Selbstaufgabe. Sie erscheint dann als Depression bzw. in Form all der mit ihr verbundenen körperlichen Funktionsveränderungen und -einschränkungen – als Krankheit oder Tod.

Es ist also ein gutes Zeichen im Blick auf seine Überlebensfähigkeit, wenn das Kind aktiv, ja, *über*aktiv wird. Einer der psychischen Mechanismen, die dies ermöglichen, ist das Abspalten all der Gefühle, die den Kampf oder die Flucht behindern würden: Angst, Schmerz, Traurigkeit u. Ä. An ihre Stelle treten Wut und Aggressivität. Wer wütend ist, kann »etwas« tun. Und wer etwas tun kann, der ist nicht ausgeliefert, abhängig, hilflos, und er wird nicht depressiv.

Szene 6:
Die ersten zwei Monate ihres Lebens lebte Lena bei ihrer sehr jungen, leiblichen Mutter, die sie jedoch nur unzureichend versorgen konnte (oder wollte). Krank und untergewichtig, wie sie war, wurde Lena dann in ein Kinderheim gebracht und zur Adoption freigegeben. Sie kam zu ihren Adoptiveltern als kleines, »mickeriges«, dünnes Mädchen mit sehr traurigen, großen, dunklen Augen. Doch schon bald entwickelte dieses zarte, zerzauste, kleine Wesen eine ziemliche Entschlossenheit und Tatkraft, die ihre Eltern erstaunte, erschreckte und ihnen manchmal geradezu Angst machte. So sprang sie mit zweieinhalb Jahren, Schwimmflügelchen am Arm, ohne mit der Wimper zu zucken, vom Ein-Meter-Brett und tauchte, leicht erschrocken, doch keinesfalls klagend, aus dem Becken wieder auf. Natürlich versuchten die Eltern, sie, die scheinbar keine Angst kannte, besonders zu beschützen und auf Gefahren aufmerksam zu machen. Das gelang nicht immer.

Die Mutter erinnert sich eindrücklich an eine »laue Nacht« in Italien, wo die Familie den Urlaub in einem Ferienhaus von Freunden verbrachte. Lena, etwa vier Jahre alt, und ihre jüngere Schwester schliefen zusammen auf zwei Matratzen, die am Boden lagen. Zwischen diesen Nachtlagern brannte eine kleine Nachttischlampe.

Alles war neu und aufregend, und die beiden spielten und flüsterten und alberten noch lange herum und konnten nicht einschlafen. Irgendwann schliefen sie endlich ein.

Am nächsten Morgen hatte Lena auf der Stirn eine ziemlich große Brandblase. Die Eltern konnten erst gar nicht glauben, dass es wirklich eine Brandblase war, denn Lena schenkte dieser Verletzung keinerlei Beachtung. Auf Nachfragen wusste sie nichts davon, sie hatte nichts bemerkt ...

Sie konnte sich diese Verbrennung nur am Metallschirm der Lampe geholt haben. Sie musste längere Zeit ihren Kopf daran gehalten haben. Eigentlich hätte solch eine starke Verbrennung ihr fürchterlich wehtun müssen. Doch sie hatte weder geweint noch Hilfe geholt. Da sie nachts oft »böse Träume« hatte, war es ihr offenbar wichtig, dem Licht so nahe wie möglich zu sein. Dass sie sich dabei verbrannte, hatte sie nicht gemerkt. Sie verfügte über die Fähigkeit, Schmerz und schmerzhafte Gefühle abzuspalten, d. h., sie nicht zu bemerken und sich nicht von ihnen beeindrucken zu lassen ...

Angst, Schmerz und Traurigkeit werden aus der eigenen Wahrnehmung, dem Erleben ausgeblendet (»dissoziiert«), sodass die Handlungsfähigkeit wiederhergestellt wird und tödliche Hoffnungslosigkeit vermieden wird. Auch dies erfolgt nicht aufgrund einer bewussten Entscheidung, sondern ist eine angeborene Möglichkeit, über die alle Menschen verfügen. Sie ist auch bei Erwachsenen zu beobachten, die in lebensbedrohende Situationen geraten. Auch bei ihnen werden die Gefühle abgespalten, sodass sie in der Lage sind, »eiskalt« – als ob sie neben sich stehen – zu handeln. Bei ihnen erfolgt die emotionale Reaktion und Erschütterung oft erst anschließend, d. h. zu einem Zeitpunkt, wenn sie nicht mehr die Handlungsfähigkeit und damit das Überleben gefährden.

Szene 7:

Die Mutter von Chandra und Maneka, den beiden indischen Adoptivkindern, von denen bereits die Rede war, berichtet von folgendem, für sie schrecklichen – und für Maneka sicher noch viel schrecklicheren – Vorfall:

»Der Tag, an dem wir unser indisches Adoptivkind auf dem Markt verloren, wird mir ewig im Gedächtnis bleiben. Wir waren mit beiden Töchtern, unserem älteren Sohn, und einer befreundeten Familie auf einer Urlaubsreise in Südindien.

Auf einem der großen bunten Märkte, die natürlich für uns alle immer besonders spannend waren, passierte es. Wir bummelten von Verkaufstand zu Verkaufstand, blieben mal länger, mal kürzer stehen, schauten, feilschten, staunten. Unsere beiden Mädchen, damals drei und fünf Jahre alt, waren mal an meiner Hand, mal an der meines Mannes, mal an der unseres großen Sohnes, mal an der unserer Freunde.

So ging es eine ganze Weile, bis ich plötzlich Maneka das Kätzchen zeigen wollte, das da so niedlich am Bordstein saß und sich putzte. Aber wo war sie? Keiner von uns hatte sie an der Hand. Eben war sie doch noch mit dir oder mit mir oder da am Stand. Kurz: Maneka war nirgends zu sehen. Panik bei uns allen. Das konnte doch gar nicht sein!

Aufgeregt stoben wir in alle Richtungen auseinander. Nichts! Mein Herz klopfte inzwischen wie wild. Ein kleines indisches Mädchen, welches kein Wort indisch spricht, auf einem indischen Markt verloren. Wie sollten wir sie wieder finden? Wie sollten wir uns verständlich machen? Wieder rasten wir in alle Richtungen auseinander. Das konnte einfach nicht wahr sein! Sie musste hier irgendwo zu finden sein. Aber wir fanden sie nicht.

Inzwischen hatte uns alle die Panik erfasst. Mein Mund war ganz trocken. Mein Gesicht heiß wie im Fieber. Trotzdem zwangen wir uns zur Ruhe und versuchten alle, vernünftig zu überlegen, was wir jetzt als nächstes tun könnten.

Da löste sich ein junger Mann aus der Menge und trat auf uns zu. Englisch sprach er nicht, so wie wir kein Indisch, aber er gab uns mit Gesten zu verstehen, dass wir ihm folgen sollten. Offenbar hatte er uns schon eine Weile beobachtet. Er führte uns ein paar Minuten durch die Menge und da, an einem der Stände, stand sie. Ganz still und starr, mit unbewegtem Gesicht, ein kleines indisches Kind in europäischer Kleidung, verloren, die Arme an den Körper gelegt, der Blick starr geradeaus ...

Wir stürzten natürlich alle auf sie zu. Nahmen sie auf den Arm, drückten sie fest an uns, sprachen durcheinander, lachten und heulten gleichzeitig vor Erleichterung. Nicht so Maneka. Sie blieb ganz still. Sprach kein einziges Wort. Weinte nicht. Schaute uns teilnahmslos an, durch uns hindurch. Keine Regung. Wir bedankten uns, so herzlich wir konnten, bei unserem freundlichen Helfer.

Wir hatten das Bedürfnis, diesen Markt so schnell wie möglich zu verlassen. Maneka saß bei ihrem Vater hoch auf den Schultern, damit sie auf keinen Fall noch einmal von uns getrennt würde. Sie sprach noch eine ganze Weile kein Wort. Dann erst, langsam, nach Stunden, löste sie sich und wurde wieder ›normal‹.

Ich habe sie jedoch nie, kein einziges Mal, auch später nicht, von diesem Erlebnis sprechen hören.«

Auch wenn der Abspaltungsmechanismus von psychologischen Diagnostikern manchmal als pathologisch bewertet wird, kann aus der Außenperspektive gesagt werden, dass er den Bestandteil einer höchst wirksamen Überlebensstrategie darstellt. Da sie erfolgreich ist, wird auf diese Erfahrung in analogen, d. h. als existenziell bedrohlich erlebten, Situationen zurückgegriffen. Ein früh angeborenes psychisches Reaktionsmuster, ein Überlebensmechanismus, dessen Funktionalität für das Überleben von Adoptivkindern, die mehrere Trennungen zu durchleben haben, von früh an seine Bestätigung findet.

Doch für die Anwendung dieser Strategie ist in späteren Jahren ein Preis zu zahlen – und deshalb stehen ihm die psychologischen Diagnostiker so kritisch gegenüber. Denn Angst und Schmerz sind ja auch Warnsignale, die das Überleben sichern helfen. Wer nicht wahrnimmt, dass er Schmerzen hat, wird sich früher oder später schwere Verletzungen zuziehen – mehr als nur Verbrennungen durch eine Nachttischlampe. Und wer nicht wahrnimmt, dass er Angst hat, wird Risiken eingehen, die nicht zu verantworten sind – vom Sprungbett ins tiefe Wasser springen, obwohl man nicht schwimmen kann und nicht weiß, ob die Schwimmflügel tragen.

In der Abspaltung von Gefühlen der Angst, des Schmerzes und der Trauer liegt nach unserer (wie der meisten Experten) Auffassung eine der Wurzeln für viele der bemerkenswerten Verhaltensmuster adoptierter Kinder und Jugendlicher.

Das Abspalten solch schmerzhafter Gefühle erleben Adoptiveltern zum Beispiel dann, wenn sie in und nach *aggressiven* Auseinandersetzungen mit ihren Kindern plötzlich von einer ihnen zunächst vollkommen unerklärlichen *Traurigkeit* erfüllt werden.

Derartige Phänomene sind der Hintergrund für unsere erste, situationsbezogene Frage im Schema unserer Tipps: Die erlebte Traurigkeit entsteht aus der Identifikation mit ihrem Kind, das diese Traurigkeit nicht erlebt. Mutter oder Vater fühlen den Schmerz und die Trauer über den Schaden, den ihr Kind sich durch sein Kampf- und Fluchtverhalten selbst zufügt. Denn es löst durch sein Kampf- oder Fluchtverhalten Reaktionen seiner Umwelt aus, die erneut zu einer Trennung führen können.

Solche Kinder verstricken sich in einer Paradoxie, deren innere Gesetzmäßigkeit sich folgendermaßen skizzieren lässt: Um den Schmerz einer möglichen Trennung zu vermeiden, schützen sie sich durch das Abspalten von Gefühlen, die sie die Wichtigkeit der Beziehung zu Eltern, Lehrern usw. erleben lassen; auf diese Weise können sie ein (für Eltern, Lehrer usw. uneinfühlbares) Verhalten realisieren, das dann tragischerweise zu der Trennung führt, die sie ängstigt und vor der sie sich schützen wollen. Diese Erfahrung bestätigt dann wieder die Voranname, Trennungen seien unvermeidlich, und deswegen sei es für das eigene Überleben das Beste, sich durch Flucht und/oder Kampf zu schützen usw. Wenn dieser Zirkel mehrfach durchlaufen wird, dann verfestigen sich solche vermeintlichen Gewissheiten (das Händeklatschen hat bewiesen, dass es die Elefanten verscheucht).

Was dieses Abspalten von Gefühlen im weiteren Verlauf des Lebens eines Kindes so problematisch macht, ist, dass alles soziale Leben nur deswegen funktioniert, weil Menschen sich gegenseitig *verstehen* können. Dazu ist ein gewisses Maß gegenseitiger Einfühlung unverzichtbar. Wenn ein Mensch sich das Erleben bestimmter Gefühle nicht gestattet, so läuft er Gefahr, sich selbst aus der Kommunikationsgemeinschaft der anderen auszuschließen bzw. ausgestoßen zu werden. Wer nicht verstanden wird bzw. wer ein Verhalten zeigt, dass nicht verstanden wird, dessen Verhalten wird als »abweichend« disqualifiziert, und er selbst läuft Gefahr, als Person oder Persönlichkeit disqualifiziert zu werden. Er wird dann im Extremfall als »Störer«, dessen Motive nicht verstehbar sind, mit einer Diagnose oder einem Etikett versehen (»frühgestört«/»traumatisiert«/»böse«) und oft genug einer psychiatrischen Behandlung zugeführt.

Wer sich vor der Traurigkeit, dem Schmerz und der Angst, die mit Trennungen verbunden sind, schützt, indem er diese Gefühle abspaltet und nicht erlebt, auf den wirken auch Trennungsdrohungen nicht disziplinierend. Doch auf dem Spielen mit dieser Angst vor Ausgrenzung beruhen – leider – viele gutbürgerliche Erziehungsmaßnahmen – kein Wunder, dass sie im Umgang mit Adoptivkindern so oft scheitern.

Trotz dieser manchmal fatalen Wirkungen muss hier aber betont werden, dass die Fähigkeit, Gefühle abspalten zu können, auch eine hoch einzuschätzende Kompetenz ist. Sie ermöglicht es, selbst nach schlimmsten persönlichen Niederlagen und Kränkungen zuversichtlich in die Welt zu sehen, sich nicht niederdrücken zu lassen, auch schwierige, eigene Wege zu gehen, die von den Erwartungen des Umfeldes abweichen, Zivilcourage zu zeigen, nicht mit der Masse zu schwimmen, im Hier und Jetzt zu leben, ohne die »normale«, ängstliche Besorgtheit um die Zukunft und die späteren Konsequenzen des aktuellen Tuns.

Szene 8:
Sven, 4. Schuljahr, zu seiner Mutter, die sich verzweifelt bemüht, ihn zum Erledigen seiner Hausaufgaben zu bringen:

»Aber Mama, ich will lieber mit Johannes draußen spielen, ich bin doch gerade in meiner Kindheit!«

2.6 Orientierung an aktuellen Bedingungen oder künftigen Zwecken

Was wir als Menschen von Geburt an lernen, sind zwei unterschiedliche Typen von Wenn-dann-Regeln. Sie lassen sich mit Programmen oder Kochrezepten vergleichen. Auf der einen Seite stehen die Regeln, die wir aus unseren Erfolgserlebnissen bei der

Bewältigung (dem Überleben) bedrohlicher Situationen ableiten. Hier erfolgt die Orientierung an den *Bedingungen des gegenwärtigen Ist-Zustandes* bzw. an seiner Veränderung.

Ein paar Beispiele:

»Wenn das Haus brennt, dann sollte es möglichst schnell verlassen werden, und dabei darf auf keinen Fall der Fahrstuhl benutzt werden!« In Hotels findet man deswegen auch meist einen Plan mit den Fluchtwegen an der Tür.

»Wenn die Sirene tönt und einen Fliegeralarm signalisiert, dann haben alle Bewohner des Hauses einen kleinen Koffer mit ihren Wertsachen und dem unmittelbaren Hygienebedarf für die nächsten Stunden zu packen und auf schnellstem Weg den Luftschutzkeller aufzusuchen.« Am besten ist dieser Koffer schon gepackt, für alle Fälle, damit man keine Zeit verliert.

»Wenn das Kommando ›Alle Mann in die Rettungsboote!‹ erfolgt, haben alle Passagiere ihre Kabinen zu verlassen und sich auf dem Bootsdeck zu versammeln, damit sie geordnet die Rettungsboote besteigen können und das sinkende Schiff verlassen können!« Damit dies im Ernstfall auch wirklich funktioniert, werden auf Kreuzfahrten regelmäßig Notfallübungen abgehalten.

Über solche klar strukturierten Handlungsanweisungen verfügt man nur, wo man auf entsprechende Vorerfahrungen zurückgreifen kann. Aus ihnen konnte man lernen, was die Wahrscheinlichkeit des Überlebens am ehesten steigert, und entsprechende Rezepte/Programme ableiten. Das gilt für die Notfallpläne auf Schiffen und in Hotels ebenso wie für individuelle Notfallreaktionen. Bei diesem Typ von Rezept wird ein bestimmtes Verhaltensschema abgearbeitet, falls bestimmte *Bedingungen* gegeben sind (»Konditionalprogramme«). Es sind Situationen, in denen nichts Neues gelernt wird, sondern altes, »bewährtes« Wissen angewandt wird.

Der zweite Typus von Rezepten oder Programmen orientiert sich nicht an der Gegenwart, sondern an einem *erstrebten Ziel* oder *Zweck* (»Zweckprogramme«). Beispiel: »Um diesen wunderbaren Apfelkuchen zu backen, nehmen Sie 1 Pfund Mehl, 3 Eier, 1 Pfund Äpfel …«, oder: »Wer Arzt werden will, muss zunächst die Schule abschließen, Medizin studieren, Prüfungen machen, praktisch in einer Klinik arbeiten«, usw.

Es geht bei solchen Zweckprogrammen um die Herstellung eines bislang noch nicht gegebenen, aber ins Auge gefassten *Soll-Zustands*, der – da er noch nicht realisiert ist – in der Zukunft verortet ist.

Solche Ziele und Zwecke können auch negativ definiert werden. Beispiel: »Wer nicht dick werden will, darf nicht zu viel essen …«, »Wer keine Angst haben will, sollte sich nicht in Gefahr begeben!«, »Wer nicht unter einer Trennung leiden will, sollte sich gar nicht erst binden!« usw. Hier versucht man, den negativen Zweck bewusst oder unbewusst durch passive oder aktive Vermeidung zu erreichen.

Analysiert man aus diesem Blickwinkel die Verhaltensstrategien adoptierter Kinder, so zeigt sich, dass ein Teil von ihnen als Schulkinder und als Jugendliche große Schwierigkeiten hat, positiv definierte Ziele aktiv und fokussiert anzusteuern und die dazu nötigen Handlungsweisen durchzuhalten. Die Adoptivkinder, die einen vollkommen unauffälligen Lebensweg durchlaufen, sind dazu offenbar wie andere Kinder und Jugendliche gut in der Lage. Über sie brauchen wir hier nicht viele Worte zu verlieren. Denn schwierig wird es für Eltern und Erzieher mit dieser anderen Gruppe, den sogenannten »hochproblematischen« Adoptivkindern, die oft bei den Anforderungen, die langfristiges, zielorientiertes Handeln erfordern, scheitern.

Will man erklären, wie es zu diesen unterschiedlichen Karrieren kommt, so scheinen tatsächlich die ersten Lebensmonate von großer Bedeutung zu sein. Kinder, die vorrangig mit dem Kampf ums Überleben – ob das objektiv berechtigt ist oder nicht, spielt dabei keine Rolle – beschäftigt sind, sind so davon absorbiert, ihre Umwelt auf existenzielle Gefahren hin zu beobachten, dass sie ihre

Aufmerksamkeit nicht auf – gemessen an der erlebten Bedrohung – banale alltägliche Zwecke und Ziel richten können. Wer ständig damit beschäftigt ist, sich auf das Untergehen des Schiffes vorzubereiten, hat einfach keine Zeit, sich mit der Festlegung der Ziele einer Kreuzfahrt zu beschäftigen – auch wenn alle anderen ihm sagen, dass es darum jetzt eigentlich gehe. Wie soll man der Einrichtung der Wohnung – um ein anderes Bild zu verwenden – Aufmerksamkeit schenken, wenn man dauernd die Luftschutzsirene hört und eigentlich stets auf dem Weg in den Keller ist.

Es bedarf eben einer gewissen existenziellen Sicherheit, um sich auf irgendwelche sachlichen Inhalte und über das reine Überleben hinausgehenden Zwecke und Ziele einlassen zu können. Die Prioritätensetzung ist einfach anders, bestimmt von der aktuellen – subjektiv erlebten – Not. Dieses Gefangensein in einer erregenden (was hier nicht positiv verstanden werden sollte) Gegenwart verhindert, dass sich manche Adoptivkinder mit ihren Zukunftsperspektiven beschäftigen oder sich gar von ihnen in ihrem Verhalten leiten lassen. Sie fokussieren ihre Aufmerksamkeit auf das, was hier und jetzt geschieht, und sind mit dem schlichten Überleben psychisch vollkommen ausgelastet.

Diese Prioritätensetzung ist Eltern und Erziehern im Allgemeinen nicht nachvollziehbar. Und wie die Eltern es erleben, ist für die Kinder nicht verstehbar. Wie sollten sie sich auch gegenseitig verstehen, schließlich wissen die Eltern von sich, dass sie nur das Beste für ihr Kind wollen. Doch das, was sie für das Beste halten, wird von ihrem Kind tragischerweise als bedrohlich erlebt.

Für andere Kinder ist der Hinweis auf später meist auch nicht wirklich überzeugend, wenn sie hier und jetzt irgendetwas Unbequemes tun und ihre Pflichten und Aufgaben erfüllen sollen. Für sie trägt aber die Bindung zu ihren Eltern, das Vertrauen in deren Führung und Weitsicht, der Wunsch, geliebt zu werden oder auch die Angst vor persönlichen Konsequenzen dazu bei, sich diesen, für sie jetzt (noch) nicht einsehbaren Zielsetzungen zu beugen und entsprechend zu handeln.

2.7 Fehlendes »Urvertrauen« oder »Urmisstrauen«

An das, was uns als Menschen während der ersten zweieinhalb bis drei Jahre unseres Lebens widerfährt, erinnern wir uns nicht. Trotzdem macht jeder in dieser Zeit Erfahrungen, die sein Selbstbild und die Erwartungen an seine Umwelt prägen.

Man kann diese Wirkung mit der von Glaubenssystemen vergleichen. Bestimmte Vorannahmen, die geglaubt werden (= Erwartungen), führen zu daraus abgeleiteten Handlungen. Wer glaubt, dass Händeklatschen Elefanten verscheucht, wird in die Hände klatschen, wenn er befürchtet, dass ihm Elefanten auf der Ferse sind. Und das tut er so lange, bis er erleben muss, dass sich die Elefanten von seinem Händeklatschen nicht beeindrucken lassen (etwa während eines leichtsinnigerweise gebuchten Safari-Urlaubs oder im Zoo …).

Die Verhaltensstrategien von adoptierten Kindern, die (meist mehrfache) frühe Trennungen durchleben mussten, legen die Hypothese nahe, dass ihr Glaubenssystem auf einem »Urmisstrauen« oder zumindest einem Fehlen des »Urvertrauens« gegründet ist.

Da wir hier wieder auf eine Erwachsenensprache angewiesen sind, um kindliches Erleben zu erfassen, sei hier ein allgemeiner Blick auf die Funktion von Vertrauen und – im Kontrast dazu – Misstrauen gerichtet: Wer vertraut, macht sich das Leben einfacher. Er verringert die Komplexität der Welt radikal, weil er so tut, als ob er wüsste, was er zu erwarten hat, obwohl er das eigentlich gar nicht wissen kann.

Wer z. B. über längere Zeit mit einem anderen Menschen friedlich und freundschaftlich in einer Wohnung zusammengelebt hat, geht von der Erfahrung aus: »Er will mir nichts Böses, ich kann mich auf ihn verlassen.« Wer solchen (meist gar nicht explizit bewusst gemachten) Glaubenssätzen folgt, spart viel Energie und braucht den anderen nicht zu kontrollieren. Er hat keine Angst, dass ihm etwas Schlimmes von ihm drohen könnte. Da Menschen – von ihren Möglichkeiten her gesehen – die Freiheit haben, sich vollkommen unberechenbar zu zeigen, ist diese vertrauensvolle Vorhersage im Prinzip gewagt. Aber sie funktioniert, bestätigt sich als berechtigt und ist daher weit ökonomischer als jeder Versuch, andere Menschen zu kontrollieren. Wer vertraut, kann seine Aufmerksamkeit auf sachliche Fragen und Aufgaben fokussieren, statt zu überlegen, wie er sich vor seinen Mitbewohnern schützen kann.

Vertrauen lässt sich aber nicht beschließen. Es ist Ergebnis von Erfahrung, von erlebter Geschichte, genauer gesagt: der Erfahrungen der Zuverlässigkeit anderer Menschen. Wo Kinder in ihrer frühen Entwicklungsphase die Erfahrung machen, dass ihr soziales Umfeld – die konkreten Menschen, die es versorgen – ihnen Sicherheit gibt, entsteht so etwas wie »Urvertrauen«. Dieser Prozess ist offenbar an die zuverlässige und nur für relativ kurze Zeiträume unterbrochene Anwesenheit ganz konkreter, unverwechselbarer Menschen gebunden. Die Aufgabe, die sie übernehmen, geht über die Versorgung mit Nahrung etc. hinaus: Sie besteht darin, eine – die Nutzung aller Sinne umfassende – zuverlässige Welt zur Verfügung zu stellen. Das ist es, was mit dem Begriff der »Bindung« beschrieben wird, die zwischen (Adoptiv-)Eltern und Kind entsteht. Die Nicht-Austauschbarkeit in ihrer Gesamtheit wirksamer und nicht auf einzelne Funktionen reduzierbarer Personen ist dabei ein zentraler Faktor.

Wenn durch mehrfache dauerhafte Trennungen von solchen Personen *kein* Urvertrauen entsteht, dann sind – aufgrund der Schematisierung etwas vereinfacht dargestellt – im Prinzip zwei Entwicklungslinien des Kindes bzw. seines Verhaltens beobachtbar: Die erste kann charakterisiert werden als »Fehlen des Urvertrauens«, die zweite als »Entstehung von Urmisstrauen«. Beides klingt zwar ähnlich, hat aber schwerwiegende, unterschiedliche Folgen.

Beginnen wir mit dem zweiten Schema, weil es mehr ins Auge springt und Adoptivkinder, die solch ein Urmisstrauen entwickelt haben, meist als »hochproblematisch« bewertet werden. Ihnen fehlt nicht nur das Vertrauen in die Welt, sondern sie sind – »gebrannte Kinder« – ihr gegenüber höchst misstrauisch. Die Angst, was mit ihnen geschehen könnte, veranlasst sie, alle sozialen Beziehungen auf ihre Bedrohlichkeit hin zu untersuchen, da sie stets mit dem Schlimmsten rechnen.

Wollte man aus ihrem Verhalten ableitbare Glaubenssätze formulieren, so könnten sie in etwa folgendermaßen lauten:

Sich in existenzielle Abhängigkeit von anderen Menschen zu begeben ist gefährlich, da dies zu schmerzhaften Trennungen führen wird. Deswegen ist der Erhalt der eigenen Unabhängigkeit unverzichtbar. Der beste Weg, sich selbst die eigene Autonomie zu beweisen (= positive Zieldefinition), ist, gegen diejenigen zu kämpfen, von denen eine Abhängigkeit besteht oder droht (erlebt wird oder erlebt werden könnte).

Wo immer sie ihre Unabhängigkeit infrage gestellt sehen (fühlen), gehen sie in den Widerstand und beginnen zu kämpfen. Ihre Identität haben sie, seit sie zurückdenken können, darauf gegründet, dass sie anderen gegenüber Nein sagen können. Wo immer sie den Eindruck haben, sie sollten sich in Abhängigkeit begeben oder unterwerfen, werden sie panisch und schlagen um sich.

Mit dem Größerwerden bezieht sich diese Abhängigkeit nicht mehr so sehr auf körperliche Bedürfnisse, sondern auf psychische. Es geht um die Selbstbestimmung des Verhaltens und die Herstellung und Aufrechterhaltung des eigenen Selbstwerts, unabhängig von anderen. Hier sind Konflikte mit all denen, die disziplinierende Anforderungen an sie stellen, vorprogrammiert. Sich einzuordnen oder unterzuordnen, scheint für sie gleichbedeutend mit Selbstaufgabe.

Szene 9:

Jessicas Adoptiveltern erzählen gerne, dass sie immer den Eindruck hatten, ihre Tochter sei seit ihrem ersten Lebensjahr – also seit der Zeit, in der sie zu ihnen kam – in der Trotzphase. Auf jede, aber auch jede Frage oder jeden Vorschlag der Eltern antwortete sie mit ihrem Lieblingswort, einem entschiedenen »Nein!«. Es war das erste Wort, das sie sprach – noch bevor sie »Mama« sagte.

Als sie ihre erste Puppe geschenkt bekam und glücklich in die Arme schloss, kniete sich die Mutter zu ihr hinunter und fragte:

»Jessica, deine Puppe hat noch gar keinen Namen. Wie willst du sie denn nennen? Wie soll sie heißen?«

Jessica: »Nein-nein!«

Mutter: »Wirklich? Soll sie wirklich ›Nein-nein‹ heißen?«

Diese Frage war gar nicht so ganz ernst gemeint, aber es blieb dabei. Nein-nein sitzt heute noch, nach einem aufregenden, manchmal zermürbenden Puppenleben mit zerfranstem Haarschopf ganz oben auf Jessicas Bücherregal.

Urmisstrauen führt im harmlosen Fall zur vorauseilenden Abgrenzung, im weniger harmlosen Falle, d. h., wenn die Autonomie vom Kind als gefährdet erlebt wird, zur Aktivierung des Kampf-Flucht-Musters. Das ist manchmal schon dann der Fall, wenn es mit sozialen Anpassungsanforderungen konfrontiert wird, die innerhalb eines durchschnittlichen bürgerlichen Umfelds als »normal« angesehen werden. Das Kind kämpft (aber für die Menschen in seiner Umgebung nicht verstehbar und deswegen »hochproblematisch«) um seinen Selbsterhalt. Es leistet deshalb aktiv – und meist sehr dramatisch – Widerstand gegenüber den »selbstverständlichen« Anforderungen der bürgerlichen Gesellschaft.

Das »Fehlen des Urvertrauens« als das andere Muster zeigt sich weit weniger dramatisch, sodass die Gefahr besteht, es zu übersehen. Seine Wirkung ist nicht Aktionismus, sondern eher Vermeidung von Aktion. Keine aktive Flucht, eher der Versuch, sich unsichtbar zu machen. Das lässt sich mit dem Verhalten vergleichen, wie wir es wohl alle aus der Schule kennen, wenn wir die Vokabeln nicht gelernt hatten und deshalb »U-Boot« spielten, um nicht aufgerufen zu werden. Auch dies ist eine Form der Flucht, allerdings eine passive – der Versuch, sich aus der Aufmerksamkeit und damit aus der Kommunikation zu stehlen.

Wollte man wiederum die aus dem Verhalten der Kinder ableitbaren Glaubenssätze formulieren, würden sie in etwa folgendermaßen lauten:

Sich in existenzielle Abhängigkeit von anderen Menschen zu begeben ist gefährlich. Daher ist es wichtig, derartige Situationen, wenn möglich, zu vermeiden (= negative Zieldefinition).

Wo Urvertrauen eine sichere soziale Basis für ein Kind liefert, um die Welt *aktiv* und neugierig zu erobern, ist beim Fehlen dieses Vertrauens die Aktivität eingeschränkt. Solche Kinder halten sich eher zurück, zeigen sich *passiv*, beobachten zwar genau, scheinen aber nicht sehr abenteuerlustig. Sie weichen Risiken aus, bemühen sich, bei anderen nicht anzuecken. Sie fallen nicht durch irgendwelche »abweichenden« Verhaltensweisen auf, sondern wirken bestens angepasst (manchmal: überangepasst). Doch dahinter verbirgt sich – wenn man genauer hinschaut – eine Art von Flucht: allerdings nicht in ihrer aktiven, spektakulären, sondern der passiven Form.

Auch wenn diese Kinder eher den Weg des geringsten Risikos gehen und keine offenen Kämpfer oder Rebellen sind, haben sie einen Preis für das fehlende Vertrauen zu bezahlen. Denn auch sie sind im Dauerstress und richten deshalb ihre Aufmerksamkeit mehr auf die sozialen Beziehungen als auf inhaltliche Themen. Das erweist sich für sie vor allem in Schule und Ausbildung als Handicap, wo sie – wie die Kämpfer – Schwierigkeiten haben, sachlichen Zielen und Zwecken die Priorität gegenüber der Beschäftigung mit anderen Menschen zuzubilligen. Die Sozial- und Beziehungsdimension der Kommunikation hat für sie fast immer Vorrang vor der Inhalts- oder Sachdimension.

Die Bedrohung der eigenen Autonomie, die drohende Abhängigkeit, löst in beiden Fällen Angst aus, und sowohl die eher passive, d. h. vermeidende, als auch die eher aktive, d. h. widerständige, Verhaltensvariante sind Versuche, die Kontrolle über das Geschehen (als Angstabwehr) zu gewinnen oder nicht zu verlieren. Da andere Menschen nicht wirklich von außen zu steuern sind und auch soziale Situationen nicht einseitig bestimmt werden können, sind alle diese Strategien langfristig nicht wirklich erfolgreich (wozu später noch mehr zu sagen ist).

Vertrauen und Misstrauen haben aber nicht nur eine psychische Dimension, sondern auch eine soziale. Wo Vertrauen gezeigt wird, wirkt es als selbsterfüllende Prophezeiung. Denn Vertrauen, das gegeben wird, bindet den Empfänger: Wer weiß, dass ihm vertraut wird, bemüht sich, diese Erwartungen nicht zu enttäuschen. Wer Misstrauen spürt, der hat in der Hinsicht nichts zu verlieren.

Hier gewinnen das fehlende Urvertrauen und das Urmisstrauen mancher Adoptivkinder eine fatale, gestaltende Wirkung auf ihr soziales Umfeld. Wo sie selbst kein Vertrauen signalisieren, wird ihnen nicht vertraut. Und wo sie selbst ihr Misstrauen zeigen, wird ihnen misstraut. So kann ein Circulus vitiosus entstehen, aus dem nur schwer wieder auszusteigen ist – für alle Beteiligten.

2.8 Das Autonomie-Paradox

Die kämpferische Strategie, sich seiner Autonomie zu vergewissern, ist risikoreich. Und tragischerweise hat sie oft fatale Folgen. Denn die Unterscheidung »Entweder ich bin abhängig oder ich bin autonom«, der sie zu folgen scheint, ist unrealistisch und wird den Lebensbedingungen des Menschen nicht gerecht. Denn der Mensch als soziales Wesen ist immer beides zugleich: abhängig und autonom.

Niemand würde ohne andere Menschen existieren, niemand kann sie aus seinem Leben einfach »wegdenken«. Allerdings ändern sich die Art und der Grad der Abhängigkeit von anderen im Verlauf des Lebens. Als Erwachsener mag man sich für ein Leben als einsamer Waldläufer entscheiden und sich von den Früchten der Natur – fern aller Kultur und Zivilisation, fern aller anderen Menschen – ernähren. Aber auch das kann man nur, wenn man vorher viele Jahre des Sozialisationsprozesses durchlaufen hat. Man hat nicht nur von anderen gelernt, sich körperlich zu versorgen. Auch das eigene Weltbild, die spezifische Art wahrzunehmen, zu denken und zu fühlen, das Selbstbild, die typischen Kommunikationsstrategien, die psychische Struktur sind weitgehend geprägt von den sozialen Systemen – Familie, Schule, Arbeitswelt etc. –, in denen man lebt und gelebt hat. Aus all diesen Bezugssystemen kann man zwar »aussteigen«, aber man wird sie irgendwie trotzdem nicht mehr los, denn man schleppt ihre Spuren in sich und mit sich weiter herum.

Insofern besteht eine große Abhängigkeit vom sozialen Umfeld. Aber sie ist nicht total im Sinne eines Entweder-oder. Denn so groß die Abhängigkeit auch ist, das Verhalten eines jeden menschlichen Individuums ist nie von außen im Sinne einer zwangsläufigen Ursache-Wirkungs-Beziehung steuerbar. Was immer einem Menschen begegnet, er hat nie nur eine einzige, sondern immer vielfältige Möglichkeiten, darauf zu reagieren. Ihm steht immer die Option offen, alles auch ganz anders zu machen. Insofern ist jedes menschliche Individuum immer autonom und abhängig zugleich.

Da wir diesem Widerspruch nicht entgehen können, ist es nur realistisch, wenn wir uns immer wieder ambivalent erleben; ob wir uns in unserem Handeln eher von unseren persönlichen Wünschen leiten lassen sollen oder lieber nicht; ob wir uns an die Forderungen anderer anpassen sollen oder eher doch nicht usw.

Die meisten Menschen gehen damit so um, dass sie das Eine tun, ohne das Andere zu lassen, d. h., sie gehen mal mehr ihren eigenen Weg, mal ordnen sie sich mehr unter. Wenn man die gesellschaftlich vorgegebenen Leitplanken respektiert, bleibt immer noch ein weiter Spielraum für die selbstbestimmte Gestaltung des eigenen Lebenswegs.

Das geht allerdings nur, wenn man die Ambivalenz zwischen den Anpassungsforderungen des sozialen Umfelds und den Wünschen, seine Eigenständigkeit zu behaupten, erlebt. Und das ist es, was – psychodynamisch betrachtet – durch das Abspalten von Gefühlen verhindert wird: das Erleben von Ambivalenz. Wer in der Lage ist, seine Angst vor dem Verlassenwerden, der Ausgrenzung, dem Nicht-mehr-Dazugehören, aus seiner Selbstwahrnehmung auszublenden, wird sich nicht zurücknehmen und zurückhalten, um zu verhindern, in die Außenseiterrolle zu geraten. Er wird »heldenhaft« Widerstand leisten – dafür auch gelegentlich Bewunderung von denen ernten, die sich nicht trauen, den Mund aufzumachen –, aber er wird einen hohen Preis dafür zahlen: die erneute Trennung vom vertrauten sozialen Kontext, der Rauswurf – aus der Schule, der Lehrstelle, und im schlimmsten Fall: der Adoptiv- oder Pflegefamilie. Denn das ist – nicht ohne Logik – die mehr oder weniger vorhersehbare Konsequenz.

Ambivalenzen zu erleben heißt: Kosten-Nutzen-Rechnungen anzustellen. Die kämpferischen Adoptivkinder entscheiden sich immer wieder – in der jeweiligen Situation vollkommen ambivalenzfrei und ohne Zweifel – gegen die Unterwerfung unter Forderungen des sozialen Umfelds, um sich nicht abhängig zu fühlen und sich nicht der damit verbunden Hilflosigkeit auszuliefern. Sie sehen in solchen Momenten offenbar nur die Kosten und nicht den Nutzen der Ein- und Unterordnung unter fremdbestimmte Spielregeln. Da sie ganz in der Gegenwart agieren, ist für sie der später zu zahlende Preis nicht wichtig – ganz im Gegensatz zu den Eltern, die sehr genau sehen, dass ihr Kind damit Weichen für die Zukunft stellt, die seine Chancen verringern und seine Risiken erhöhen.

Aus der Außenperspektive gesehen, lässt sich feststellen, dass jedes Kind lernen muss, seine Autonomie- und Abhängigkeitswünsche zu balancieren, um dauerhaft zufrieden leben zu können. Aber es nicht allein eine Frage der Anpassung und Einordnung, es ist noch etwas komplizierter: Als Kind ist man zwar von den Spielregeln der Familien abhängig, aber man gestaltet sie auch.

Ein Kind verändert die Familie, in die es hineingeboren wird. Nicht nur, dass die Erwachsenen sich dem Lebensrhythmus des Neugeborenen anpassen müssen (Text einer Geburtsanzeige: »Wir sind jetzt auch nachts erreichbar …!«), sondern es verändert auch die familiären Strukturen und Spielregeln. Aus einem Paar ohne Kinder wird eine Familie, aus einer Familie mit einem Kind wird eine Familie mit zwei Kindern usw. Das bedeutet, dass die, die schon da waren, für das hinzukommende Kind Platz machen müssen. Die Aufmerksamkeit, Zuwendung, Liebe, der Raum, die Zeit, ja, manchmal sogar die Nahrung muss nun mit einem Menschen mehr geteilt werden. Das sind radikale Veränderungen für alle Familienmitglieder. Ihre Beziehungen wandeln sich in einer nicht vorhersehbaren Weise.

Diese Veränderungen hat keiner allein unter Kontrolle, denn zwischen dem Verhalten des Einzelnen in der Familie und den familiären Spielregeln besteht eine zirkuläre Beziehung:

Weil (1) jedes Familienmitglied sich so verhält, wie es sich verhält, entstehen die Spielregeln des Umgangs der Familienmitglieder miteinander.

Weil (2) die familiären Spielregeln des Umgangs der Familienmitglieder miteinander so sind, wie sie sind, verhält jedes Familienmitglied sich, wie es sich verhält usw.

Die Schwierigkeiten, in die manche Adoptivkinder und ihre Familien kommen, sind daher als Koproduktion von Kind und Eltern (bzw. dem Rest der Familie) zu verstehen. Ein Kind, das sich – auf Teufel komm raus – als autonom zu beweisen versucht, bringt seine Eltern, die sich für sein Wohl verantwortlich fühlen, in eine vertrackte Situation. Denn wann immer sie sich darum bemühen, ihrer Verantwortung als Eltern gerecht zu werden und versuchen, ihr Kind in eine Richtung zu leiten, die aus ihrer Sicht gut für es ist, wird dies von ihrem Kind als Bedrohung seiner Autonomie erlebt. Der Konflikt ist unvermeidlich. So entwickelt sich ein paradoxer Kampf, bei dem das Kind um seiner Autonomie willen gegen all das kämpft, was – aus Sicht der Eltern – gut für es und seine Entwicklung als autonomes Individuum wäre. Das Kind verweigert, ja, kämpft gegen genau das, was aus einer langfristigen Perspektive gesehen nötig ist oder wäre, um ihm die Möglichkeit zu eröffnen, sein Leben autonom und unabhängig zu führen – Schulausbildung, Lehre, ein gewisses Maß an (zumindest vorübergehender) Anpassung an die Anforderungen anderer usw.

Eltern und Erzieher sind in dieser Paradoxie ebenso gefangen: Wenn sie ihr unmündiges Kind »autonom« entscheiden lassen, ob es z. B. in die Schule geht, so werden sie ihrer Verantwortung ihm gegenüber nicht gerecht. Wenn sie versuchen, Einfluss zu nehmen, so werden sie mit ihrer Machtlosigkeit konfrontiert, und es kommt vorhersehbar zum Konflikt – zum Machtkampf, den sie immer verlieren müssen. Denn sie können nicht damit rechnen, dass das Kind den (drohenden, künftigen) Preis, den es für sein Verhalten zu zahlen hat, in seine Kalkulation einbezieht. Es handelt hier und jetzt, nur auf den Augenblick bezogen und ambivalenzfrei.

Alle »normalen« erzieherischen Mittel, von der besonderen Zuwendung über den Liebesentzug bis hin zur Androhung von Strafen bewirken nichts. Ganz im Gegenteil: Wer hier das »Lob der Disziplin« singt, provoziert die Katastrophe, einen Circulus vitiosus: Das Kind zeigt sein »autonomes« Verhalten, die Erzieher (d. h. die sich verantwortlich fühlenden Personen) versuchen, steuernd einzugreifen, was zur Folge hat, dass das Kind sich in seiner Autonomie bedroht fühlt, was von ihm mit einer Steigerung des »autonomen« Verhaltens beantwortet wird, was wiederum zu einer Steigerung der Disziplinierungsversuche führt usw. – es entwickelt sich ein klassisches Machtkampfmuster (in der Familie, in der Schule usw.).

Das Ergebnis ist Ratlosigkeit. Im Extremfall kommt es zur Eskalation, in deren Verlauf als letztes Mittel mit Trennung gedroht wird, ja, die Trennung vollzogen wird.

In diesen Fällen führt – um es noch einmal zu wiederholen – die kindliche Strategie, sich durch das Abspalten schmerzhafter Gefühle vor den Folgen von Trennungen zu schützen, genau zu dem, vor dem eigentlich Schutz gesucht wird: zur Trennung. So wiederholt das früh getrennte Kind seine Trennungserfahrung, was ihm wenigstens zu einem Gefühl der Kontrolle verhilft, zur Bestätigung seiner Glaubenssätze, dass Beziehungen gefährlich sind. Diese Dynamik führt aber leider auch zur Stabilisierung der Abspaltungsmechanismen mit all ihren Verhaltenskonsequenzen.

Dennoch wäre es falsch, hier einseitig Schuld zu verteilen. Denn keiner der Beteiligten hat einseitig die Kontrolle über das so entstehende Interaktionsmuster, diesen »Tanz auf dem Vulkan«. Die einzige Möglichkeit, es zu verändern, ist es, die Einladung zu diesem Tanz auszuschlagen und/oder einen anderen Tanz zu tanzen, d. h., die Schrittfolge zu verändern …

3 Was tun? – Ein (Selbst-)Beobachtungsschema zur Eröffnung von Handlungsalternativen

Beginnen wir mit einigen Situationen, in die Sie unabhängig vom Alter Ihres Kindes – ob es nun 3 Jahre, 13 Jahre oder 23 Jahre alt ist – immer wieder geraten werden. Es handelt sich dabei um ein unseres Erachtens häufig auftretendes Muster der Auseinandersetzung, bei dem es um die Rollenverteilung bei Konflikten geht, die zwar – je nach Alter – eine jeweils andere Ausprägung erfährt, in der sich aber im Prinzip immer wieder dieselbe Dynamik wiederholt.

Die genannten Beispiele sollen hier nur zur Illustration der Logik dieses Musters (und unseres Beobachtungsschemas) dienen. Wenn man die Einladungen annimmt, die in der jeweils geschilderten Situation vom Verhalten des Kindes an die Eltern ausgehen, dann entsteht jeweils ein Tanz mit klar aufgeteilten Entweder-oder-Rollen, die sich konfrontativ gegenüberstehen. Auf der einen Seite steht das Kind, auf der anderen Seite die Mutter oder der Vater (oder beide). Dies ist eine Rollenaufteilung, die sich verfestigen kann und in der Regel nicht zu irgendwelchen konstruktiven Lösungen führt. Daher geben wir Ihnen in den folgenden Beispielen Tipps, die für derartige Einladungen sensibilisieren und alternative Handlungsoptionen aufzeigen sollen.

1. Situation:

Laura, vier Jahre alt, will nicht, dass ihre Freundin Julia nach Hause geht. Erst hat sie sich mit Julia versteckt, und jetzt, wo sie gefunden sind, hält sie Julia fest. Julias Eltern, die zu Besuch sind, haben schon den Mantel angezogen und warten. Julias Eltern und Lauras Mutter versuchen mit guten Worten, Laura dazu zu bringen, Julia loszulassen, damit sie mit ihren Eltern heimgehen kann. Laura wird wütend, schreit und heult. Ein großes Gezeter, ein dramatischer Auftritt, der in keinem Verhältnis zum Anlass zu stehen scheint …

Selbstbeobachtung

a) Eigenes Erleben:
Sie fühlen sich hilflos, werden ungeduldig: Es war ein langer Tag und Sie wollen auch, dass Julia nach Hause geht. Am liebsten würden Sie die Situation schnell beenden. Doch das geht nicht, denn Laura »spielt« wieder einmal »nicht mit«. Sie fragen sich, was Julias Eltern denn jetzt über Sie und Laura, die sich »unmöglich« verhält, denken. Sie fühlen sich überkritisch beobachtet und werden immer ärgerlicher auf Laura, die nicht auf Sie hört.

b) Handlungsimpulse:
Am liebsten würden Sie Laura mit Gewalt in ihr Zimmer schaffen, die Tür zusperren und Julia samt Eltern möglichst schnell zur Haustür rausbugsieren.

c) Einladung zum Tanz:
Im Konflikt zwischen Lauras Wunsch, Julia bei sich zu behalten, und der Notwendigkeit, dass sie nach Hause geht, fühlen Sie sich eingeladen, die Trennung durchzusetzen. Auf diese Weise herrscht eine scheinbar klare Rollenverteilung: Sie stehen für die Trennung von Julia (und sind für Laura die »Böse«), Laura steht auf der anderen Seite, sie will es nicht und zelebriert die große Macht des Widerstands kleiner Kinder …

Kommentar/Erklärung des Geschehens

Hier wiederholt sich für Laura im Kleinen das große Drama noch einmal: Trennung von einer lieben Person.

Aber, und das ist der große Unterschied, Laura sieht die Chance, Kontrolle über das Geschehen zu gewinnen und nicht mehr hilflos der Trennung ausgeliefert zu sein. Sie kann etwas tun und versuchen, die Trennung zu verhindern. Und das ist auch gut so (auch, wenn es für die Eltern erst einmal mit etwas Mühe verbunden ist). Auf diese Weise gewinnt sie auch die Möglichkeit, die mit der Trennung – mit jeder Trennung – verbundenen Gefühle (Traurigkeit, Schmerz etc.) zu vermeiden. Während sie früher die schmerzhaften Gefühle aus ihrer Wahrnehmung ausblenden (= abspalten) musste, weil sie hilflos war und keinen direkten, aktiven Einfluss nehmen konnte, kann sie jetzt ihre Wut zeigen und agieren. Und Wut ist auf jeden Fall ein angenehmeres Gefühl als Traurigkeit, weil sie die Illusion vermittelt, Kämpfen würde zum Ziel führen …

(Das ist natürlich jetzt eine Interpretation, denn niemand kann direkt in das Seelenleben eines anderen Menschen hineinblicken. Und Vierjährige können auch nicht wirklich nach solchen inneren Prozessen befragt werden – ja auch Erwachsene sind kaum in der Lage, sich gut genug zu beobachten, um sich »auf die Schliche« zu kommen, d. h., die Logik ihrer eigenen psychischen Prozesse zu erfassen. Die hier angestellten Spekulationen sind aber nicht aus der Luft gegriffen. Sie lassen sich mit entwicklungspsychologischen Forschungen und psychotherapeutischen Erfahrungen gut begründen.)

Wenn die Eltern auf die Einladung zum Tanz eingehen, bleibt Laura nur das Erleben der Wut. Der Zugang zu Trauer und Schmerz, die durch die Trennung ausgelöst werden, bleibt ihr verbaut. Ihre Welt scheint klar geordnet: Draußen sind die »Bösen« (die Eltern, die für die Trennung stehen), und sie ist wieder diejenige, die um ihr Überleben kämpfen muss.

Im schlimmsten Fall wird so immer wieder dasselbe Muster wiederholt.

Was tun?

Ja:

Erkennen Sie erst einmal ausdrücklich an, dass es schwer ist, sich zu trennen. Erlauben Sie auch die Wut und den Ärger, nehmen Sie dabei Partei für Laura und die von ihr gezeigten Gefühle.

Zum Beispiel: »Das ist wirklich sehr schlimm, dass Julia jetzt gehen muss, wo ihr so schön gespielt habt. Wenn man eine so gute Freundin hat, ist es ganz traurig, sich zu trennen. Wirklich blöd. Aber ich glaube, ihr schafft das. Wir können ja gemeinsam überlegen, was Euch dabei helfen kann, wenn Julia jetzt heimgehen muss. Wie wäre es, wenn du Julia etwas von dir mitgibst und Julia etwas von sich hier lässt, bis ihr euch wieder seht? Oder, wenn ihr euch noch einmal anruft, wenn Julia wieder zu Hause ist? Und ihr könnt um Punkt acht Uhr aneinander denken …«

Wie Sie das im Einzelnen formulieren, ist natürlich Ihre Sache, denn es muss zu Ihnen und Ihrem Kind passen. Betonen Sie im Zweifel, wie schlimm die Trennung ist, statt sie zu bagatellisieren. Wichtig ist, dass Sie *auf die Seite Ihres Kindes* gehen und die von ihm gezeigten Gefühle als berechtigt anerkennen – auch wenn Sie die damit verbundenen Handlungskonsequenzen nicht akzeptieren (»Julia bleibt hier«).

Nein:

Folgen Sie *nicht* Ihren oben beschriebenen Impulsen, sich den Wünschen Ihres Kinds aktiv entgegenzustellen. Reagieren Sie *nicht* mit Kontrollversuchen oder beschwichtigend darauf, dass Laura sich wütend zeigt. Und kämpfen Sie *nicht* für die Trennung, sondern nehmen sie die Notwendigkeit der Trennung als gegebene Realität, sodass gar kein Kampf darum nötig ist. Es geht also nicht um die Frage Trennung oder Nichttrennung, sondern nur um die Art, wie man die Trennung möglichst wenig schmerzhaft gestaltet. Trösten Sie dabei nicht »billig« im Sinne von: »Es ist doch gar nicht so schlimm«, »Ihr seht Euch ja morgen wieder«, oder »Ihr seid doch müde!«.

Vor allem aber: Drohen Sie nicht (»Wenn du nicht ..., dann ...!«)!

2. Situation

Mark, sieben Jahre alt, sitzt neben seiner kleinen Schwester Heidi angeschnallt in seinem Kindersitz auf der Rückbank des Autos. Endlich geht es los. Sie sind auf dem Weg zum Schwimmen. Mama fährt. Auf dem Beifahrersitz die große Tasche mit den Schwimmsachen, den Keksen, den Getränken, Handtüchern etc. Hoffentlich ist nichts vergessen. Heidi wollte noch den Stoffhasen mitnehmen, deshalb musste Mama noch einmal zurück ins Haus, um ihn zu holen. Jetzt liegt er neben der Schwimmtasche auf dem Beifahrersitz.

Das Auto biegt in die Hauptverkehrsstraße ein. Heidi will den Hasen. Mama sagt: »Gleich, wenn wir halten, gebe ich ihn dir!«

An der nächsten roten Ampel bekommt Heidi ihren Hasen. Mama fährt weiter. Plötzliches Gekreisch von hinten: »Gib mir sofort den Hasen wieder!« Mark hat Heidi den Hasen weggenommen. Es gibt ein Gerangel. Heidi gelingt es, den Hasen wieder an sich zu reißen, und ihn, schluchzend, so weit wegzuhalten, dass Mark nicht dran kommt.

Mama schimpft über die streitenden Kinder, insbesondere mit Mark, der doch der Große ist. Sie schaut dauernd in den Rückspiegel und versucht, sich gleichzeitig auf den Verkehr zu konzentrieren. Mark erwidert nichts, aber öffnet unvermittelt – bei voller Fahrt – die Wagentür. Heidi beginnt zu kreischen. Der Mutter schießt das Blut in den Kopf. Sie brüllt Mark an, er solle sofort die Tür wieder schließen. Er macht das, um sie sofort danach wieder zu öffnen …

Irgendwie schaffen sie es ohne Unfall zum Schwimmbad.

Selbstbeobachtung

a) Eigenes Erleben

Als Mutter geraten Sie in solch einer Situation in Panik. Die anderen Autos kommen bedrohlich nahe. Sie befürchten, dass Mark sich jetzt gleich abschnallt und aus dem Auto fällt. Die Unfallgefahr ist groß, da der Verkehr dicht ist. Sie müssen sich jetzt sehr konzentrieren, um nicht die Kontrolle über den Wagen zu verlieren, und sie müssen auch Mark irgendwie »unter Kontrolle« bringen, haben aber keine Chance dazu. Sie fühlen sich hilflos und ihrem Sohn ausgeliefert, gefangen. Hilflose Wut – oder ist es nicht doch Angst? – überflutet Sie.

b) Handlungsimpulse

Am liebsten würden Sie sich umdrehen und Mark schütteln, ihn irgendwie direkt daran hindern, die Tür aufzumachen. Da Sie das nicht tun können – da sie buchstäblich *nichts* tun können, nichts *erzwingen* können – versuchen Sie, Mark irgendwie durch Erhöhung der Lautstärke und Verschärfung des Tonfalls zum Einlenken zu bringen. Das Nach-hinten-Schreien ist eher ein Reflex als eine geplante Handlung.

c) Einladung zum Tanz

Da Mark ein Verhalten zeigt, dass ihn und alle, die im Auto sitzen, in Gefahr bringt, sehen Sie sich in der Verantwortung (= eingeladen), die Kontrolle über Marks Verhalten zu übernehmen. Doch die Kontrolle des Verhaltens eines anderen Menschen ist immer nur über die Einschränkung seiner Freiheit möglich. Gefesselt sind aber in diesem Moment Sie bzw. Ihre Hände, die Sie nicht vom Steuer nehmen können. Sie sind nicht in der Lage,

Mark daran zu hindern, etwas zu tun, was Sie nicht wollen. Ihre Ohnmacht und seine Autonomie sind in dieser Situation eindeutig.

Kommentar/Erklärung des Geschehens

Warum Mark sich so verhält, ist nicht leicht zu erklären. Vielleicht liegt es daran, dass er in seinem Sitz festgeschnallt ist (obwohl er das ja kennt und früher die Tür nie aufgemacht hat), oder dass Heidi den Hasen bekommen und wieder zurückerobert hat. Wer weiß.

Auf jeden Fall erscheint der Mutter sein Verhalten nicht nachvollziehbar und vollkommen inakzeptabel. Und natürlich: Mit einer eingeschalteten Kindersicherung der Tür wäre das alles nicht passiert. Aber, da er so etwas bisher noch nie gemacht hatte, schien das nicht nötig …

Was auch immer der tatsächliche Auslöser dieser Szene gewesen sein mag, eins scheint bei der Analyse deutlich: Mark demonstriert der Mutter ihre Ohnmacht. Das dürfte der Reiz für ihn gewesen sein. In seinem Alter sollte er in der Lage sein, die Gefahr, die mit seinem Verhalten verbunden ist, einzusehen. Aber wenn es um Unabhängigkeitsdemonstrationen geht, spielen etwaige Angstgefühle keine entscheidende Rolle mehr. Die objektiv angemessene Angst erlebt nun die Mutter. Und sie reagiert mit Wut auf denjenigen, der diese Angst verursacht. Dementsprechend sind ihre Handlungsimpulse Mark gegenüber eher aggressiver Natur.

Wenn man es genauer betrachtet, so eröffnet sich der Mutter in dieser Lage die Chance (auf die sie wahrscheinlich gern verzichten würde), einen Zugang zum Erleben ihres Sohnes zu erhalten. Er spaltet die Angst ab, die Mutter erlebt sie. Und sie erlebt auch, dass es offenbar angenehmer ist, wütend zu sein statt geängstigt. Das Gefühl, hilflos ausgeliefert zu sein, wird durch die Illusion ersetzt, etwas gezielt tun oder bewirken zu können. Jetzt ist die Mutter diejenige, die ausgeliefert ist, und Mark ist derjenige, der die Fäden zieht und von außen beobachten kann, wie es ihr dabei geht. Damit gewinnt er nicht nur einen Abstand zu dieser Art unangenehmer Gefühle, sondern – paradoxerweise – auch einen Zugang zu ihnen und damit zu sich selbst.

Was tun?

Nein:
In diesem Fall beginnen wir lieber damit, was Sie vermeiden sollten, denn Sie können in solch einer Situation ja nicht viel tun. Deshalb sollten Sie es auch nicht krampfhaft versuchen. Bemühen Sie sich auf keinen Fall, Mark durch direktes Eingreifen (mit körperlicher Gewalt) daran zu hindern, die Tür zu öffnen (dann machen Sie aller Wahrscheinlichkeit nach einen Unfall). Ruhe ist jetzt die erste Bürgerpflicht.

Wenn Sie reflexhaft schreien oder keifen, ist das nicht weiter schlimm. Auch wenn es im Moment nicht viel bewirken mag. Es ist jedenfalls eine Reaktion auf die Provokation, die nicht zwangsläufig einen weiteren Eskalationsschritt durch Mark zur Folge hat. Und wahrscheinlich wäre es sinnvoller, Sie zeigten Ihre Angst statt Ihrer Wut (leichter gesagt als getan). Denn mit der Äußerung von Wut und Aggressivität laden Sie Mark dazu ein, seine Unerschrockenheit zu zeigen. Wenn Sie hingegen ihre Angst zeigen, so ist damit eine andere Einladung verbunden, die nicht die Eskalation fördert.

Ja:
Versuchen Sie erst einmal, heil aus der misslichen Lage herauszukommen. Sie können sich nicht gleichzeitig auf den Verkehr und die Geschehnisse auf der Rückbank konzentrieren. Die Suche nach einem Flecken, an dem Sie gefahrlos halten können, ist in diesem Fall wichtiger, als Mark »unter Kontrolle« zu bekommen. Oberste Priorität ist jetzt, die akute Gefahr zu beenden – und dazu brauchen Sie ihr ganzes Erwachsenenbewusstsein.

Wenn dann alle in Sicherheit sind, können Sie versuchen, ruhig mit Mark zu reden. Sagen Sie ihm, welche Angst Sie hatten, als er die Tür aufgemacht hat: um sein Leben, um Heidis Leben und um Ihr eigenes Leben; dass Ihnen fast schlecht vor Angst war und Ihr Herz jetzt noch wie wild schlägt, wenn Sie nur daran denken, was hätte passieren können, auch mit den anderen Menschen in den anderen Autos, die mit in einen Unfall hätten verwickelt werden können. Vom Bauch bis zum Kopf hätten Sie nur aus Angst bestanden; und das sei ein ganz, ganz schlimmes Gefühl gewesen; und Sie seien heilfroh, dass er die Tür wieder zugemacht hat. Jetzt sind alle wieder sicher, und dass sei ein gutes Gefühl! Alle müssen einmal tief durchatmen, um den Schreck wieder loszuwerden … (Atmen Sie mit den Kindern dreimal tief durch). Und dass Sie nicht noch mal solche Angst haben möchten … Suchen Sie dabei Körperkontakt (zu beiden Kindern – vergessen Sie Heidi dabei nicht).

Und lassen Sie sich, bevor Sie weiterfahren, in die Hand versprechen, dass er das nicht wieder macht – als Abmachung zwischen zwei autonomen Personen (sonst können Sie eben nicht weiterfahren).

Und: Stellen Sie auf alle Fälle die Kindersicherung ein …

Wahrscheinlich werden Sie ja keine Situationen durchleben, die genau den hier skizzierten entsprechen. Aber oft genug werden Sie damit zu tun haben, dass Ihr Kind sich von irgendwem oder -was trennen soll und darauf mit unerwarteter und auf den ersten Blick unverständlicher Heftigkeit reagiert. Alle Kinder müssen es erst lernen, die Frustration auszuhalten, wenn etwas Schönes zu Ende geht. Aber bei adoptierten Kindern wie Laura gewinnt der Abschied von einer Freundin eine Bedeutung, die darüber hinausgeht. Jeder Abschied scheint endgültig zu sein. Sie haben nicht das Vertrauen, dass das, was hier und jetzt beendet wird, morgen weitergehen kann. Daher sind sie auch nicht mit dem Hinweis auf morgen oder übermorgen zu beruhigen. Und das gilt nicht nur für kleine Kinder wie Laura, sondern auch für große, ja, oft bis ins Erwachsenenalter hinein – vor allem, wenn die Trennungserfahrung sich mehrfach wiederholt.

Was all diese Situationen miteinander verbindet, ist der Versuch des Kindes, die Kontrolle über die Situation zu gewinnen. Das Problem für viele adoptierte Kinder ist, dass sie die Beziehung zu anderen Menschen brauchen und sich daher abhängig fühlen; dem steht ihre Überzeugung gegenüber, dass sie verloren sind, wenn sie ihre Autonomie, d. h. die Kontrolle über das, was mit ihnen geschieht, aufgeben oder verlieren.

Diese Ambivalenz wird im familiären Alltag immer dann besonders deutlich, wenn eine der beiden Seiten der Ambivalenz als bedroht erlebt wird. Wenn die Abhängigkeit von anderen in den Vordergrund des kindlichen Erlebens tritt, dann wird es alles tun, um (vor allem sich selbst) seine Autonomie zu demonstrieren. Wird hingegen die Trennung und Unabhängigkeit von anderen forciert, so wird die eigene Bedürftigkeit erlebt und irgendeine, offenbar existenziell notwendige und daher nicht zu verweigernde Unterstützung eingeklagt.

3. Situation:

Die Familie will gemeinsam in den Urlaub fahren. Wochenlang wurde die Reise vorbereitet, Routen geplant, Sehenswürdigkeiten ausgesucht, die man unbedingt besuchen wollte, Sätze in der fremden Sprache eingeübt, geschaut, welches Essen es dort gibt, welche Souvenirs man den Freunden und sich selbst mitbringen kann und natürlich sorgfältig die Tasche mit den richtigen Klamotten gepackt. Kurz, die Vorfreude steigt, je näher der Abreisetag rückt.

Endlich ist es soweit. Gestiefelt und gespornt steht die Familie am Flughafen. Alle sind erwartungsfroh, aufgeregt, gut gelaunt. Nur Jonas, 12 Jahre alt, sieht irgendwie mürrisch aus. Darauf angesprochen, zeigt er sich maulfaul. Vielleicht noch müde? Es ist früh, und das ist nicht seine Zeit. Wird sich schon noch geben …

Aber nichts gibt sich, es wird immer schlimmer. Jetzt will er noch zu McDonald's. Nein, das schaffen wir nicht mehr! Gleich gibt's doch was im Flugzeug! Doch, das schaffen wir locker, warum denn nicht? Was soll denn der Stress? Er wird richtig wütend. Die Eltern auch. Kann er nicht warten? Was soll das nun wieder? Spinnt der jetzt?

Jonas stiefelt einfach los in Richtung McDonald's. Seine Reisetasche lässt er achtlos am Boden liegen. Die kleine Schwester spürt die Spannung, die plötzlich in der Luft liegt, und fängt an zu weinen, zerrt an der Tasche, will Jonas hinterher. Die Mutter ruft ihn, der Vater donnert. Jonas verschwindet in der Menge …

Selbstbeobachtung

a) Eigenes Erleben:

Es ist eine Mischung aus Ratlosigkeit, Wut und Sorge, die Sie als Eltern überkommt. Sie können Jonas doch nicht einfach so allein auf diesem riesigen Flughafen seiner Wege gehen lassen. Wenn ihm was passiert. Außerdem geht gleich das Flugzeug. Wenn er dann nicht da ist, können Sie ja alle nicht fliegen. Dann platzt die ganze Reise, das Geld ist weg usw. Dieser Idiot. Sie fühlen sich hilflos und ärgern sich unheimlich (womöglich in erster Linie über Ihre Hilflosigkeit, aber natürlich auch über Jonas, der wieder alles kaputt machen muss).

b) Handlungsimpulse:

Sie könnten ihn würgen. Er soll Ihnen nur unter die Finger kommen … Sie fühlen sich bemüßigt, ihn zu suchen. Am liebsten würden Sie ihn jetzt irgendwie einfangen, um ihn gefesselt und geknebelt ins Flugzeug zu zerren.

c) Einladung zum Tanz:

In dem Moment, wo Jonas seine Unabhängigkeit unmissverständlich demonstriert, spüren Sie die Einladung, ihm diese Unabhängigkeit zu nehmen. Es droht ein Machtkampf darüber, wer bestimmt, was Jonas zu tun hat. Im schlimmsten Fall versuchen Sie, ihn mit Gewalt dazu zu bringen, ins Flugzeug zu steigen. Doch je gewaltsamer Sie dies versuchen, umso stärker wird sich Jonas dagegen wehren.

Kommentar/Erklärung des Geschehens:

Diese Szene illustriert gewissermaßen die gegensätzliche Dynamik zur Laura-Szene. Während Laura versuchte, die Trennung von der Freundin aktiv zu verhindern, geht Jonas auf die Seite der Trennung. Die Ambivalenz zwischen Abhängigkeits- und Autonomiewünschen wird in zwei gegensätzliche Rollen aufgeteilt (»Kollusion«), bei der jeweils eine Partei ambivalenzfrei für die eine Seite der Ambivalenz kämpft, während die andere Partei – scheinbar ohne Zwiespalt der Gefühle – für die andere Seite kämpft. Jonas zeigt seine Unabhängigkeitswünsche, die Eltern fühlen sich eingeladen, ihrer Aufsichts- und Fürsorgepflicht gerecht zu werden. Je mehr sie Jonas gegenüber die Tatsache betonen, dass er (noch) nicht allein leben kann, desto mehr zeigt er, dass er sie nicht braucht und sich – vor allem – ihnen nicht unterwirft.

Dass er dies gerade zu Beginn einer Reise so deutlich demonstriert, dürfte dadurch zu erklären sein, dass ihm während der Reise in ein unbekanntes Land weit mehr das Erleben der Abhängigkeit droht, als wenn er zu Hause bleibt. Denn da hat er seine Freunde, kennt viele Leute, hat gute Kontakte. Er kann mit vielen zusammen sein, ohne sich von irgendeinem Einzelnen abhängig zu machen. Das Erleben der Abhängigkeit ist für ihn eng mit dem Schmerz der Trennung verbunden. Deswegen sind Reisen mit »den Lieben« immer eine starke Herausforderung.

Was tun?

Ja:
Hier gibt es wenig Alternativen zum Nachlaufen. Sie können ihn nicht guten Gewissens allein auf einem großen Flughafen allein lassen. Denn damit würde seine größte Angst, allein gelassen zu werden, bestätigt (auch wenn er sie selbst hervorgerufen hätte).

Sie kommen also nicht umhin, ihre (verständliche) Wut beiseite zu schieben (und gegebenenfalls für später aufzuheben – das hilft manchmal im Moment, mit ihr umzugehen). Dabei hilft es, wenn Sie sich der Traurigkeit bewusst zu werden, die Sie erleben würden, wenn Sie nicht so wütend wären. Denn es wäre ja für alle traurig – auch für Jonas –, wenn die Reise, auf die alle sich so gefreut haben, nicht stattfindet. Und dass es auch für alle traurig wäre, wenn er nicht mitkommt.

Sie laufen ihm also nach und sagen ihm, dass Sie nicht ohne ihn fahren wollen. Vielleicht erinnern Sie ihn auch noch daran, dass er sich doch auch auf die Reise gefreut hat. Und Sie zeigen sich eher traurig als wütend.

Nein:
Sie widerstehen der Versuchung, Jonas zu demütigen (»Was soll denn jetzt der blöde McDonald's? Bist du bescheuert?« etc.), Sie werden auch nicht laut und zetern nicht wegen des vielen Geldes für die Reise (»Das war das letzte Mal, dass wir dich mit auf eine Reise mitgenommen haben!«). Vor allem drohen Sie nicht mit Gewalt (»Warte, bis wir nach Hause kommen …!«), Sie zerren Jonas auch nicht an den Haaren ins Flugzeug …

4. Situation

Karla geht auf die Realschule. Im nächsten Jahr soll sie ihren Abschluss machen. Dass sie das schafft, scheint zweifelhaft. Mit der Unterstützung von Nachhilfelehrern – die viel Geld kosten – und viel Aufmerksamkeit von Seiten der Eltern (beide sind Lehrer) kommt sie so recht und schlecht über die Runden. Die Versetzung ist aber jetzt gefährdet.

Das scheint Karla aber nicht weiter zu belasten. Sie »genießt« ihre Pubertät. Ihr Zimmer ist mit Postern von Boygroups bepflastert, sie ist viel unterwegs. Wo sie ihre Zeit verbringt, wissen die Eltern nicht.

Der Mutter fällt es zunehmend schwer, Karla für ihre Hausaufgaben zu motivieren. In letzter Zeit hat sie zum großen Ärger der Eltern öfters die Nachhilfe geschwänzt (die natürlich trotzdem bezahlt werden musste).

Als die Mutter erfährt, dass Karla ihr mehrere »versemmelte« Klassenarbeiten unterschlagen hat, macht sie Karla eine Szene. Es wird laut. Karla wirft mit einer Vase und verlässt türenschlagend das Haus.

Am Abend kommt sie nicht nach Hause. Am nächsten, übernächsten und über-übernächsten auch nicht …

Selbstbeobachtung

a) Eigenes Erleben:

Welche Eltern könnten unbeteiligt zusehen, wenn ihr Kind in der Schule zu scheitern droht? In dem Moment, wo Sie als Mutter hören, dass Karla Ihnen die Arbeiten unterschlagen hat, sehen Sie all ihre Befürchtungen bestätigt. Sie wird nicht versetzt werden, was Sie ihr ja schon die ganze Zeit gesagt haben. Und es liegt ja nicht an ihrer Intelligenz. Dumm ist sie ja nicht. Sie könnte, wenn sie nur wollte und sich ein wenig anstrengen würde. Dass sie nicht zur Nachhilfe gegangen ist, zeigt doch ganz deutlich, dass sie nicht will.

Sie sind ärgerlich und fühlen sich in ihrer Verantwortung als Mutter gefordert. Sie können das doch nicht einfach laufen lassen. Sie müssen etwas tun. Schließlich weiß doch jeder, dass man heute ohne richtigen Schulabschluss kaum Chancen auf eine gute

Ausbildung hat. Sie müssen mit ihr reden. Sie muss das doch einsehen!

b) Handlungsimpulse:
Sie haben den Impuls, Karla zu schütteln. Sie muss zur Vernunft gebracht werden. Und um sie dahin zu bringen, können Sie der Versuchung nicht widerstehen, lauter zu werden und ihrer Stimme Nachdruck zu verleihen und Konsequenzen anzudrohen. Als Karla ebenfalls laut wird und die Vase zerdeppert und türenknallend wegrennt, werden Sie noch wütender. Am liebsten würden Sie sie festhalten. So sollte sie nicht davonkommen! Außerdem wird das Kind mit der Zeit ziemlich teuer: Nachhilfe, kaputte Vasen etc., was Ihren Ärger noch steigert. Die soll nur nach Hause kommen, dann kann sie was erleben!

c) Einladung zum Tanz:
Karlas Vernachlässigung ihrer schulischen Aufgaben stellt eine Dauereinladung an Sie als Eltern dar, sich einzumischen und Verantwortung für den schulischen Erfolg der Tochter zu übernehmen.

Dass Karla nicht zur Nachhilfe geht, ist für Sie eine Provokation. Schließlich kostet das alles Geld. Dass ihre Leistungen schlecht sind, haben Sie geahnt, jetzt wissen Sie es. Dass Karla die Arbeiten nicht gezeigt hat, erleben Sie als einen Vertrauensbruch. Und wer nicht vertrauen kann, fühlt sich fast immer zur Kontrolle eingeladen. Doch wer zu kontrollieren versucht, lädt fast zwangsläufig zu einem Machtkampf ein.

Der Ablauf ist vorprogrammiert: Sie machen Karla Vorwürfe, Karla spürt, dass Sie ihr vorschreiben wollen, was sie tun soll, und will sich nicht »unterwerfen«. Das tut sie nicht, sondern wird ebenfalls laut und aggressiv (wirft mit der Vase) und räumt schließlich das Feld, d. h., sie vollzieht aktiv eine Trennung und damit die vorläufige Beendigung der Auseinandersetzung. Den Machtkampf hat sie auf diese Weise auf jeden Fall nicht verloren.

Kommentar/Erklärung des Geschehens

Das Dilemma der Mutter ist deutlich: Sie sieht sich in der Verantwortung für Karlas Schulerfolg, kann aber eigentlich nichts tun (d. h., sie kann nicht die Klassenarbeiten für ihre Tochter schreiben). Mit anderen Worten: Sie ist machtlos.

Das Verhalten Karlas ist aus Sicht der Mutter selbstschädigend. Doch unter diesen Schäden (kein oder ein schlechter Schulabschluss) leiden offenbar die Eltern mehr als Karla.

Auf Machtkämpfe mit den eigenen Kindern – ob adoptiert oder nicht – sollten sich Eltern nie einlassen. Sie können dabei nur verlieren. Da Eltern sich mit ihren Kindern identifizieren, befinden sie sich in einer Paradoxie gefangen. Wenn die Kinder verlieren, verlieren immer auch die Eltern. Das wird vor allem dann deutlich, wenn Kinder ein Verhalten zeigen, mit dem sie sich selbst schaden. Daher empfiehlt es sich, immer zu versuchen, eine Kooperationsbeziehung herzustellen. Wer sich auf Machtkämpfe einlässt, beweist immer seine eigene Machtlosigkeit. Und Adoptiveltern, deren Kindern das Urvertrauen mangelt, haben immer weniger Macht oder Einfluss auf ihre Kinder als durchschnittliche Eltern, da die damit rechnen können, dass ihre Kinder den Wunsch haben, die Beziehung zu den Eltern nicht allzu sehr zu trüben.

Dass damit hier nicht zu rechnen ist, zeigt sich, als Karla das Haus verlässt. Welche Unabhängigkeitserklärung könnte demonstrativer sein als das Verlassen des Elternhauses? Sie zeigt damit, dass sie die Eltern »nicht braucht«.

Dass das nicht stimmt, wissen die Eltern, und deshalb machen sie sich furchtbare Sorgen, als Karla am Abend und die nächsten Tage nicht nach Hause kommt. Die Machtverhältnisse sind eindeutig: Die Eltern sind die Abhängigen, und Karla hat es in der Hand, deren Ängste zu steigern oder zu beschwichtigen.

Was tun?

Ja:

Versuchen Sie, mit Karla ins Gespräch darüber zu kommen, wie sie sich ihre weitere Schulkarriere vorstellt. Zeigen Sie sich dabei neugierig und offen (auch wenn Sie eigentlich genau zu wissen glauben, was für Ihre Tochter gut wäre: lernen). Bleiben Sie in einer interessiert fragenden Haltung und behandeln Sie sie als Erwachsene, d.h. bieten Sie ihr ein Gespräch an, in dem sie nicht klein gemacht wird, sondern als eigenverantwortlich akzeptiert wird (auch wenn Sie Zweifel haben, dass sie die Konsequenzen ihrer Arbeitsverweigerung abschätzen kann).

Wenn Karla meint, sie schaffe das alles schon, so sollten Sie aus Ihrer Skepsis keinen Hehl machen. Und bieten Sie ihr Unterstützung und Solidarität an, für den Fall, dass – leider – Sie die Situation richtig einschätzen und nicht Karla. Bei alledem bemühen Sie sich, die Symmetrie der Beziehung zu erhalten. Verhalten Sie sich Karla gegenüber respektvoll (auch wenn Sie sie am liebsten zu den Hausaufgaben prügeln würden). Und wenn Sie gar nicht wissen, was Sie tun sollen, zeigen Sie ihre Rat- und Hilflosigkeit.

Nein:

Stellen Sie sich nicht über Ihre Tochter als diejenigen, die »wissen«, wie das »wahre Leben« ist. Präsentieren Sie sich auf keinen Fall besserwisserisch, so als ob Sie wüssten, was für sie gut ist oder gar was sie denkt und fühlt (auch wenn Sie ahnen, wie es ihr gerade geht – Sie wissen es wirklich nicht, und außerdem: Es ist ihr Leben, um das es geht).

Werten Sie Karla nicht ab, demütigen Sie sie nicht. Versuchen Sie nicht, sie irgendwie zu irgendetwas zu drängen, sie zu manipulieren oder zu irgendetwas zu zwingen. Drohen Sie nicht mit irgendwelchen Sanktionen oder Konsequenzen, die Sie ziehen werden, wenn sie dies oder jenes tut oder nicht tut. Darauf wird sie mit großer Wahrscheinlichkeit eigensinnig, widerständig und aggressiv oder im besten Fall mit Flucht reagieren. Wenn Sie Sorge um sie haben, sprechen Sie über sich, d. h. über *Ihre eigene* Sorge. Damit laden Sie sie ein, Sie zu beruhigen. Lassen Sie sich nicht zu schnell beruhigen. Aber es ist – das sollte klar sein – *Ihre* Sorge, *Ihnen* geht es schlecht bei dem Gedanken an Karlas Zukunft. Vermeiden Sie jeden Anschein, Sie wollten oder könnten sie zu irgendetwas zwingen, denn das funktioniert sowieso nicht.

Das wichtigste Prinzip aller Tipps, die wir hier geben können, und das – wie wir hoffen – durch unsere Beispiele illustriert wird, ist, die Beziehung zwischen Ihnen und Ihrem Kind nicht abbrechen zu lassen – komme, was da wolle. Denn wenn es erst einmal seine pseudo-autonomen Verhaltensweisen begonnen hat, dann dürfen Sie nicht erwarten, dass es aktiv versucht, die Beziehung zu Ihnen, d. h. den Eltern oder der Familie, aufrechtzuerhalten.

Das heißt für das Beispiel mit Jonas, dass Sie (bzw. einer der Eltern) zur Not auch die Reise abschreiben müssten, wenn Sie ihn nicht dazu bewegen können, freiwillig mitzukommen. Sie sollten ihm die Botschaft vermitteln, dass Sie sich im Zweifel für ihn entscheiden statt für eine Reise (wie teuer sie auch war). Und Sie müssen es auch ertragen, wenn Karla sitzen bleibt, obwohl sie das mit ein wenig Fleiß hätte verhindern können. Sie müssen es vor allem deswegen ertragen, weil es außerhalb Ihrer Macht liegt, ihr Verhalten direkt zu verändern. Am besten wirkt immer noch, wenn Sie ihr Hilfe anbieten – aber tragischerweise kann man auch niemanden zwingen, sich helfen zu lassen.

Dass es überhaupt zu Szenen wie auf dem Flughafen und der Frage »Reise ja oder nein?« kommen kann, mag für die Eltern nichtadoptierter Kinder nur bedingt nachfühlbar sein, denn sie können ein »Machtwort« sprechen, und ihr Kind wird mit ziemlicher Wahrscheinlichkeit »folgen«. Es wird im Zweifel der Beziehung zu den Eltern mehr vertrauen als der eigenen Fähigkeit, allein gut durchs Leben zu kommen. Es ist sich – realistischerweise – der Abhängigkeit von seinen Eltern bewusst und kann dies aufgrund des Urvertrauens, dass sie einigermaßen verlässlich sind, auch akzeptieren. Das ist aber bei vielen Adoptivkindern nicht der Fall. Im Zweifel vertrauen sie mehr auf ihre eigenen Kräfte als auf die Verlässlichkeit von Beziehungen. Das ist es, was ihnen die Zuversicht gibt zu überleben. Und deswegen werden sie um ihre Autonomie in einer verzweifelten Weise kämpfen, die für Außenstehende nur schwer nachvollziehbar ist. Und sie werden auf Teufel komm raus Situationen vermeiden, in denen sie objektiv von anderen abhängig sind – wie etwa auf einer Reise. Sie werden diese trotzige Pseudoautonomie umso mehr zeigen, je mehr sie die Illusion aufrechterhalten können, dass sie es allein schaffen könnten, wenn sie nur wollten (d. h. die Pubertät, in der andere Jugendliche ebenfalls solche Vorstellungen pflegen, ist hier besonders kritisch). Verstärkend kommt hinzu, dass sie sich nicht durch den Schatten der Zukunft in ihrer Entschlossenheit beeinträchtigen lassen. Ganz im Hier und Jetzt lässt sich ambivalenzfrei handeln.

Deswegen empfiehlt es sich auch, nie (!) argumentativ oder durch Handlungen auf die Abhängigkeit Ihres Kindes hinzuweisen. Versuchen Sie stattdessen – wie oben skizziert – von Ihrer Seite aus die Beziehung zu halten, was immer auch geschehen mag. Im Zweifel ist es besser zu betonen, wie wichtig Ihnen die Beziehung ist. Hier eröffnet sich Ihrem Kind die Chance, in Beziehung zu bleiben, ohne sich durch seine eigene Abhängigkeit bedroht zu fühlen.

4 Fallbeispiel: »Die Sommers«

Die aktuelle Situation und Vorgeschichte der Familie Sommer soll hier nur mit wenigen Stichworten umrissen werden:

Das Ehepaar Sommer hat zwei Töchter adoptiert. Beide Eltern haben einen akademischen Hintergrund.

Hanna, die ältere der beiden adoptierten Töchter, ist mit einem Jahr in die Familie gekommen, nachdem sie mit etwa drei Monaten in ein Heim gekommen war. Über die Zeit vorher ist nichts Näheres bekannt. In der Zeit zwischen Heimaufnahme und Adoption war sie mehrfach in Krankenhausbehandlung, wo sie Infusionen etc. bekam.

Greta kam mit zehn Monaten in die Familie und war davor neun Monate in einem Heim. Beide Töchter sind jetzt 20 und 22 Jahre alt und leben nicht mehr zu Hause, sodass die Eltern (hier: die Mutter) aus einem gewissen zeitlichen und emotionalen Abstand auf die Entwicklung ihrer Kinder zurückschauen kann.

Das Interview führte Christel Rech-Simon (CRS). Es ist gekürzt und um der Lesbarkeit willen redaktionell bearbeitet. Es ist nur der Teil abgedruckt, der im Rahmen der bislang dargestellten theoretischen Überlegungen als exemplarisch erscheint. Um dies zu verdeutlichen, sind Kommentare von uns Autoren (CRS/FBS) eingefügt.

Interview mit Frau Sommer[5]

CHRISTEL RECH-SIMON (CRS): Sie haben ja zwei Adoptivkinder: Wenn Sie die beiden betrachten, würden Sie im Rückblick auf

[5] Alle Daten, die zur Identifikation der Familie oder einzelner Familienmitglieder führen könnten, sind verändert. Der Text ist von Frau Sommer autorisiert, und wir danken ihr, dass sie uns den Abdruck in der vorliegenden Form erlaubt hat.

ihre Entwicklung sagen, dass bei beiden eher die Gemeinsamkeiten überwogen haben oder eher die Unterschiede?

FRAU SOMMER: Gute Frage!

CRS: Das war auch als gute Frage gemeint!

FRAU SOMMER *[lacht]:* Also, ich finde, es gibt große Unterschiede und trotzdem viele Gemeinsamkeiten! Also, auf den ersten Blick sieht das sehr unterschiedlich aus. Wenn man aber ein wenig anders darauf schaut, ist da ist doch einiges ähnlich abgelaufen.

CRS: Dann bleiben wir doch erst einmal bei der direkt beobachtbaren Ebene, das heißt dem Verhalten der beiden. Damit meine ich, wir sollten die Frage, wie Sie sich dieses Verhalten jetzt erklären oder früher erklärt haben, zunächst zurückstellen. Wenn Sie sich also das Verhalten Ihrer beiden Töchter anschauen, würden Sie sagen, die beiden haben sich eher ähnlich oder verschieden verhalten?

FRAU SOMMER: Die haben sich sehr verschieden verhalten, wenn nicht sogar konträr.

CRS: Und worin bestand der Unterschied?

FRAU SOMMER: Also, wenn die ältere, Hanna, aggressiv auf irgendetwas lossteuerte, dann war die jüngere, Greta, eher zurückhaltend, abwartend, erst einmal schauend, freundlich … ja, so etwa …

Kommentar: Das ist ja in vielen Familien der Fall, dass Geschwister sich unterschiedlich verhalten. Wenn ein älteres Geschwister die Aufmerksamkeit und Zuwendung der Erwachsenen mit einem bestimmten Verhalten erlangt, so ist dieser »Platz« gewissermaßen besetzt, sodass das jüngere Geschwister – neben aller Imitation des größeren – nicht umhin kommt, sich eine eigene Nische, d. h. ein davon unterscheidbares Verhaltensmuster, zu suchen, wenn es individuell wahrgenommen werden will.

CRS: Nun habe ich ja im Vorgespräch von Ihnen erfahren, dass es auch Schwierigkeiten mit ihren Töchtern gab.

FRAU SOMMER: Ja, es gab mit der Älteren massive Schwierigkeiten, die eigentlich alle Schwierigkeiten, die wir mit der Jüngeren hatten, in den Schatten gestellt haben. Die fielen dann gar nicht mehr so auf, obwohl ich jetzt denke, mit Greta hatten wir auch Schwierigkeiten. Aber angesichts der Probleme, die wir mit Hanna hatten, waren die so sekundär und so harmlos, dass wir das gar nicht mehr als Schwierigkeiten wahrgenommen haben.

Kommentar: So setzen ältere Geschwister immer die Standards für die Beobachtung der jüngeren Geschwister durch die Eltern. Sie bestimmen (zumindest mit), was Eltern von ihren Kindern erwarten. Wenn eine die Rolle der Aggressiven eingenommen hat, so wird die andere, auch wenn sie sich nur minimal anders verhalten sollte, als die Friedliche eingeschätzt.

CRS: Wie würden Sie das denn einschätzen, würden Sie sagen, die Schwierigkeiten mit den beiden waren anders als bei anderen Kindern.

FRAU SOMMER: Ja, das würde ich schon sagen!

CRS: Bei beiden?

FRAU SOMMER: Ja, eigentlich schon bei beiden. Ganz bestimmt war das anders. Gut, bei Greta ging das alles leise vor sich und nicht so dramatisch. Da hat man sich dann auch nicht solche Gedanken oder Sorgen gemacht im ersten Moment. Aber rückblickend würde ich sagen: Wir haben auch mit der Jüngeren Schwierigkeiten gehabt, die ich nicht mit denen von anderen Kindern oder von leiblichen Kindern oder von Kindern ohne diese Vorgeschichte vergleichen würde.

CRS: Wie sah das denn im Einzelnen aus? Vielleicht trennen wir mal die beiden ein bisschen und schauen sie nacheinander an.

Beginnen wir mal mit der Hanna, der Älteren. Worin bestanden die Schwierigkeiten?

FRAU SOMMER: Wie das aussah? Ja, ich denke, die Schwierigkeiten gab es in unserer Familie, als sie klein war. Das waren Schwierigkeiten, wo man dachte: »Ach, das wächst sich noch aus, das ist nicht so schlimm! Das vergeht von ganz allein!«

Es war schon anders als bei anderen Kindern, anders als das, was man erlebt hat mit den Kindern von Freunden, Nachbarn und so. Aber trotzdem fanden wir es nicht so schlimm, keinesfalls alarmierend. Es hat uns keine Angst gemacht.

Kommentar: In der Kleinkindphase genießen Kinder ganz allgemein noch einen großen Freiraum. Jedermann weiß, dass Kinder ein unterschiedliches Entwicklungstempo haben. Man hat zwar schon von »Wunderkindern« gehört, aber auch von »Spätentwicklern«. Und die Familie ist eigentlich der einzige Raum, wo Kleinkinder in einem sozialen Zusammenhang beobachtet werden. Die Normativität ist hier sehr niedrig, der Freiraum sehr groß. Die beobachtbaren Verhaltensweisen der Kinder werden in der Regel als vorübergehend angesehen – irgendwann brauchen sie ja auch keine Windeln mehr.

CRS: Das war in den ersten Jahren, als Hanna noch klein war?

FRAU SOMMER: Ja, und ich hab auch gedacht: »Das ist auch kein Wunder, dass es Schwierigkeiten gibt, die es bei anderen vielleicht nicht so gibt.« Denn unsere Kinder hatten ja auch etwas anderes erlebt als andere Kinder. Die Hanna hatte auch besonders schlimme Sachen erlebt in ihrem ersten Jahr, als sie noch nicht bei uns war.

Deswegen fand ich das nicht so vollkommen überraschend … Das hat mich nicht so sehr geängstigt. Ich hab nicht gedacht: »Das wird noch alles ganz, ganz bös enden!«, oder so. Aber es waren schon Sachen, wo man dachte: »Huch, was ist denn das jetzt?«

Dass sie als kleines Kind manchmal nachts im Bett ewig lange laut gelacht hat und nicht zu beruhigen war. Dieses Nicht-zur-Ruhe-kommen-Können. Dass sie friedlich ins Bett geht und dann stundenlang allein wach liegt, ohne zu rufen. Das fand ich schon sehr seltsam und beunruhigend.

CRS: Können Sie das noch ein bisschen konkretisieren, damit ich mir das vorstellen kann, wie sich für Sie dieser Unterschied zu anderen Kindern gezeigt hat? Welches Verhalten Sie da beobachtet haben, das Sie den Erlebnissen vor der Adoption zugerechnet haben?

FRAU SOMMER: Ja, das waren bizarre Sachen. Wir sind zum Beispiel öfter mal in eine Gastwirtschaft gegangen und hatten Hanna dabei. Wir setzten sie dann auf die Bank zwischen uns und gaben ihr ein Gäbelchen oder einen Bierdeckel oder irgendwas anderes zum Spielen in die Hand, damit sie beschäftigt ist. In solchen Situationen ist es immer wieder vorgekommen, dass jemand an unseren Tisch kam und diesem netten Kind zuwinken wollte. Dann nahm Hanna blitzschnell den Gegenstand, das Glas oder, was immer gerade greifbar war, und warf es diesem freundlichen Menschen ins Gesicht. Sie warf es nach seinem Blick, aber feste. Da war sie etwa anderthalb Jahre alt.

Das konnte ich überhaupt nicht einordnen. Ich dachte: »Es hat doch jemand nur freundlich geguckt, warum macht sie das? Das ist ja wahnsinnig aggressiv.«

Das konnte ich nicht verstehen. Aber ich dachte schon: »Es hat irgendwas damit zu tun, was sie von anderen vielleicht erwartet.« Aber ich konnte es nicht richtig einordnen.

Ich fand das schon ziemlich aufregend. Ist klar, wenn so ein Kind in einer Gaststube voller Leute plötzlich anfängt, vor versammelter Mannschaft mit Gegenständen um sich zu werfen. Gut, dann wusste man das ganz schnell und hat geschaut, dass das nächste Mal nichts Festes in ihrer greifbaren Nähe war. Außer vielleicht Bierdeckel oder Servietten – etwas, wo es nicht so schlimm war, wenn sie damit warf.

Das waren so Sachen … *[nachdenklich]*

Oder auch, dass sie immer gleich auf andere Kinder lossteuerte, besonders wenn die klein waren, und ihnen irgendwelche Verletzungen beibringen wollte. Sie kratzte sie vor allem im Gesicht, sodass das fremde Kind weinte. Oder sie riss dem anderen Kind irgendetwas weg.

Es waren immer irgendwelche kleinen Provokationen, und sie schaute, ob man zu ihr schaute. Und dann machte sie irgendetwas, von dem man sich ziemlich sicher war, dass sie ganz genau wusste, dass sie das nicht tun sollte, dass sie das nicht durfte. Zum Beispiel: Etwas mit Schwung auf den Boden schmeißen oder etwas zerkratzen, wenn man schon vorher gesagt hatte: »Nein, sei vorsichtig, das geht kaputt!« Wie man halt redet mit Kindern …

Solche Sachen, und bei anderen Kindern sagt man so etwas zweimal oder dreimal und dann sagt man mal: »Du, Du!«, und macht ein böses oder trauriges Gesicht oder hält mal das Händchen fest. Aber das funktionierte bei Hanna nicht. Nein, man hatte schon das Gefühl, dieses Kind, so klein es ist, es macht das extra, verfolgt einen ganz eigenen seltsamen Plan.

Kommentar: Aus der Vorgeschichte Hannas ist bekannt, dass sie in ihrem ersten Lebensjahr mehrere Wochen im Krankenhaus war und im Rahmen der Behandlung Infusionen und Spritzen bekam. Auch wenn sich dies nicht belegen lässt, so scheint doch die Hypothese erlaubt, dass sie die »freundlichen« wildfremden Erwachsener eher mit irgendwelchen Situationen in Verbindung bringt, in denen ihr Schmerzen zugefügt (z. B. Spritzen gegeben) wurden. Angriff scheint ihr hier die beste Verteidigung. Und sie ist ja auch erfolgreich: kein Kneipenbesucher fügt ihr Schmerz zu.

Dass Hanna anderen Kindern Schmerz zufügt, lässt sich ebenfalls vor dem Schmerzenshintergrund ihrer ersten Monate erklären. Wenn der Kontakt mit anderen Menschen mit Schmerz verbunden ist, ist es ohne Zweifel besser, wenn man selbst derjenige ist, der den

Schmerz zufügt, als der, der ihn erleidet. Besser aktiv als passiv – so könnte man die dahinter zu vermutende Logik charakterisieren.

CRS: Was haben Sie da getan?

FRAU SOMMER: Also, ich habe versucht, geduldig zu bleiben. Vorausschauend zu sehen, was gleich passieren könnte, um so das Schlimmste zu verhüten und zu vermeiden. Besonders in der Öffentlichkeit. Daheim fand ich es nicht so schlimm, da kann man es ja auch mal darauf ankommen lassen und schauen, was passiert. Aber in der Öffentlichkeit ist das manchmal ja doch etwas brisanter.

CRS: Das muss ja ziemlich anstrengend gewesen sein.

FRAU SOMMER: Es war die Hölle! Nein, das ist jetzt natürlich übertrieben … Aber manchmal war es schon ziemlich anstrengend.

Wenn man sich das so gemütlich vorgestellt hat, zum Beispiel mit seinen Freundinnen, die alle auch kleine Kinder haben, zu Hause Tee zu trinken, und die Kinder spielen zusammen auf dem Teppich oder auf dem Spielplatz … So etwas habe ich nie gehabt! Es war jedes Mal eine Katastrophe. Am Abend war ich nass geschwitzt und fix und fertig. *[lacht etwas gequält]*

CRS: Trotzdem haben Sie aber doch ein zweites Kind adoptiert?!

FRAU SOMMER: Hm, ja!

CRS: Also, das heißt, es war offenbar doch nicht abschreckend?

FRAU SOMMER: Ja, also, das war ja nur die eine Seite der Sache. Die andere Seite war, dass Hanna doch ein putzmunterer, süßer Fratz war. Ihrem Charme konnte man sich überhaupt nicht entziehen, so lebendig und intensiv lebensfroh, so bemüht, alles zu erfassen, was vor sich geht. Immer in Bewegung. Es war eine Freude, sie bei sich zu haben, und ich habe es sehr genossen, mit ihr zusammen zu sein. Wir waren ja beide neugierig aufeinander.

Sie konnte sich die Herzen der Menschen auch im Sturm erobern durch ihre offene, unverstellte Art.

CRS: Wie ging es denn weiter, als sie das zweite Kind, Greta, adoptiert hatten? Hat sich dadurch etwas verändert?

FRAU SOMMER: Sie meinen, ob sich dadurch bei Hanna etwas verändert hat?

CRS: Das auch, aber ich meine eigentlich: überhaupt in der Familie.

FRAU SOMMER: In der Familie? Hm. *[überlegt]*

Na ja, das war sehr interessant zu beobachten. Als klar war, dass wir ein zweites Kind bekommen, und wir Hanna erzählten, dass sie bald ein Geschwisterchen bekommen wird, in dem Moment begann sie zu stottern, und zwar ziemlich schlimm.

»Ach, du liebe Güte«, habe ich gedacht. »Das war jetzt zu viel für sie. Da haben wir aber ein dickes Problem. Jetzt ist sie so hin und her gerissen zwischen Freude und Angst oder Wut und Eifersucht, und weiß nicht, was das für sie bedeutet, wenn da noch jemand in unsere Familie kommt und ihr vielleicht was wegnimmt.«

Ich habe Trommeln gekauft, damit sie es ein wenig ausleben kann, und alles Mögliche versucht, was uns geraten wurde, um ihr zu helfen. Okay, aber das Stottern ging nicht weg. Sie stotterte etwa ein halbes Jahr lang. Und tatsächlich: Genau an dem Tag, als wir Greta dann zu uns holen konnten, an dem Tag stotterte sie zum letzten Mal. Das wird mir immer in Erinnerung bleiben. Sie rief mich laut über den ganzen Hof: »Mammmmmmmmmma!« Das Wort nahm kein Ende. Und dann war es vorbei. Plötzlich. Schluss. Kein einziges Stottern mehr. Ja, das war dann doch sehr interessant.

Kommentar: Der Interpretation von Frau Sommer ist aus fachlicher Sicht nicht viel hinzuzufügen. Hanna war wahrscheinlich wirk-

lich hin und her gerissen zwischen der Freude über das zu erwartende Geschwister und dem Wunsch, dies zu verhindern. Denn der Preis, den man als Kind bezahlen muss, wenn ein Geschwister in die Familie kommt, besteht darin, Platz für es frei machen zu müssen. Und dies ist eben nicht nur schön, sondern eine ambivalente Angelegenheit. Dass sie stotterte, kann als Ausdruck dieses inneren Konflikts verstanden werden. Und dass ihr Stottern von einem Moment zum anderen aufhörte, dürfte darauf zurückzuführen sein, dass Hanna ihre eigene Machtlosigkeit im Blick auf Gretas Kommen erleben konnte/musste/durfte. Greta war da, und die Frage, ob Hanna dies verhindern sollte/könnte/müsste, stellte sich nicht mehr.

CRS: Ja, wirklich … Was hat sich noch verändert? Wie war die Beziehung der beiden? Wie ist die Große mit der Kleinen umgegangen? Sie sind ja, wenn ich das richtig in Erinnerung habe, vom Alter her zwei Jahre auseinander.

FRAU SOMMER: Ja, richtig. Also, ich fand, das war ähnlich wie bei leiblichen Kindern. Die Große war einerseits sehr besorgt um die Kleine. Sie war gleich ganz stolz: »Das ist meine Schwester!«, und keiner durfte da rangehen, kein Fremder durfte die Greta anfassen. »Das ist unser Kind!« Sie hüpfte immer um sie herum und versuchte, sie abzuschirmen und zu beschützen. Gleichzeitig war da aber auch eine starke Eifersucht. Und man musste aufpassen wie ein Schießhund, dass sie der Kleinen nicht irgendetwas tat, sie beiseite schubste – ganz aus Versehen –, ihr irgendwas wegnahm, sodass sie weinte. Das war gleichzeitig.

Ich denke, das ist auch bei anderen Kindern, die ein Geschwisterchen bekommen, nicht anders. Eigentlich war sie von Anfang an doch sehr verbunden mit der Jüngeren und hat auch gut auf sie aufgepasst. Sie wollte ihr etwas zeigen, ihr alles erklären, die Große sein. Sie hat sie an die Hand genommen und mit ihr gesungen.

Ich fand das eigentlich sehr schön und anrührend, wie sie sich bemühte. Und Greta hing auch schnell an ihrer Schwester.

CRS: Sie haben vorhin gesagt, es war schwierig in der Öffentlichkeit, Hanna schlug andere Kinder oder so ähnlich? Wie sind Sie denn damit umgegangen? Wie war das für Sie als Mutter?
FRAU SOMMER: Na, das war ganz schön schlimm. Denn ich wusste ja gar nicht so schnell, was ich machen sollte oder wie ich das nach außen erklären sollte. Die anderen Mütter waren natürlich stocksauer, wenn da so ein Kind auf ihr Kleines losrannte und dem aus heiterem Himmel etwas antat.

Ich bin damit umgegangen, wie man auch sonst mit kleinen Kindern umgehen würde. Bin hingelaufen, habe gesagt: »Na, das darfst du aber doch nicht. Das tut dem Kind doch weh! Guck mal, jetzt weint es. Mach es mal wieder gut und streichle sein Händchen!«, oder so was in der Art. Dann habe ich noch versucht, mich bei der Mutter zu entschuldigen, je nachdem, wie die reagiert hat.

CRS: Was hat Hanna dann gemacht?

FRAU SOMMER: Ja, sie hat sehr auf mich und meine Worte gelauscht, wollte aber oft gleich noch einmal hauen. Das habe ich dann verhindert, indem ich ihre Hand festgehalten habe. Ich hatte schon das Gefühl, dass es ihr irgendwie guttat, wenn es dem anderen Kind wehtat, und dass sie ganz interessiert schaute, wie es fassungslos weinte.

Kommentar: Anderen Kindern Schmerz zuzufügen kann als Versuch, Kontrolle über Schmerz und schmerzbringende Situationen zu gewinnen, verstanden werden. Die Identifikation mit dem anderen, weinenden Kind ermöglicht die Wiederholung eigenen Erlebens, nun aber nicht in der Opferrolle, sondern in der Rolle der Person, die den Schmerz auslöst und daher die Kontrolle über seine Ursache hat. Ein Experimentieren mit dem Phänomen Schmerz und seiner autonomen Bewältigung.

CRS: Hm, wie ging es dann weiter? Sie sagen ja, das war alles noch die Phase, wo Sie gedacht haben, das wüchse sich aus?

Frau Sommer: Ja, ich fand das alles zwar anstrengend, aber nicht so dramatisch, letztendlich. Und viele andere Mütter hatten ja auch Verständnis und waren eher interessiert und wussten von der Adoption – dass es da Probleme geben kann –, und sie haben sich mitgekümmert. Sie waren positiv eingestellt, zumindest in dem Freundeskreis, in dem wir uns bewegten, war das so. Und Hanna war einfach auch ein sehr süßes Kind, allein von Ansehen her – ist sie immer noch, aber gut …

Richtig schwierig wurde es dann eigentlich in der Schule … *[zögert, nachdenklich]*

Nein, das ist nicht ganz richtig, im Kindergarten war es auch nicht ganz ohne Probleme. Im Kindergarten war sie sehr darauf bedacht, eine wichtige Rolle zu spielen, zu bestimmen, die erste sein zu wollen. Und sie hat sich nicht so gut fügen können – in dem Sinne, dass sie immer eher ihren eigenen Impulsen folgte als dem, was die Gruppenleiterin gerade ansagte. Also sprang sie dauernd auf, wenn man im Stuhlkreis sitzen sollte, und schwätzte dazwischen, wenn sie still sein sollte, solche Sachen halt.

Aber in diesem Rahmen ging es trotzdem ganz gut. Ich hatte das Gefühl, sie wurde dort, obwohl die Kindergartenleiterin oft gestöhnt hat über sie, auch sehr gemocht. Und mir wurde gesagt: »Sie ist ein sehr anstrengendes Kind, aber auch ein sehr interessantes Kind.« Hanna liebte auf jeden Fall den Kindergarten. Sie hatte Freunde dort, aber es ging auch oft hoch her.

Kommentar: Der Kindergarten ist für viele Kinder der erste Kontakt mit gesellschaftlichen Institutionen. Er unterscheidet sich dadurch von allen anderen, dass hier die Kinder (noch) im Mittelpunkt der Aufmerksamkeit und des Interesses stehen. Dass ein Kind »interessant« ist, dürfte aus dem Munde einer Kindergärtnerin als positive Bewertung gemeint sein, die das »anstrengend« aufwiegt.

CRS: Und wie war aus ihrer Sicht der Unterschied zu ihrer jüngeren Tochter, zu Greta?

Frau Sommer: Greta hatte mehr so ein Verhalten drauf, dass jeder sie gleich bei der Hand oder auf den Arm nehmen wollte. Sie war so ein zierliches kleines Geschöpf mit dunklen großen Augen und langen schwarzen Locken. Also, die wurde immer herumgetragen wie ein Püppchen. Schon von den Nachbarsjungen, die gerade mal zehn Zentimeter größer waren als sie.

Greta hat sich viel im Kindergarten angepasst. Sie hat sich still in den allgemeinen Ablauf gefügt und sich sehr an die Gruppenleiterin angelehnt. Sie wich nicht von ihrer Seite, was die manchmal als »klammernd« oder »klebend« empfunden hat.

Auf der anderen Seite waren die Kindergärtnerinnen aber auch sehr erstaunt, wie selbstständig diese scheinbar so anhänglich klammernde, schüchternde Kleine war. Wenn sie angesprochen wurde, konnte sie total eigene Meinungen und Wünsche nachdrücklich vertreten, was man ihr gar nicht zugetraut hatte. Sie konnte sehr bestimmt sagen, was sie wollte. Und sie ließ sich nicht so schnell beirren. Sie war gar nicht so unsicher und schutzbedürftig, wie es der erste Eindruck vermittelte.

Aber Schwierigkeiten gab es im Kindergarten eigentlich nicht. Nee, die fand auch schnell Anschluss. Sie hatte dort auch gleich eine Busenfreundin, mit der sie dann lange zusammen war. Aber mehr immer so im Hintergrund. Sie spielte nicht die erste Geige, das war nicht ihr Ding.

CRS: Nun gut, das ist nicht die Art von Verhalten, die irgendwie auffällt, wenn man eher zurückhaltend ist. Es fällt zumindest nicht negativ auf.

Frau Sommer: Nein, nicht negativ! Sie ist eigentlich nie negativ aufgefallen.

Sie hat bei den Erwachsenen eher den Wunsch geweckt, ihr zu helfen, aus sich herauszukommen.

Kommentar: Beide Geschwister nehmen entgegengesetzte Rollen ein. Hanna zeigt sich aktiv und ordnet sich nicht ein, Greta zeigt sich passiv und fällt nicht weiter auf. Die »Einladung«, die Greta an ihre Mitmenschen aussendet, ist die zur Fürsorge. Sie hat offenbar einen Weg gefunden, auf andere durch scheinbare Hilflosigkeit attraktiv zu wirken und sie an sich zu binden. Dass sich hinter dieser demonstrierten Abhängigkeit eine Persönlichkeit verbirgt, die genau weiß, was sie will, wird nur denen deutlich, die sie näher kennen. Dem oberflächlichen Beobachter fällt sie offenbar nicht auf, d. h., sie verfolgt anderen gegenüber erst mal eine defensive Strategie. Aber wenn es darauf ankommt, so grenzt sie sich deutlich ab und tritt für ihre Autonomie ein.

CRS: Wann begannen denn die Schwierigkeiten – bei Hanna, wenn ich das richtig verstanden habe – von denen Sie denken … also wann hatten Sie nicht mehr das Gefühl: ›Das ist etwas, was sich auswächst‹?

FRAU SOMMER: Am ersten Schultag eigentlich, Punktum, am ersten Schultag! Also, die Feier der ABC-Schützen ist meine erste und letzte gute Erinnerung an die Schule. Die ging noch normal vonstatten. Da war noch eitel Freude und Gesang: aufgeregte Kinder mit roten Bäckchen und stolze Eltern, Schultüten und Stundenpläne, freudige Erwartung auf allen Seiten, wunderbar!

Und dann, in der ersten Woche danach, traf ich schon die Klassenlehrerin am Ausgang des Kindergartens, in den ich die Greta gerade brachte. Sie hat mich gar nicht erkannt, die Lehrerin. Aber ich sie natürlich.

Und ich erfuhr dann auf Nachfrage von der Leiterin des Kindergartens, dass sie sich nach unserer Hanna erkundigt hatte: »Ob die auch so schlimm, so ›unmöglich‹ im Kindergarten war« – so war, glaube ich, der Ausdruck.

Da habe ich mich schon sehr schlecht gefühlt, hab Herzklopfen gekommen, irgendwie so, als sei da etwas im Busche, als käme etwas sehr Ungutes auf uns zu, als braue sich etwas zusammen. Und das tat es dann ja auch. Ich hatte ganz schnell Mütter gegen mich und die Lehrerin gegen mich, die alle meinten, dieses

Kind sei nicht tragbar in der Klasse. Sie füge sich nicht, störe die anderen Kinder beim Lernen, sei zu unruhig …

Ja, da begann eigentlich der Kampf. Ja, also unser Kampf als Eltern auch. Denn es war einfach fürchterlich! Wir wollten natürlich nicht, dass die Hanna jetzt die Schule wechseln oder in eine andere Klasse kommen muss. Sie hatte ihre Freunde aus der Nachbarschaft und dem Kindergarten dort. Sie war doch da zu Hause … Wir wollten, dass sie mit denen zusammenblieb, weil die sie doch auch mochten und umgekehrt.

Es begann ein Kampf mit der Lehrerin. Die Lehrerin wollte, dass Hanna in psychologische Behandlung oder Beratung kommt, dass sie eine Sonderklasse besuchen sollte.

CRS: Sonderschule?

FRAU SOMMER: Ja, Sonderschule, Sondereinrichtung für Kinder mit Schwierigkeiten. Und intelligent genug für die normale Schule sei sie auch nicht. Das »wusste« die nach wenigen Tagen schon – nur auf Grund ihrer »Erfahrung«!

Ich hätte sie steinigen können. Und das habe ich der Lehrerin dann auch mal gesagt. Ich meine, nicht das mit dem Steinigen natürlich, aber ich habe diese soo erfahrene und soo sozial engagierte Lehrerin gefragt, ob sie denn tatsächlich nachts noch gut schlafen könne, wenn sie tagsüber die Kinder so aussortiert wie die Erbsen im Märchen vom Aschenputtel. Da hätte *sie* mich dann gern gesteinigt.

Und dann gab es natürlich auch Mütter, die der Überzeugung waren, es fände kein gescheiter Unterricht statt, nur weil dieses Kind stört. Die hatten Angst, ihr Kind würde später nicht den Numerus clausus erreichen für ihr Soundso-Studium oder die Empfehlung für das Gymnasium oder die Einladung zum Debütantinnenball verpassen, oder was weiß ich.

Klingt alles sehr bitter, ich weiß, aber das wird man dann mit der Zeit. Bitte vergessen Sie nicht, ich spreche immer noch vom ersten halben Jahr in der Grundschule!

Zwischendurch hörte man dann auch so Sachen wie: »Die Klasse ist eh schon so unruhig!« Heute kann ich darüber lachen, weil ich das dann noch von jeder, aber auch jeder Lehrerin gehört habe, dass die Klasse »eh schon so unruhig« oder »die unruhigste überhaupt der ganzen Schule« sei. Das ist der Standardsatz jeder Lehrerin!

Was Wunder auch, wenn da 25 bis 30 Kinder stundenlang still auf Stühlen am Tisch hocken müssen. Aber da kann natürlich die Lehrerin auch nix dazu. Oder vielleicht doch? Na gut, das ist vielleicht ein anderes Thema.

Ja, und wir als Eltern wollten nicht, dass Hanna in eine Sondereinrichtung kommt. Wir fanden nicht, dass sie nicht intelligent genug ist für die Grundschule und überhaupt … Wir wollten, dass sie, die schon so viel Wechsel und Herausgerissenheit in ihrem kleinen Leben hatte erdulden müssen, dass sie in einem vertrauten Umfeld zur Schule gehen kann.

Aber dann kämpfen Sie mal gegen so einen Schulapparat an! Und dann noch gegen ein paar Mütter, die dann gleich im Elternbeirat sind und der Lehrerin ordentlich zuarbeiten, damit schon mal die Loyalitäten geklärt sind und ihr Kind immer gut wegkommt bei allem, was so läuft in der Schule.

Kommentar: Hier wird die große Bitterkeit Frau Sommers deutlich. Sie hat viele, emotional belastende Kämpfe mit der Schule (Lehrern und anderen Eltern) durchstehen müssen. Ihre Schilderung zeigt, wie schnell Interaktionsprobleme in der Schule individualisiert und personalisiert werden, indem Kinder, die »den Betrieb« stören, diagnostiziert (»nicht intelligent genug«) und ausgesondert werden. Damit werden schon in den ersten Wochen der Grundschule Entscheidungen getroffen, die den Lebensweg von Kindern maßgeblich bestimmen können. Die Ausgrenzung und Separierung aller, die nicht von vornherein in relativ eng gefasste Verhaltensraster passen, ist eine Missachtung der Individualität der Kinder, die nicht nur in diesem Fall (leider) in unserem Schulsystem weit verbreitet ist.

CRS: Wie sind Sie denn in dieser Zeit mit Hanna umgegangen? Das ist ja die Frage, was man da am schlauesten macht.

FRAU SOMMER: Was man am schlauesten macht? Kann ich nicht sagen. Ich kann nicht sagen, dass wir wussten, was am schlauesten ist in dieser Situation. Wir haben natürlich versucht, auf unsere Tochter einzuwirken: »Mach das bitte nicht so! Und sei bitte still! Versuch, nicht aufzufallen!« Wir haben versucht, ihr irgendwelche Verhaltensregeln zu geben, was sie alles nicht tun soll, damit sie keinen Ärger bekommt.

Aber das klappte nicht. Sie kam auch immer nach Hause und beteuerte: »Ich war ganz lieb! Ganz bestimmt, Mami!«

Aber das war sie offenbar überhaupt nicht. Zumindest nicht in den Augen der Lehrerin. Sie musste dann ziemlich oft die Klasse verlassen, wurde nach Hause geschickt, in eine andere Klasse gesteckt oder irgendwie bestraft, all diese Sachen …

Und dann kam wieder der Anruf vom Sekretariat der Schule, dass sie gleich nach Hause kommt und ob jemand da wäre (das war auch immer mehr ein Problem) und ich dachte: »Oh, jetzt hat sie wieder etwas ganz Schlimmes gemacht. Sie hat sich wieder unmöglich verhalten!«, und ich fing an rumzuschimpfen zu Hause.

Und ganz oft war es dann so, wenn ich richtig nachhakte und mich erkundigte: »Was hat sie denn genau gemacht?«, dann war das überhaupt nicht so etwas Schlimmes. Zum Beispiel das »aggressive Verhalten auf dem Schulhof«, dessentwegen man sie nach Hause geschickt hatte: Da hatte sie dann einem Kind, das ihr einen Keks anbot, den Keks zertreten! Deshalb hatte man sie nach Hause geschickt! Solche Sachen. Man dachte: »Ja, spinnen die jetzt total? Können die überhaupt das Kind wegen so was nach Hause schicken?« Na ja, egal.

Kommentar: Hier zeigt sich, dass die Art, wie Lehrer (wie auch Eltern) das Verhaltens eines Kindes beobachten und bewerten, selten neutral ist. Wenn sie erst einmal zu dem Schluss gekommen sind, dass ein Kind ein Problem darstellt oder »verhaltensgestört« sei, so sehen sie auch das, was sie erwarten (im positiven Fall ist das genauso, nur mit umgekehrtem Vorzeichen). Auf diese Weise können »Mücken« zu »Elefanten« gemacht werden, zumal dann, wenn – wie in diesem Fall – ein Machtkampf zwischen Eltern und Lehrern um die Ausgrenzung bzw. Nichtausgrenzung des Kindes abläuft. Der zertretene Keks wird so zum Beweis für das Urteil der Lehrer.

Also, was haben wir gemacht? Mein Mann und ich wurden auch dauernd zur Schule zitiert. Natürlich haben wir versucht zu erklären, warum dieses oder jenes vielleicht so ist, wie es ist. Wir fanden auch vieles an der Lehrerin nicht gut, was die gemacht hat. Also, eigentlich gingen die Schuldzuweisungen hin und her.

CRS: Wie ging es dann weiter?

FRAU SOMMER: Ja, dann kam Hanna erst einmal in die Parallelklasse, wo es auch nicht besser wurde. Okay, schließlich war die Situation so unerträglich, dass wir dann zur Schulberatung gingen, was gut war.

Der Psychologe dort kannte alle Schulen in unserem Ort und empfahl uns eine, in der die Lehrer toleranter und unterstützender und halt anders mit den Schülern umgingen.

Und das ging tatsächlich ganz gut. Wir hatten dann also zwei Jahre Grundschulzeit in einer anderen Schule, nicht in unserem Wohnviertel. Wir mussten sie da rausreißen, was auch für mich Fahrerei etc. bedeutete. Denn dort konnte sie zuerst nicht alleine hinfahren. Das hat sie dann aber ganz schnell auch gepackt, mit der Bahn dort hinzufahren, das kleine Ding. In dieser Schule waren die Lehrerinnen wirklich offener, verständnisvoller. Hanna fand: »Die Lehrerin schimpft, die Lehrerin ist streng, sie hat auch ihre Lieblinge, aber sie mag auch alle anderen Kinder, und mich mag sie auch.« Das war dann in Ordnung.

CRS: Das war also eine positive Phase?

FRAU SOMMER: Ja, das hat geholfen, das war eine positive Phase. Da gab es auch dauernd irgendwelche Vorfälle, aber bei anderen Kindern eben auch. Sie wurde nicht als Außenseiter, Freak oder so abgestempelt, als sei sie die Einzige, die irgendetwas unmöglich macht oder so. Es gab Krawall hier und da, und da war unsere Tochter oft mittendrin, aber sie war nie die einzige oder die Schlimmste. Und es wurde versucht, die Sachen friedlich zu regeln.

Endlich wurden auch mal positive Sachen an ihr gesehen: wie begeistert sie bei vielen Sachen dabei ist, wie musikalisch sie ist, wie interessiert an eigentlich allem, was vor sich geht … Und dass sie gut zu gebrauchen war bei allen Aktivitäten, die da stattfanden.

Also, das war wirklich ganz gut. Das vergisst man immer bei all den schrecklichen Schulerfahrungen vorher und nachher und dem, was sonst noch so war.

Trotzdem habe ich das auch als eine Art Bruch erlebt. Es waren ja ganz neue Kinder dort, die wir alle nicht kannten. Man wurde von den Müttern beäugt, welche Vorgeschichte einen denn wohl in dieses Viertel, in diese Schule geführt hatte. Wie man das vom Schulamt genehmigt bekommen hat und so weiter. Die Verabredungen für den Nachmittag waren etwas komplizierter zu organisieren. Kostete alles Kraft und Energie, besonders natürlich für Hanna.

Aber auch für mich. Zu dieser Zeit habe ich mich entschieden, nicht weiter berufstätig zu sein, jedenfalls fürs erste. Das war eine sehr schwere Entscheidung. Es hat schon an meinem Selbstbewusstsein gekratzt, plötzlich »nur« Mutter und Hausfrau zu sein. Wie kann man das in der heutigen Zeit begründen, ohne als abgrundtief rückständig und abhängig von einem Ehemann dazustehen?

CRS: Und was hat Sie bewogen, sich so zu entscheiden?

FRAU SOMMER: Erst einmal war es eine Frage der Kraft. Ich hatte das Gefühl, es bleibt nicht mehr genug Kraft für meinen Beruf, und das fand ich sehr unbefriedigend. So halbe Sachen zu machen, nichts richtig und mit vollem Einsatz. Dann hatte ich aber auch Angst, dass mein Mann mir karrieremäßig davonläuft, dass ich abhängig von ihm bin, finanziell. Er verdiente ja eh schon mehr als ich. Und natürlich habe ich mich gefragt: »Warum entscheide ich mich, mehr Zeit für die Kinder zu investieren? Warum nicht er?« Das war schon ein Konflikt zwischen uns …

CRS: Und haben Sie die Antwort? Warum nicht er?

FRAU SOMMER: Na ja, ich denke schon, dass es so ein Frauending ist. Ich habe mich damals sehr damit beschäftigt, nach welchen Kriterien Frauen solche Entscheidungen treffen. Habe die ganze Frauenliteratur diesbezüglich durchforstet, um mir selbst auf die Schliche zu kommen, um mich selbst zu verstehen. Ich glaube, Frauen wenden einfach andere Kriterien an als Männer, wenn solche Entscheidungen anstehen. Die Betonung liegt auf andere Kriterien, nicht richtiger oder falscher. Das hat mich doch sehr bestätigt, meinen Weg zu gehen, egal, was gerade gesellschaftlich angesagt ist oder nicht. Das war für mich persönlich erst einmal sehr schwer, es hat sich aber ausgezahlt, würde ich im Rückblick sagen. Es hat zu unser aller Wohlbefinden in der Familie beigetragen.

CRS: Aber es war ein Opfer?

FRAU SOMMER: Erst einmal, ja. Im Nachhinein würde ich sagen, ich habe es dadurch geschafft, Abhängigkeit auszuhalten. Die ökonomische Abhängigkeit von meinem Mann. Vorher hatte ich das gefürchtet wie der Teufel das Weihwasser. Aber dann habe ich es gewagt, mich darauf einzulassen, und es war okay …

Kommentar: Die Frage der Autonomie war offensichtlich auch für Frau Sommer ein zentrales Thema. Man kann hier wohl davon sprechen, dass die Abhängigkeit ihrer Kinder irgendwie »infektiös« wirkte. Frau Sommer erlebte in der Phase, in der Hannas schuli-

sche Situation so problematisch war, ganz massiv den Konflikt zwischen ihren eigenen Unabhängigkeitswünschen in der Beziehung zu ihrem Mann und den Bedürfnissen bzw. der Abhängigkeit ihrer Töchter von ihr. Ihr Mann hätte diese Rolle theoretisch auch übernehmen können, aber das stand offensichtlich nicht zur Debatte. Frau Sommer konnte sich erst gegen ihre Arbeit entscheiden, nachdem sie sich sehr bewusst mit ihren eigenen Autonomiewünschen auseinandergesetzt hatte. Dass sie es riskiert hat, kann wohl als Zeichen einer Art »Urvertrauen« (zu ihrem Mann bzw. in die Beziehung zu ihm) interpretiert werden. Man muss sich ziemlich autonom fühlen, um sich – als Kind oder Erwachsener – auf Abhängigkeiten einlassen zu können.

CRS: Wie ging es mit Hanna weiter, dann stand ja bald die Entscheidung für die weiterführende Schule an?

FRAU SOMMER: Genau. Natürlich kriegte sie nicht die Empfehlung für eine höhere Schule.

CRS: Wieso natürlich?

FRAU SOMMER: Sie war in ihren Leistungen, also den Noten, nicht so toll. Aber auch nicht richtig schlecht. Und die Lehrerin war eine Verfechterin der Hauptschulen. Sie meinte, die solle man fördern, und die wären gut und wären viel zu schlecht angesehen. Nicht jeder müsste Abitur machen und studieren … Na ja, ist ja auch ein Standpunkt.

Hanna hatte inzwischen auch eine liebe, aber strenge, ältere Nachhilfelehrerin, eine pensionierte Studienrätin, die sich sehr um sie gekümmert hat. Die fand, dass Hanna vielleicht nicht Albert Einstein oder ein vergleichbares Superhirn sei, aber allemal intelligent genug und vollkommen ausreichend begabt, um eine höhere Schule zu besuchen.

Trotzdem, die Lehrer an der Schule gaben ihr keine Empfehlung. Sie wollten, dass sie auf die Hauptschule ging. Das wollten wir aber nicht.

Da blieb nur die Gesamtschule übrig. Ein Moloch von Schule, riesengroß, draußen irgendwo auf dem Acker, sodass man mit dem Bus lange hinfahren musste. Tausend Leute, an jeder Ecke irgendwelche Kämpfe. Schon, bis man die richtige Tür auf einem der endlosen Flure gefunden hatte, alle zum Verwechseln ähnlich, war man innerlich in ein Gefühl von Verlorenheit, Fremdheit und Nicht-gemeint-Sein gesunken, das einer mittleren Depression gleichkam.

Obwohl wir dort Lehrer kennenlernten, die sehr bemüht und konstruktiv waren, wenigstens einige, fand ich es keinen guten Ort für ein Kind in diesem Alter. Aber wir versuchten es.

Doch es lief gar nicht gut. Hanna war dauernd abgelenkt von allen möglichen Streitereien hier, Freundschaften da. Tat mir manchmal weh, wenn sie frühmorgens loszog, um in dieser unwirtlichen Schule einen langen Tag zu verbringen.

Es ging da auch richtig los mit Cliquen und Banden und »Wenn du dem … was sagst oder tust, dann kommen alle die … und rächen sich!« usw. Kurz, es ging viel um solche Sachen, eigentlich fast nur, statt darum, irgendetwas zu lernen oder etwas Schönes zu erleben.

Ja, und dann sollte sie da rausgeschmissen werden, wegen eines Streits unter den Mitschülern, glaube ich, oder wegen Schuleschwänzen. So ganz genau erinnere ich mich gar nicht mehr. Es war alles ein Durcheinander. Sie hatte unheimlich Angst, verfolgt zu werden. Dass irgendjemand hinter ihr her ist, sauer auf sie ist, ihr was antun will, und sie hat sich eigentlich nur darum gekümmert. Sie lief weg aus der Schule, schwänzte Stunden. Man konnte ja kaum beaufsichtigen, wo sie sich da aufhielt: im Klassenraum, auf dem Schulweg, auf dem Gelände, bei einem ihrer vielen Schulkameraden, oder bei einer ihrer alten Freundinnen in unserem Viertel. Sicher war sie auch provozierend und frech zu ihrem Lehrer. Was der eigentliche Anlass war, kann ich nicht mehr erinnern. Jedenfalls hat dieser Klassenlehrer, der sie vielleicht einfach nur loswerden wollte, dann in einer Konferenz durchgesetzt, dass sie der Schule verwiesen würde, wenn wir sie nicht, was er uns nahelegte, freiwillig von der Schule nehmen, damit ihr ein Eintrag in die Schulakte erspart bliebe.

Damit hat er uns dann sozusagen geködert, so empfand ich es jedenfalls. Mein Mann musste da noch zur Lehrerkonferenz erscheinen. Obwohl wir gar nicht die Bedeutung kannten, die das wirklich hat, wenn man einen Eintrag in die Schulakte bekommt. Keine Ahnung, was soll das eigentlich?

CRS: Offensichtlich hatte sie sich auch nicht um Leistung geschert, oder?

FRAU SOMMER: Nein, sie war sehr beschäftigt mit den neuen Mitschülern. Das war eine Multikulti-Schule. Da waren alle möglichen Leute, aus aller Herren Länder. Alles ziemlich aufregend. Immer war etwas los mit Projekten und Feiern. Und da war sie sehr beschäftigt mit den Leuten dort. Sie brachte allerhand neue Worte mit nach Hause wie »Schlampe« und … Ja, an den Lehrstoff da kann ich mich gar nicht mehr erinnern, was da war …

Jedenfalls haben wir sie dann freiwillig aus dieser Schule genommen, ehrlich gesagt war ich froh, dass sie dort nicht mehr hinmusste. Trotz all dieser Wirrnisse waren ihre Leistungen immerhin noch so gut, dass wir sie jetzt auf die Realschule geben konnten, wieder in unserem Wohnviertel. Eine kleine Schule, überschaubar, nicht mehr dieser ewig lange Weg. Ich war eigentlich erleichtert.

Es wurde aber nicht wirklich besser. Anrufe von Lehrern waren mein tägliches Brot. Ich mochte schon gar nicht mehr ans Telefon gehen. Allerdings änderte sich Hannas Verhalten. Sie suchte nicht mehr so die Konfrontation mit den Lehrern. Die Klasse bestand in der Mehrzahl aus Jungen, die ja in dem Alter auch ein rüpelhaftes Verhalten an den Tag legen, und da taten ihr die Lehrer oft sogar leid. Tatsächlich! Sie fiel nicht mehr durch Provokationen und Frechheiten auf, sondern mehr durch eine stillere Verweigerungshaltung. Sie tat nichts oder wenig für die Schule, und wenn, dann nur für die Fächer, die sie mochte. In Musik und Sport war sie ein As. Was leider nicht gewürdigt wurde.

Es kam die Zeit der Partys und ersten Verliebtheiten, und sie war jetzt viel mit anderen Mädchen zusammen. In der Schule wurde sie immer weniger gesehen.

Natürlich haben wir an sie appelliert von wegen Zukunft, Beruf, Abschlüsse, Ausbildung. Das stieß auf völliges Unverständnis. »Da gibt es nichts für mich, was soll ich da?«, war ihr Kommentar.

Natürlich haben wir Konsequenzen angedroht: »Wenn du das nicht machst, dann machen wir das so und so …«, und so weiter. Sie blieb unbeeindruckt. »Wir haben hier Schulpflicht, Hanna! Du kannst nicht einfach wegbleiben. Wir kommen in Teufels Küche!« – »Ich lern da nichts, da ist nur lauter Streit den ganzen Tag«, war ihre Meinung.

Irgendwie hat sie uns mit dieser Schulproblematik dauernd beschäftigt gehalten, dauernd zur Aktion gezwungen. Ich erinnere mich, dass mein Mann und ich fast jeden zweiten Tag auf dem Spaziergang um den Block, den wir gern nach dem Abendbrot machten, uns den Kopf zerbrochen haben: Was wir jetzt tun sollen, wie wir reagieren können, wie wir verhindern können, dass sie jetzt wieder rausfliegt.

Es war fast kein anderes Thema mehr möglich. Das ergriff Besitz von uns, von unserem ganzen Privatleben, und es band all unsere Kraftreserven. »Verdrängen wir womöglich ein Eheproblem?«, haben wir uns gefragt. Im Ernst, es ist ja manchmal so! »Kann doch nicht sein, dass es immer nur um dieses Kind geht. Sind wir blind oder unfähig oder vermeiden wir irgendwas?«

CRS: Und – hatten Sie ein Eheproblem?

Frau Sommer: Keine Ahnung. Ich kann nur sagen, wir freuen uns immer noch, uns zu sehen, früher wie heute. Ob das ohne die durchlebten Schwierigkeiten mit Hanna auch so wäre, weiß ich natürlich nicht *[lacht]*. Wir konnten das ja nicht experimentell überprüfen …

Kommentar: Dass Hanna sich nicht für den schulischen Stoff interessierte, scheint charakteristisch für die Einstellung vieler Adoptivkinder zum Thema Schule. Die Beziehung zu anderen Menschen steht für sie meistens im Mittelpunkt des Interesses. Das dürfte seinen Hintergrund in der früh erlebten Unzuverlässigkeit von Beziehungen haben. Deshalb erfordern sie alle Aufmerksamkeit und Wachheit, sodass keine Energie für etwas anderes bleibt. Die Beziehung zu Gleichaltrigen gewinnt deswegen an Bedeutung, weil hier Beziehung ohne Abhängigkeit gelebt werden kann, ohne Oben-unten-Unterscheidung, ohne Über- und Unterordnung.

Die Frage nach den Eheproblemen scheint gerechtfertigt. Denn nichts hält eine Paarbeziehung so zusammen wie ein gemeinsames Problem. Und Kinder spüren diese Wirkung in der Regel sehr schnell. Einige von ihnen fühlen sich dann aufgerufen, Probleme zu liefern, um die Eltern zusammenzuhalten. Dass das hier auch so war, kann nicht ausgeschlossen werden, es spricht aber auch nichts dafür …

CRS: Spaß beiseite: Wie ging es dann weiter? In dieser Schule blieb sie auch nicht sehr lange?

FRAU SOMMER: Nein, sie flog raus, aber das war schon nach dem Unfall meines Mannes. In dieser kleinen Realschule war sie immerhin zwei Jahre. Dann hatte mein Mann einen ganz bösen Autounfall, bei dem er so schwer verletzt wurde, dass es einige Tage um Leben und Tod ging. Das war ein Einschnitt in unser aller Leben.

Die Kinder haben es natürlich hautnah mitbekommen, dieses Bangen und Hoffen drei lange Tage. Ich war die ganze Zeit im Krankenhaus, unfähig, mich da wegzubewegen. Meine Mutter, also die Oma, kam angereist, hat zu Hause die Kinder versorgt. Alles ging gut aus, Gott sei Dank!

Mein Mann konnte bald aus dem Krankenhaus entlassen werden, und er hat sich dann langsam aber stetig wieder erholt und ist wieder ganz gesund geworden. Trotzdem hinterlässt ja so eine Erfahrung tiefe Spuren in jedem Menschen. Bei mir jedenfalls war es so.

Nichts war mehr wie früher. Für alles war ich dankbar, wenn nur mein Mann nicht stirbt. Unsere Arbeitsteilung war vollkommen durcheinander. Mir schien damals, ich könnte und müsste alles regeln, in Ordnung bringen, Lösungen finden. Und das habe ich auch gemacht. Alle Probleme hatten für mich einen anderen Stellenwert. Dieser Einschnitt hatte jedes andere Problem in den Schatten gestellt. Trotzdem empfand ich Hannas ständige Schulschwierigkeiten als zusätzliche schwere Belastung.

Für Hanna muss das extrem schlimm gewesen sein damals: Sie hat zu der Zeit alles abgebrochen, alles hingeschmissen. Auch die Dinge, die sie eigentlich gern gehabt hat, und wo sie Talent hatte. Zum Beispiel den Musikunterricht bei ihrer Lieblingslehrerin, wo sie jahrelang hingegangen war. Da ist sie einfach weggeblieben …

Ich sehe mich noch in der Lehrerkonferenz in dieser kleinen Realschule sitzen, wieder einmal hinzitiert, und vor all diesen blöden Lehrern in Tränen ausbrechen … Was genau los war, keine Ahnung mehr: Schwänzen und mangelnde Leistungen, glaube ich.

Da war sie 13. Ich weiß gar nicht, wen ich mehr gehasst habe: diese Lehrer oder mich, dass ich da auf einmal nicht mehr an mich halten konnte. Denen auch noch eine schwache Seite zu zeigen …

Da bin ich wohl ganz auf Hannas Seite gewesen. Jedenfalls flog sie da auch raus. Ich habe meine Tränen getrocknet, mein Kind genommen, und wir sind unter den mitleidigen Blicken des Lehrkörpers von dannen gezogen. Da hatte ich schon sehr stark das Gefühl: »Da wollen wir gar nicht mehr dazugehören!«

CRS: Nach dem Unfall Ihres Mannes, wie haben da die Kinder reagiert?

Frau Sommer: Also, Hanna ward von Stund an nicht mehr gesehen, kann man fast sagen.

Mein Mann kam aus dem Krankenhaus nach Hause, wo wir auf ihn warteten. Mit dem Rollstuhl brachten sie ihn herein. Greta, in Tränen und dennoch voller Glück, dass ihr Papa wieder wohlbehalten da war. Sie wich praktisch nicht mehr von seiner Seite, war immer mit dem Köpfchen an seiner Wange, oder mit der Hand in seinen Haaren, rückte ein Kissen zurecht, suchte seine Nähe. Es war herzzerreißend. Wir hatten alle nahe am Wasser gebaut zu der Zeit, das ist ja klar.

Und die Große war schon nicht da, als er aus dem Krankenhaus kam. »Gut, sie hat vielleicht länger Schule«, dachten wir. Aber dann kam sie immer noch nicht, obwohl sie genau wusste, dass er an diesem Tag zurückkam. Sie erschien dann später und nur kurz. Eigentlich vermied sie den Kontakt. Sie hielt sich ganz viel bei Freunden auf, war natürlich abends wieder zu Hause, aber oft später, als wir es für richtig hielten.

Aber das war schon merkwürdig: Der Vater ist krank, man kümmert sich und ist heilfroh, dass es noch einmal gut ausgegangen ist, und sie ist einfach nicht da. Wir fragten uns natürlich: »Was ist denn jetzt mit ihr? Wie kann das sein, dass sie dauernd weg ist?«

Es war so, als wollte sie ihren Vater gar nicht sehen, als wollte sie nicht bei uns sein. Nicht, weil sie böse ist oder herzlos oder so, sondern weil sie es nicht aushalten konnte, irgendwie. Wir hatten beide, mein Mann und ich, das Gefühl, es ist zuviel für sie. Wir haben es nicht als aggressiv empfunden damals, dieses Nicht-da-Sein. Eher als hilflos …

CRS: Aber Sie haben sich Sorgen gemacht?

Frau Sommer: Ja, wir haben uns ganz große Sorgen gemacht. Das war wie ein plötzlicher totaler Kontrollverlust für uns. Wir konnten machen, was wir wollten, sagen, was wir wollten: Sie hat nicht auf uns gehört. Ich erinnere mich an ein nächtliches Telefongespräch, das mein Mann mit ihr führte, wo er inständig an sie appellierte, nach Hause zu kommen. Sie hatte tausend Argumente dagegen. Ich höre meinen Mann noch sagen: »Hanna, keine Gründe mehr. Komm einfach aus dem einzigen Grund nach Hause, weil wir dich darum bitten! Komm uns zuliebe nach Hause! Jetzt gleich!« Sie kam nicht in dieser Nacht …

Mich beschlich erstmals das Gefühl, wir könnten sie verlieren. Sie könnte sich ganz von uns abwenden, das Band zwischen uns könnte nicht stark genug sein. Wir könnten ihr nicht so viel bedeuten wie sie uns.

[Tränen …]

Das war, glaube ich, der schlimmste Moment in unserer Geschichte … Ich sah sie irgendwo auf der Straße, unbehaust, in zweifelhaften Wohngemeinschaften, krank, perspektivlos … Ich hatte so große Angst, um sie, um unsere Beziehung … Ich dachte, alles kommt ins Rutschen, und wir können es nicht aufhalten.

[Ringt weiter mit den Tränen]

CRS: Das muss ein sehr verzweifeltes Gefühl gewesen sein.

FRAU SOMMER: Ja, verzweifelt ist der richtige Ausdruck … Es war so eine stille Verzweiflung und Trauer in mir. Ich wollte gar nicht darüber sprechen. Noch nicht mal mit meinem Mann. War auch gar nicht nötig, denn ich konnte die Verzweiflung ja ebenso in seinem Gesicht lesen.

Kommentar: Durch seinen Unfall und sein Beinahe-Sterben hat der Vater gezeigt, dass er bzw. die Beziehung zu ihm nicht zuverlässig ist. Das Urmisstrauen Hannas hat sich bestätigt. In solch einer bedrohlichen Situation spaltet sie die Angst um den Vater – und damit um sich selbst – ab. Sie erlebt sie nicht und geht in eine (pseudo)autonome Position. Sie demonstriert sich und allen anderen, dass sie niemanden braucht.

Dass ihre Eltern sich um eine 13-Jährige, die nachts nicht nach Hause kommt, unendliche Sorgen machen, ist klar. Dass Hanna sich das nicht vorstellen kann oder nicht wenigstens »aus Mitleid«

mit den Eltern nach Hause kommt, ist das eigentlich Bemerkenswerte – und das für manche Adoptivkinder Charakteristische. In ihrem Bemühen, sich die eigene Unabhängigkeit zu beweisen, sind sie nicht für Appelle an die Beziehung erreichbar.

Während in familiären Auseinandersetzungen durchschnittliche, nichtadoptierte Kinder vieles, was sie eigentlich nicht tun mögen oder dessen Sinn sie nicht einsehen, den Eltern »zuliebe« tun, ist das bei Hanna in dieser Phase nicht der Fall. Wie sollte sie auch um der Beziehung zum Vater willen nach Hause kommen, wo sie doch gerade erst erlebt hat, wie gefährlich es sein kann, sich auf ihn zu verlassen. Da scheint es besser, gleich das zu realisieren, was befürchtet wird: das Auf-eigenen-Beinen-Stehen. Dann erlebt sie sich wenigstens nicht als hilfloses »Opfer«, mit dem etwas »gemacht wird«, das sie nicht unter Kontrolle hat, sondern als »Akteurin«, die ihr Schicksal selbst in die Hand nimmt.

Solch eine Strategie ist – aus der Außenperspektive gesehen – für eine 13-Jährige nicht realistisch und zwangsläufig mit einer ungeheuren Überforderung verbunden.

Dass diese Phase für die Eltern schrecklich gewesen sein muss, ist gut nachzuvollziehen. Frau Sommers Tränen während des Interviews lassen ahnen, welche Emotionen – schwankend zwischen Angst, Wut und Trauer – sie und ihr Mann in der Zeit durchlebt haben müssen. Denn wahrscheinlich ist nichts für Eltern schwerer zu ertragen, als zu sehen, wie ihr Kind sich in Gefahr bringt, und trotzdem nichts tun zu können. Die Gefahr ist in solch einer Lage, dass sie, um sich nicht vollkommen hilf- und ratlos zu fühlen, in blinden Aktionismus verfallen.

CRS: Wie sind Sie da wieder rausgekommen?

FRAU SOMMER: Hm, erst einmal war da ja der Gedanke an Greta. Das hat mich schon angetrieben. Greta ist auch noch da. Schon ihretwegen muss es irgendwie weitergehen.

CRS: Was hätte ihnen in dieser Zeit noch helfen können?

Frau Sommer: Wenn ich bedenke, im Nachhinein, wie gut alles später geworden ist … Ich wollte, ich hätte einen Blick in die Zukunft werfen können, um zu sehen, was für eine nahe, liebe Beziehung wir jetzt zu Hanna haben. Das hätte mir geholfen, Vertrauen in sie und in uns zu haben. Dass sie alles, was war …, dass sie das nicht einfach wegwischen wollte, damals, sondern dass es mehr so ein Stein auf ihrem Weg in die Eigenständigkeit war. So sehe ich das heute jedenfalls.

Kommentar: Das ist ein wichtiger Hinweis, den Frau Sommer hier gibt. Auch wenn die Situation hoffnungslos erscheint, es gibt für Eltern keinen Grund aufzugeben. Auch Hanna hat zurück zu den Eltern und in die Beziehung gefunden.

CRS: Wie ging es dann weiter auf diesem doch sehr steinigen Weg?

Frau Sommer *[lacht, putzt ihre Nase]:* Weiß der Himmel, sehr steinig!

Ja, es blieb nicht die Ausnahme, sondern es kam immer öfter vor, dass Hanna uns nicht rechtzeitig Bescheid sagte, wo sie war. Oder, dass sie nicht pünktlich nach Hause kam, und auch dann wegblieb, wenn wir damit nicht einverstanden waren.

Das war die Zeit, wo ich abends im Nachthemd nur mit einem Mantel drüber zur Haltestelle marschiert bin, um zu schauen, ob sie jetzt doch kommt, weil ich einfach keine Ruhe im Bett finden konnte. Sie war noch nicht zu Hause, und wir wussten nicht, wo sie war.

Natürlich hatte ich schon überall rumtelefoniert. Natürlich wusste sie, dass sie gegen jede Regel bei uns verstieß und wir uns größte Sorgen machten. Natürlich erwartete ich nicht, dass sie jetzt gleich aus der Straßenbahn steigen würde, die da kam. Ich würde nur noch die nächste abwarten … und dann vielleicht noch die nächste … und dann wieder nach Hause gehen, wo ich sowieso nicht schlafen würde. Ich musste einfach was tun, ob es blödsinnig war oder nicht.

Aber einmal stieg sie doch aus der Bahn, tatsächlich, mitten in der Nacht. Sie war sehr überrascht, fast erschrocken, ihre Mutter in diesem seltsamen Aufzug dort auf sie wartend vorzufinden. Ich tat ihr wohl fast ein wenig leid. Jedenfalls war sie sehr milde gestimmt. Wir gingen einträchtig die dunkle Straße entlang zu unserem Wohnhaus. Ich froh, sie für diese Nacht sicher zu wissen. Sie müde und etwas verlegen.

Ja, und dann mussten wir wieder eine neue Schule suchen. Wieder betteln gehen. Schließlich gab es die Schulpflicht. Wir versuchten es in einer anderen Realschule in der Stadtmitte, wo die Direktorin Hanna wirklich alle Chancen für einen Neuanfang einräumte.

Da war sie, nach allen Schwüren der Besserung, genau eine Woche, glaube ich. Sie wurde dort sofort mit Kusshand genommen. Wir haben immer einen guten ersten Eindruck gemacht, das kann man wohl so sagen. Nach einer Woche ist sie einfach nicht mehr hingegangen.

Wir als Eltern haben uns damals ständig in einer Zwangssituation gefühlt. Das mit den Schulen war ja auch ein einziges Zwingen. Warum sind wir damals so oft um den Block gegangen? Weil wir wieder irgendetwas entscheiden mussten! Dauernd mussten wir handeln, dauernd waren wir in diesen Zwickmühlen: Was immer wir machen, ist falsch! Wenn wir etwas für sie tun, dann ist sie dagegen und kann dagegen kämpfen. Wenn wir es nicht machen, dann werden wir unseren eigenen Maßstäben – von denen des Umfelds ganz zu schweigen – nicht gerecht. Das war eigentlich das Schlimmste, in dieser Zwickmühle zu sein. Was immer man tut, es ist falsch!

Und das war auch das, was ich als Hölle erlebt hab, natürlich. Man geht da um den Häuserblock und überlegt fieberhaft, was kann man denn jetzt tun. Und Hanna hat einen mit ihren Problemen, ihrem Verhalten, immer gezwungen, etwas zu tun. Das ist der Punkt. Ja, in Aktion zu treten! Sie hat einen immer gezwungen, etwas zu tun. Da wir uns verantwortlich fühlten für das, was mit ihr geschah, aber nicht mehr das Gefühl hatten, irgendwie Einfluss auf sie zu haben, drehten wir uns ständig im Kreis. Wir liefen ums Carrée, und unsere Gedanken drehten sich auch im Kreis: »Was immer wir tun, wir werden ihr nicht gerecht, wir werden uns nicht gerecht, und das alles ist sicherlich nicht richtig so, wie es läuft …« Ein Scheißgefühl war das immer. Man konnte nichts tun und man konnte nicht nichts tun. Wir standen trotzdem oder gerade deswegen unter einem unheimlichen Handlungszwang.

Und dann kam es sogar einmal dazu, als sie der Schulpflicht wieder nicht nachkam, dass wir vom Amtsgericht eine Strafandrohung bekamen, falls wir nicht dafür sorgen, dass sie zur Schule geht. Da standen dann zwei Polizisten vor der Tür und wollten mit den Eltern sprechen. Sicherlich vollkommen verwahrloste Eltern, die es nicht schaffen, ihr Kind in die Schule zu bringen.

Es hieß dann immer: »Wenn ihr Kind nicht zur Schule geht, dann müssen Sie es eben hinbringen, bis vor die Schule. Wenn es schläft, dann müssen Sie es eben wecken.«

Als hätten wir das nicht alles versucht. Dann hat sie halt die Tür abgeschlossen, und man hat dagegen gebollert, nachdem man eine halbe Stunde mit Engelszungen geredet hatte. Genützt hat das nix. Gut, man hätte jetzt alle Schlüssel abziehen können und wegtun können … Das haben wir auch mal zwischendurch exerziert. Das hat aber alles nur verschlimmert, zu noch mehr Chaos und Geschrei geführt. Ich hab sie natürlich zur Schule gefahren, einige Male. Sie hat mir ein Küsschen auf die Backe gedrückt, der lieben Mami, ist in die Schule gehüpft und nach der zweiten Stunde gegangen. Das war's dann.

Lieb reden, an die Vernunft appellieren, das hat man natürlich auch versucht, wenn sie aus der Schule kam: »Setz dich doch erst einmal hin! Guck mal, ich hab dir was Schönes gekocht, du hast doch bestimmt Hunger!« Und ich habe sie getröstet, wenn sie so geladen und sauer heimkam: »Was ist denn los? Erzähl doch mal!« Und dann wurde sie meist lauter und lauter, weil ich das ja gar nicht verstehen könne, was da los war: »Iss aber so!« Und der Trost war kein Trost, weil »Du ja überhaupt nicht kapierst, was los ist!«.

Ja, je mehr ich versuchte, irgendwie zu helfen, zu beruhigen, zu trösten, umso schlimmer wurde es. Denn ihre Situation war – so deute ich das zumindest heute – einzigartig, sodass sie alle meine Reaktionen wohl als Bagatellisieren ihrer eigenen schweren Situation erlebte. Aber das habe ich damals nicht so gesehen und habe das gemacht, was mir sinnvoll erschien, d. h., ich habe versucht, ein bisschen Abstand zu vermitteln und diese »riesigen« Probleme zu relativieren. Das erlebte sie offensichtlich als Kränkung, sodass es dann häufig zum Knall kam, wo sie irgendwas geschmissen hat, Teller, Taschen und so etwas. Wo ich dann eher still und vorsichtig und dachte: »Oh, jetzt sag ich vielleicht lieber nichts mehr.« Aber das hat auch nichts geholfen. Dann wurde sie immer lauter oder wollte, dass man was sagte: »Was ist denn jetzt? Warum sagst du nichts?« Und wenn ich dann gefragt habe: »Also Hanna, was bringt dich denn jetzt so in Rage, was hab ich gesagt oder nicht gesagt? Was hab ich getan oder nicht getan?« Dann hat sie mir wütend entgegengeschleudert: »Wie du schon guckst!« Also, mir wurde da klar, es reichte schon meine pure Anwesenheit, dass ich nur da war, war offenbar schon zu viel. Das konnte auch ausgesprochen werden.

Wenn ich merkte, dass sie so voller Spannung von der Schule nach Hause kam, wo ich mit dem Essen bereitstand, habe ich mir dann manchmal geholfen, indem ich den Herd ausgeschaltet habe, leise den Schlüssel genommen habe und gegangen bin. Und das so, dass sie nicht gehört hat, wie ich gehe, weil sie das schon wieder zum Anlass genommen hätte, wütend zu werden, etwas herumzuschmeißen.

Dann bin ich zehn Minuten spazieren gegangen. Das hat mir sehr gut getan. Ich spürte dann deutlich: Das war nicht meine

Spannung, meine Wut, da im Wohnzimmer! Und ich konnte sie ihr nicht abnehmen, ihr nicht helfen, indem ich auch mit Wut reagierte, wie es leider oft passierte … Aber wenn ich wiederkam, nach einer kleinen Weile, da war sie oben in ihrem Zimmer. Das Nachtischschälchen war leer. Gut so, habe ich gedacht, das ist doch schon mal was! Und wenn sie dann von oben wieder herunterkam, war es eine andere Situation.

CRS: Sie haben da ja scheinbar eine Einladung gespürt, sie zu trösten oder ihr die Welt zu erklären oder lieb zu ihr zu sein. Oder auch die Aufforderung, ihr einen mütterlichen, wohlmeinenden Rat zu geben. Das hat aber nicht so funktioniert, wie Sie sich das vorgestellt haben. Sie konnte das nicht annehmen. Vielleicht hätten Sie ja mit ihr wütend sein müssen, wenn sie wütend war.

FRAU SOMMER: Ja, vielleicht … Das wäre ja vielleicht gegangen. Das heißt, was immer man tat, es wäre nur Gleichklang und Zustimmung akzeptiert worden. Also so: »Das ist aber auch eine Sauerei, wirklich gemein, die anderen!«

Sie kam oft so geladen und voller Wut von der Schule nach Hause, dass man Angst gehabt hat! Nicht, dass sie mir jetzt irgendetwas antut oder so, sondern, dass irgendetwas gleich durch die Gegend fliegt. Sie kam so unter Spannung herein, meistens war das ja in der Mittagszeit, wenn man irgendetwas gekocht hatte für die Kinder und sagte: »Also komm, das magst du doch so gern! Du bist doch bestimmt hungrig!«

Aber vielleicht war das auch schon wieder zu schön und zu harmonisch, ja, ich überleg auch, was man hätte besser machen können …

Kommentar: Die Adoleszenz ist ja nicht nur in Adoptivfamilien eine konfliktreiche Zeit, aber in ihnen besonders. Denn in dieser Phase der persönlichen Entwicklung wird ja zwischen Eltern und Kindern die Beziehung neu definiert. Die Abhängigkeit von den Eltern zu erleben ist für Hanna zwangsläufig mit Konflikten verbunden.

Wenn die Mutter mit dem vorbereiteten Mittagessen wartet, so ist dies auf der einen Seite angenehm, bequem und sättigend für sie. Auf der anderen Seite erweist dies aber ihre Abhängigkeit von der Mutter. Deshalb eröffnet der Streit einen guten Kompromiss für sie. Sie beweist der Mutter, vor allem aber sich selbst, ihre Unabhängigkeit. Die Mutter »versteht« nichts, die Grenze zu ihr ist ganz klar definiert, der Abstand scheint groß. Auf der anderen Seite lassen sich im Streit aber große Gefühle erleben, und die Beziehung zur Mutter erweist sich im Streiten als emotional sehr wichtig. Auf diese Weise lassen sich Nähe und Distanz von Hanna elegant balancieren und von ihr unter Kontrolle halten. Ein Beweis der eigenen Autonomie – ohne auf den Nachtisch verzichten zu müssen.

Allerdings sollte all dies nicht als Ergebnis bewussten Kalkulierens verstanden werden. So etwas spielt sich bei Hanna wie ihrer Mutter unbewusst ab. Die eine schickt die Einladung, die andere nimmt sie an …

CRS: Bleiben wir doch noch dabei, wie es konkret weiterging. Also, sie kam gespannt herein, was immer Sie machten, beschwichtigen ging nicht.

FRAU SOMMER: Nein, das ging nicht.

CRS: Und darauf einsteigen ging eigentlich auch nicht.

FRAU SOMMER: Ja, was hätte ich denn, wenn man das mit dem Gespanntsein aufnimmt, was hätte ich dann sagen können: »Ah, du bist aber ganz schön sauer!?« Na, ich glaube, das wäre ja, ich meine …

CRS: Nein. Ja, ich weiß nicht …

FRAU SOMMER: Vielleicht hätte sie geantwortet: »Ja, die sind alle so blöd und haben das und das gemacht!« Ja, vielleicht wäre das gegangen.

Also, jetzt ist das auf jeden Fall eine Möglichkeit. Jetzt, wo sie 22 Jahre alt ist. Jetzt, wo sie Jahre der Therapie hinter sich hat. Da ist sie trainiert in dieser Selbstreflexion. Aber es ist sicher der beste Weg! Statt immer oder irgendwie dagegen anzugehen.

Manchmal habe ich das auch geschafft. Ich kann mich an eine ganz seltene Situation erinnern, trotz dieser Wut und Spannung, die sie da so über mich geschüttet und bei mir abgeladen hat, da bin ich auf sie zugegangen, habe sie in den Arm genommen und gesagt: »Das ist aber auch alles ein schwieriges Durcheinander, komm, lass dich doch mal lieb drücken!« Da ist sie sofort in Tränen ausgebrochen.

Kommentar: Ein schönes Beispiel dafür, dass Frau Sommer die Einladung, die vom gespannten Verhalten ihrer Tochter ausging, nicht angenommen hat, sodass das gemeinsam hergestellte Kommunikationsmuster – Streit – nicht wiederholt wurde.

CRS: Lassen Sie uns noch einmal drauf gucken! Mich interessiert ja diese Dreiecksbeziehung zwischen Eltern, Kind und Schule. Auch die anderen Eltern und die gesamte Umwelt. Und Sie haben von den anderen Müttern erzählt, von dem Bild, das sich die anderen von der Familie gemacht haben, von den Eltern, die ihr Kind nicht in die Schule bringen. Können Sie dazu noch ein bisschen was sagen?

FRAU SOMMER: Na ja, es ist ja so, wenn man so ein kleines Kind hat, und das ist süß und geht jetzt zur Schule, dann freut man sich und ist stolz und ist begierig darauf zu sehen, wie es erste Buchstaben malt und Kompetenzen entwickelt. Und man freut sich auch mit den anderen Müttern, wenn man so zusammensteht … Und dann ist es auf einmal so, dass dieses Kind da raus soll aus dieser Gemeinschaft – der Schule – oder irgendetwas macht, was ein wenig abweicht. Und deswegen gehört es nicht mehr dazu, und auch als Mutter gehört man nicht mehr dazu …

Ich habe das sehr so empfunden! Dann ist das Kind auf einmal nicht intelligent genug. Oder es ist ein Störenfried und nicht tragbar. Auf einmal ist man außen vor, ist allein. Und irgendwann, plötzlich, stellt man den Hebel um, und sagt: »Ihr seid mir doch vollkommen egal, ihr Blöden. Ich will auch gar nicht mit euch.«

Und man merkt auch, die reden über einen. Die »wissen«, was man mit diesem Kind hätte tun müssen oder jetzt tun sollte, was falsch an uns ist. Ja, unglaublich, man fühlt sich fehlerhaft und inkompetent. Die anderen und sogar die Kinder, die kriegen das sehr schnell mit. Sie schauen einen plötzlich mit einem anderen Blick an, mitleidig, wenn es noch positiv ist, sonst eher ablehnend, kopfschüttelnd: »Mit denen stimmt was nicht, die sind ja dumm oder ungezogen. Die mögen wir nicht, nehmen wir nicht so ganz ernst, über die lachen wir.«

Und dann geht es natürlich auch darum, welches Kind zu welchem Geburtstag eingeladen wird und wer nicht, und welches Kind die Lehrerin mag und gute Noten bekommt, und so …

Bei uns war es so, dass Hanna sehr beliebt war bei den anderen Kindern. Die Kinder mochten sie immer sehr. Die Mütter hatten eher ein Problem mit ihr, aber auch nicht alle Mütter. Manche waren sehr positiv, aber andererseits auch wieder nicht … Schwierig zu sagen, man hatte das Gefühl, man ist von deren Gnade abhängig. Man wollte es sich nicht verderben. Die tolerieren manches, weil sie wissen, es ist ein adoptiertes Kind. Deshalb sind sie großmütig. Aber eigentlich wollen sie, dass der Geigenunterricht und das Ballett für ihre Kinder ungestört verlaufen, und so diese Schiene …

Es ist so …, man kriegt auf einmal vor Augen geführt, dass diese Mütter mit diesen Kindern mit diesem ganzen schönen Kerzenschimmer, Geigen, Oilily-Röckchen und Malunterricht ein vollkommen anderes Leben leben, als ich mit meinen Kind zu leben habe. Dass die mit ganz anderen Sachen befasst sind als wir, wo wir darum ringen, dass Hanna einen Schultag übersteht, ohne auszuflippen oder irgendwelche gravierenden Sachen zu machen; ohne dass schon wieder eine aufgebrachte Lehrerin anruft, eine Mutter mich schief ansieht oder … solche Dinge andauernd geschehen. Ohne dass ich ständig so eine drohende

Wolke vor mir sehe, und ich nicht weiß, ob ich morgen noch zu dieser Gesellschaft gehöre oder schon wieder vollkommen rausgeflogen bin.

Vielleicht ist das jetzt auch der Neid, der mich so sprechen lässt. Gut, okay, wir hatten uns nicht von ungefähr entschieden, Kinder zu adoptieren und keine eigenen zu bekommen. Wir wollten schon immer gern ein bisschen Unordnung in Ordnungen bringen, in allem, was wir so angefangen haben. Das haben wir dann ja auch geschafft und vor allem unser Leben ordentlich durcheinander gebracht!

Wir hatten mit Schwierigkeiten gerechnet und sie, sozusagen, billigend in Kauf genommen. Trotzdem hatten wir manchmal Sehnsucht nach Frieden und Ruhe, gern auch ohne Ballettunterricht und Rüschchen und Happy-Kindergeburtstagsparty …

Eigentlich habe ich mich später nie mehr so auf diese Suche nach Zugehörigkeit zu den anderen Müttern eingelassen. Nach jedem Wechsel habe ich immer mehr danebengestanden. So selbstgerecht schien mir das alles … Das habe ich aber da erst gemerkt …

Na gut, wir hatten ja auch noch Greta, die einen anderen Weg ging.

Kommentar: Die (drohende oder vollzogene) Ausgrenzung eines Familienmitglieds aus einer Gemeinschaft hat stets die Tendenz, auf die anderen Familienmitglieder überzugreifen. Ob das bei Familie Sommer tatsächlich auch der Fall war, lässt sich nicht wirklich sagen. Aber im Erleben von Frau Sommer war es jedenfalls so.

Eine andere Erklärung für ihre Reaktionen könnte aber auch die sein, dass sie per Identifikation mit ihrer Tochter all die Gefühle erlebte, die Hanna abspaltete: die Trauer, nicht dazuzugehören, den Wunsch, dazuzugehören, die Hoffnung, anerkannt und akzeptiert zu werden und – Folge davon, die Enttäuschung, all dies nicht zu bekommen und die trotzige, pseudoautonome Gegenwehr: »Die Blöden, mit denen will ich gar nichts zu tun haben!«

CRS: Lassen Sie uns noch einmal auf die Jüngere schauen!

Frau Sommer: Das war eigentlich ganz anders und doch in mancher Hinsicht nicht.

Greta hat nie solche »bösen« Sachen gemacht, sich nie aggressiv verhalten, sodass jemand wütend wurde oder sich wahnsinnig über sie beschwert hätte.

Greta hatte auch Freunde, aber sie hat auch nie in dieser, ich sag mal, »heilen Welt« mitgespielt. Sie war nie bei den Gruppen in der Klasse vorne in der ersten Reihe, die immer dran sind, wenn tolle Vorführungen gemacht werden oder immer irgendwelche Superideen präsentieren oder gute Zensuren haben, bei den Lehrern gut angesehen sind durch irgendwas und immer an der Spitze sind.

Sie hat es vermieden, im Mittelpunkt zu stehen oder überhaupt gesehen zu werden. Sie war meist mit den eher Unauffälligen zusammen. Auch von den Freundinnen her. Sie hat sich immer klein gemacht und ist so durchgehuscht. Streber und Lieblinge hat sie eher verachtet.

Da war mal so eine niedliche Kleine, die sich um Greta bemüht hatte, aber Greta wollte nicht ihre Freundin sein, denn: »Die weint ja, wenn sie mal eine Zensur kriegt, die schlechter als 2 ist, und abgucken lässt sie einen auch nicht!«

Die Lehrer mochten Greta eigentlich. Aber sie haben sie für ein dummes Hascherl gehalten. Kleines Ding, das aber niemandem was Böses tut. Das ganz nett bastelt, gut in Sport ist, allerdings auch ziemlich chaotisch sein kann.

Aber sie haben ihre emotionale Sensibilität immer sehr geschätzt. Zum Beispiel, dass sie unheimlich hilfsbereit ist, dass sie sofort sieht, was mit jemand anderem los ist, und all das sehr gut verbalisieren kann. Das kam natürlich auch daher, weil wir so Schwätz-Eltern sind. Ja, aber eine hohe emotionale Sensibilität hat man vielleicht auch, bevor man reden kann, und die kann man auch ohne Sprache ausdrücken.

CRS: Habe ich das recht in Erinnerung? Da war was mit Bettnässen?

Frau Sommer: Nein, das hat sie nicht gemacht. Aber sie hat etwa ein Jahr lang manchmal tagsüber eingenässt. Das fing in der Schule wieder an. Sie war im höchsten Maße unglücklich und wütend über sich selbst und fast außer sich darüber. Sie kam heulend nach Hause, meist passierte es auf dem Schulweg, wenn sie heimkam. Ich glaube, sie konnte in der Schule keine Zeit finden, zur Toilette zu gehen. Oder es war ihr unangenehm, warum auch immer. Und irgendwann ging's dann halt nicht mehr.

Ich denke, in der Schule, wenn man zur Toilette muss, und es ist nicht gerade in der Pause, da muss man den Finger heben und fragen. Ich glaube, das war ihr alles zu viel. Aber egal, warum, sie hat diese Sachen dann auch immer für sich behalten. Sie wollte nicht darüber reden. Sie hat dann die nassen Unterhosen versteckt. Ich fand eine Zeit lang dann immer irgendwo welche. Nur, wenn es gar nicht anders ging, hat sie es erzählt. Und dann wurde sie so wütend, wenn man ihr auf die Schliche kam – überhaupt, wenn man sie bei irgendetwas ertappte, was nicht so war, wie es sein sollte. Sie schrie dann herum, regte sich furchtbar auf, und man durfte nichts sagen. Und wenn man dann schließlich doch sagte: »Das ist doch nicht so schlimm, nun lass dir doch mal helfen!«, dann fing sie sehr zu weinen an. Dann durfte man sie auch trösten und beruhigen, helfen.

CRS: Und wie waren ihre Leistungen in der Schule?

Frau Sommer: Also, sie hat sich so durchgeschmuggelt bis zur mittleren Reife. Ihre Leistungen waren bis auf ein paar Lieblingsfächer nicht großartig, aber ihre Versetzung war auch nie gefährdet. Ihr war es ziemlich egal, so schien es.

Sie hat mit mir vor Klassenarbeiten geübt, weil sie so brav war. Aber sie hat es gehasst, denn: »Ich kriege ja sowieso nur eine 4, ob ich jetzt übe oder nicht.«

Das war auch oft so. Sie wurde da viele Male enttäuscht. Bei dieser Noten- und Zensurengebung wird ja nicht der Einsatz oder Fortschritt des jeweiligen Kindes benotet. Das hat sie sehr gespürt, und das hat sie entmutigt, würde ich sagen.

Nur für Aufsätze brauchten wir nie üben. Da hat sie ganze Gefühlsromane verfasst und alle anderen schlechteren Noten ausgeglichen. Das war immer spannend zu lesen.

Wir haben versucht, zu Hause auszugleichen, aber das geht ja nicht immer. Als sie später ihre Berufsausbildung machte, also Examina noch und nöcher, habe ich gestaunt, wie gut sie das ganz eigenständig gemeistert hat. Alles und mit Glanz und Gloria bestanden.

Kommentar: Greta hat in der Schule eine Strategie gefunden, die ambivalent zu bewerten ist. Sie spielt »U-Boot«, versucht alles, um keine Aufmerksamkeit auf sich zu ziehen. Auf diese Weise vermeidet sie Schwierigkeiten mit den Lehrern, aber sie nimmt sich auch die Möglichkeit, Anerkennung von ihnen zu bekommen.

Wenn man nach einem gemeinsamen Nenner zum Verhalten von Hanna sucht, so dürfte er im Desinteresse gegenüber dem sachlichen Stoff zu finden sein. Auch Greta richtete ihr Interesse vorwiegend auf die Beziehungen zu den anderen Menschen; allerdings eher in der Weise, dass sie die Kontrolle über das, was ihr zustößt, durch Vermeidung zu erlangen sucht, nicht – wie Hanna – durch aktive Inszenierung von vorhersehbaren Interaktionssequenzen.

Greta und Hanna haben zwei sehr unterschiedliche, ja, entgegengesetzte Methoden gefunden, eine gewisse Kontrolle über ihr Schicksal zu gewinnen. Aber beide Wege sind nicht dazu geeignet, in der Schule erfolgreich zu sein, auch wenn Gretas Verhalten auf den ersten Blick gut zu den schulischen Disziplinanforderungen zu passen scheint. Doch das täuscht, es war nur oberflächliche Anpassung …

CRS: Wie ging es denn bei der Hanna schulisch weiter?

Frau Sommer *[seufzt]:* Bei Hanna? Also, bei der Hanna ging schulisch erst etwas weiter, als die Schule zu Ende war.

[lacht]

Nein, im Ernst, da hatten wir ein richtiges Aha-Erlebnis. Hanna war in noch ein oder zwei anderen Schulen und hatte nach dem Rausschmiss aus der letzten die Idee, in einem Internat wäre es viel besser. Irgendwer von ihren Freunden war im Internat, und das war »ganz toll«. Und sie wollte ja auch sowieso nicht mehr bei uns wohnen.

Wir hatten das natürlich auch schon in Erwägung gezogen und haben daher gesagt: »Nichts ist uns zu gut oder zu teuer für dich, wenn es dich denn irgendwie weiterbringt. Vielleicht ist ein Internat für dich das Richtige – eines, das nicht so weit weg ist von uns, wo du am Wochenende nach Hause kommen kannst.«

Da gab es eines, was eigentlich nur um die Ecke war. Die wollten Hanna auch nehmen. Sie haben sie getestet und festgestellt, dass sie superintelligent ist – ganz entgegen der Einschätzung dieser anderen Schulleute, die da immer diese negativen Botschaften gegeben haben, diesen Blödsinn!

Na gut, dann war sie im Internat. Und natürlich, wie es so ist im Internat, gibt es so Rituale, und die Kinder haben sie gequält. Sie wollte da keinen Tag und vor allem keine Nacht länger bleiben. Sie ist fortgelaufen, wollte nur noch nach Hause. Sie war nicht zu halten.

Es war eigentlich immer so: Sie wollte weg von uns und hat es dann gar nicht ausgehalten, ohne uns zu sein, allein zu sein.

Sie konnte dann wieder nach Hause kommen und war dann glücklich bei uns, daheim, am Abendbrottisch, in der Badewanne, in ihrem Bett. Und dann, nach zwei Tagen, brach sie irgendwelche provokativen Streitigkeiten vom Zaun, sodass es irgendwie Unfrieden gab, und sie froh war, wieder abhauen zu können.

So ging es eine ganze Weile hin und her. Die letzte Schule, die sie besuchte, war die Waldorfschule. Eigentlich bekam man dort nur nach jahrelangem Warten einen Platz. Wir hatten das schon deswegen nicht versucht. Sie wollte, dass ich mit ihr da hingehe, aber ich habe mich geweigert. Ich dachte: »No way! Nie kommen wir da rein, keine Chance!«

Da war sie erst sauer auf mich, hat sich aber dann allein einen Termin besorgt und wurde tatsächlich – noch in der gleichen Woche – dort aufgenommen. Wir Eltern haben uns nicht getraut, uns zu freuen. Nur im Geheimen waren wir ein bisschen froh. Eine kleine Atempause … mal schauen … vielleicht … die machen ja alles ganz anders … gehen viel mehr auf die Kinder ein … Nach ein paar Wochen war dann klar: Auch das wird nix. Hanna stand vor uns: Was nun?

Das war der Zeitpunkt, wo wir unsere gutbürgerlichen Bildungsziele für Hanna endgültig aufgegeben haben. Wir haben uns irgendwie für bankrott erklärt. Wir wollten nur noch die Zeit irgendwie durchstehen und haben uns von den Vorstellungen Schule-Abitur-Ausbildung-Studium-Beruf weitestgehend verabschiedet.

Hanna drängte auf einen Termin in der Bildungsberatungsstelle. Wir blieben untätig. Sie machte eigenständig einen Termin aus. Wir liefen mit.

CRS: Wie alt war sie da?

FRAU SOMMER: 15 und ein paar Monate, weiß ich noch ganz genau. Wir waren ja dort schon ein paar Male gewesen, in dieser Beratungsstelle.

Jetzt wollte sie ihre Bildungsmöglichkeiten mit einem Fachmann besprechen. Es ging ihr um eine neue Schule!

Der Psychologe dort konnte sich auch »keine aus dem Ärmel schütteln«, wie er es formulierte. »Ob sich das überhaupt noch lohne?«, überlegte er laut. Dann fragte er sie nach ihrem Geburtsdatum und rechnete aus, dass ihre Schulpflicht in 3 Monaten zu Ende ginge. Also könnte sie nun ganz allein entscheiden, wie es mit ihr weiterginge.

Wir, mein Mann und ich, schauten uns an. Wir dachten, wir hätten uns verhört. Schulpflicht zu Ende? Nie mehr zum Lehrergespräch? Keine Antrittsgespräche mehr? Ich hätte den Psychologen umarmen können! Eine ungeheure Erleichterung überkam uns. Licht am Ende eines langen, langen Tunnels.

Uns dämmerte, wir sind nicht mehr im Zugzwang, wir mussten nicht mehr mitagieren, nicht mehr Erfüllungsgehilfen des Gesetzes sein. Wir konnten wieder ungezwungen mit unserer Tochter reden, Raum und Zeit und Rat geben.

»Na, das ist ja wunderbar! Da kannst du doch erst einmal in Ruhe überlegen, was du überhaupt lernen willst, Hanna! Und wofür du etwas lernen willst, vielleicht willst du ja erst einmal ein Praktikum machen. Du bist ja noch so jung, hast noch alle Zeit der Welt«, oder so ähnlich haben wir wohl reagiert. Froh, dass der Zugang zu Hanna jetzt nicht mehr in diesem alltäglichen Kleinkrieg um die Schule münden musste.

Aber sie empfand das offenbar ganz anders. Nach einer kleinen Schrecksekunde, in der sie ganz still war, sagte sie doch tatsächlich: »Ja, seid ihr denn verrückt geworden?! Ich brauche doch meine Abschlüsse! Ich werde doch nirgendwo ohne Abschlüsse genommen! Wie soll ich denn eine Ausbildung oder irgendetwas machen ohne Abschlüsse?!«

Da waren wir dann etwas erstaunt. »Meine Güte!«, haben wir gesagt: »Dafür kannst du dir Zeit nehmen! Kannst in deinem Tempo lernen. Das war so eine Quälerei diese Jahre in der Schule! Leg eine Pause ein! Denk erst einmal nach, was du überhaupt willst!«

Sie darauf ganz heftig: »Was seid ihr nur für Eltern, die so reden können! Ich bin doch jetzt schon spät dran! Meine Freunde sind alle schon viel weiter als ich!«

Als wir nach Hause kamen, haben dann mein Mann und ich – bei einem dieser legendären Gänge um den Block – sehr bewusst unsere Einstellung zu Schule und Bildung überprüft. Uns war klar, dass uns nach all den Quälereien, die wir durchgestanden hatten, die Beziehung zu Hanna wichtiger war als irgendwelche

Bildungsideale oder Karrieremöglichkeiten. Wir beschlossen, ihr das auch so zu sagen und uns in Zukunft aus ihren beruflichen Lebensentscheidungen radikal herauszuhalten.

Wir haben ihr also gesagt, dass wir das nicht schlimm finden, dass sie keinen Schulabschluss hat: »Es gibt Wichtigeres im Leben. Du bist unsere Tochter und wir lieben dich, ganz unabhängig davon, was du beruflich oder schulisch machst! Klar, wenn wir dich unterstützen können, dann werden wir das tun. Aber nur, wenn du das willst. Du musst wissen, dass du für uns da gar nichts Besonderes tun musst!«

Dabei war es ganz hilfreich, dass es in unserer Familie Beispiele von Verwandten gab, die auch ohne regulären Schulabschluss – oder gerade deswegen – ein befriedigendes, einige auch ein beruflich sehr erfolgreiches Leben führten. Auf die konnten wir da gut verweisen, was natürlich auch zu Diskussionen Anlass gab. Auf einmal waren wir die Anwälte des »abweichenden Verhaltens« oder des »nicht ganz geraden Lebenswegs«, könnte man fast sagen.

Ein paar Wochen versuchte sie noch, uns unter Druck zu setzen, indem sie andere Eltern zitierte: »Die Eltern von XY sagen auch, dass es unmöglich ist, dass ihr euch nicht um meine Schule kümmert. Das ist doch eure Verantwortung!« usw.

Aber als wir uns in unserer Position nicht beeindrucken ließen und weiter liebevoll, aber an schulischen oder beruflichen Dingen desinteressiert blieben, hat sie Gas gegeben. Sie machte sich schlau, wie man den Hauptschulabschluss auch außerhalb der Schule bekommen kann.

Sie fing an, alleine zu lernen. Sie lernte zu Hause und schickte dann irgendwo ihre Arbeiten ein. Die Prüfungen hat sie dann als Externe absolviert. Erst machte sie ihren Hauptschulabschluss, danach noch den Realschulabschluss. Auch als Externe. Das war nicht einfach, sie hat es aber ganz ohne unsere Hilfe geschafft. Und wir wissen bis heute nicht, wie die Regeln und Anforderungen waren, die sie da zu erfüllen hatte. So weit haben wir uns da rausgehalten.

Das war für uns, vor allem für mich, das Schwerste: ihr nicht zu helfen. Es wurde leichter, als sie bald danach auszog. Sie hat nicht weit von uns gewohnt, erst in einer WG, dann aber alleine.

Und sie hatte einen Schlüssel zu unserer Wohnung. Sie konnte also, manchmal sehr zum Ärger der kleinen Schwester, zu meinem Ärger manchmal auch *[lacht]*, sie konnte also mal eben irgendwelche Sachen durchforsten *[lacht]*.

Na ja, nichts Schlimmes eigentlich. Dann gab es aber auch mal so Wochenenden, wo sie geweint hat, allein in ihrer Wohnung. Wo sie es gelernt hat, sich über die Runden zu bringen mit einem spannenden Buch oder der Vertröstung per Telefon, gleich morgen früh zu uns zu kommen.

Kommentar: Den Eltern Sommer ist es hier mit dem Ende der Schulpflicht gelungen, die Schule aus der Eltern-Kind-Beziehung zu drängen. Bis dahin waren sie in einer Dreiecksbeziehung (Eltern-Schule-Kind) gefangen, in der sie nicht Herr ihres Verhaltens waren, denn sie standen in der Pflicht, den Schulbesuch ihres Kindes zu gewährleisten. Offenbar eröffnete sich in dieser Dreiecksbeziehung die Möglichkeit zu unendlichen Machtkämpfen zwischen ihnen und Hanna. Damit war nun Schluss, das Muster unterbrochen, und die Entwicklung konnte einen anderen, für alle befriedigenderen Weg nehmen. Dass Hanna ohne Hilfe der Eltern diverse Schulabschlüsse gemacht hat, ist ein Indiz dafür, dass sie Verantwortung für ihr Leben übernommen hat. Das brauchte sie erst, als die Eltern in dieser Hinsicht aus der Verantwortung ausgestiegen sind. Gekonnt hätte sie es natürlich schon lange vorher …

CRS: Wie ist denn die Situation jetzt? Diese Schuljahre liegen ja nun viele Jahre zurück. Ihre Töchter sind 20 und 22 Jahre alt, wie ist jetzt ihre Beziehung zueinander? Und: Würden Sie nach alledem noch einmal Kinder adoptieren?

Frau Sommer: Ja, ohne wenn und aber, ja! Auch wenn Sie es vielleicht nicht glauben, denn es war ja oft schon hart an der Grenze …

[Nachdenklich] Wir haben uns diese Frage auch immer wieder mal gestellt.

Es war ja wirklich ein Ritt über steiniges Gelände mit tiefen Schluchten und Abgründen. Aber ist das nicht so im Leben? »Wer nicht wagt, der nicht gewinnt«, heißt es doch. Wir haben gewagt, glaube ich, und wir haben letzten Endes gewonnen, viel gewonnen. Denn wir haben uns ja auch verändert in all den Jahren. Wir sind auf ganz massive Weise mit unseren eigenen, kleinbürgerlichen Engstirnigkeiten konfrontiert worden. Wir haben ja nicht nur gelernt, unsere Kinder zu lieben, auch wenn sie nicht unseren Erwartungen entsprachen, sondern wir haben uns auch selbst dadurch viel unabhängiger von fremden Erwartungen gemacht. Wir sind letztlich auch autonomer geworden, in gewisser Weise. Im Rückblick stellt sich ja schon die Frage, wer hier wen mehr erzogen hat *[lacht]*.

Das hätte ich natürlich in den schlimmeren Phasen nicht so gesehen, in meiner Verzweiflung. Wichtig war, nicht aufzugeben und das Vertrauen zu behalten, dass alles eine gute Wendung nehmen wird. Wichtig war auch, dass wir zu zweit waren. Ob man das, was da an emotionalen Belastungen und Selbstzweifeln zu durchleben war, allein schaffen kann, weiß ich nicht. Ich hätte es jedenfalls nicht durchgestanden. Auch und gerade, wenn man merkt, wie viel man falsch macht …

Aber jetzt: Wir haben zwei schöne, selbstständige Töchter, die ihr eigenes Leben leben. Sie lassen uns daran teilhaben, und es ist eine Freude zuzuschauen, was sie so alles anstellen. Beide, auch wenn es jetzt romantisch klingt, hängen zärtlich an uns, das darf ich wohl so sagen.

CRS: Ein schöner und ermutigender Schlusssatz!

5 Entwicklungsphasen

5.1 Rolle und Funktion von Eltern

Was ist die Funktion von Eltern? Diese Frage klingt sehr abstrakt, und so ist sie auch gemeint. Denn erst der Blick aus der Vogelperspektive ermöglicht es, manche Zusammenhänge zu erkennen, die den Alltag unseres Familienlebens bestimmen, uns aber in der Regel nicht bewusst sind.

Funktion soll hier als *Wirkung* verstanden werden, die unabhängig von den Absichten ausgeübt wird. Sie kann Aufgaben umfassen, die bewusst und gezielt erledigt werden, aber auch ihre nicht beabsichtigten Nebenwirkungen; oder Aufgaben, die man erfüllt, ohne sich ihrer bewusst zu werden.

Wenn von Rolle gesprochen wird, so soll damit gemeint sein, dass eine Anzahl solcher Funktionen mit einer bestimmten, gesellschaftlich bestimmten Position verbunden ist, unabhängig davon, welche Person diese Position einnimmt. Wer z. B. die Rolle eines Polizisten oder eines Psychotherapeuten innehat, an den oder die (bzw. sein oder ihr Verhalten) werden von den Mitmenschen ganz charakteristische Erwartungen gerichtet. Die Gesamtheit dieser Erwartungen definiert die jeweilige Rolle – hier: die Polizisten- oder Psychotherapeutenrolle.

Die Funktion des Polizisten, um bei diesem Beispiel zu bleiben, ist es, die öffentliche Ruhe, Sicherheit und Ordnung aufrechtzuerhalten (das Wort Polizei leitet sich nicht zufällig vom griechischen Wort »polis« ab, und das bedeutet »Stadt« bzw. »Staat«). Zu diesem Zweck dürfen Polizisten sogar Gewalt anwenden, in vielen Staaten tragen sie Waffen, und sie können die Freiheitsrechte ihrer Mitbürger – zumindest kurzfristig – außer Kraft setzen, indem sie einen von ihnen verhaften und einsperren lassen. Das dürfen sie, weil sie das Gemeinwesen, die Stadt, den Staat etc. repräsentieren. Die genannten Handlungsweisen dürfen – so ist zumindest das Ideal – nicht durch ihre persönlichen Motive begründet sein, sondern sie sollen dem Gemeinwesen dienen und sind durch die Logik seiner Spielregeln zu erklären. Nicht persönliche Gründe erlauben die Anwendung von Gewalt, sondern rechtliche Vorgaben und Beschränkungen.

Das staatliche Gewaltmonopol, das dem Polizisten z. B. den Waffengebrauch erlaubt, hat die paradoxe Wirkung, durch die Drohung mit (staatlicher) Gewalt zu verhindern, dass (privat) Gewalt angewandt wird. Die Macht des Staates und seiner Organe, mit denen zu rechnen ist, erhöht die Wahrscheinlichkeit, dass jeder Einzelne sich »freiwillig« an die Regeln der Gemeinschaft hält und der Stärkere nicht auf Kosten des Schwächeren gewaltsam seine Interessen durchsetzt.

Die Rolle des Polizisten (der hier, ein wenig karikiert und überspitzt, für das Rechtssystem steht) gewinnt ihre Rationalität aus dem Bedürfnis des übergeordneten sozialen Systems (d. h. des Staates), dass seine Gesetze und Regeln eingehalten werden und auf diese Weise für alle Bürger eine gewisse Sicherheit und Berechenbarkeit gewährleistet wird.

Falls die Maßnahmen des Polizisten dem jeweiligen Delinquenten, der durch sein Verhalten (Taschendiebstahl, zu schnelles Fahren, Steuerhinterziehung, Kindesmisshandlung, Mord …) die öffentliche Ordnung durcheinandergebracht hat, »eine Lehre« sind und er in Zukunft nicht mehr gegen die Regeln verstößt, so ist dies eine willkommene – ja, erhoffte – (»resozialisierende«) Nebenwirkung. Aber Rolle und Funktion des Polizisten erhalten ihre Legitimation bereits durch die Aufrechterhaltung der sozialen Ordnung. Deshalb werden Polizisten auch vom Staat bezahlt und nicht von den Straftätern … (hoffentlich!).

Eine gegensätzliche Funktion ist mit der Rolle des Psychotherapeuten verbunden (die Versuchung ist groß, hier zu schreiben: der Psychotherapeutin; denn die hier zu nennenden Funktionen sind in unseren westlichen Gesellschaftsformen meist Frauen bzw. den von ihnen ausgeübten Rollen zugeschrieben – und deswegen erliegen wir hier auch der Versuchung …).

Bei der Rolle der Psychotherapeutin ist alles im Prinzip wie bei der des Polizisten, nur ganz anders. Auch mit ihrer Rolle sind bestimmte Erwartungen und Aufgaben verbunden. Allerdings gewinnen sie ihre Rationalität nicht primär aus den Bedürfnissen des übergeordneten sozialen Systems, sondern aus denen des Individuums. Die Handlungen der Psychotherapeutin sind an den psychischen Bedürfnissen ihres Klienten orientiert. Sie sollen ihm helfen, seine Probleme zu lösen, persönliche Entwicklungs- und Reifungsschritte zu vollziehen, »arbeits- und liebesfähig« zu werden usw. Und deswegen ist es im Prinzip auch richtig, wenn der Klient (oder seine Krankenkasse) die Therapeutin bezahlt und nicht der Staat.

Wenn diese auf das Individuum gerichteten Aktivitäten auch noch dazu beitragen, dass das Gemeinwesen nicht durch irgendein als »problematisch« oder »hochproblematisch« bewertetes Verhalten des Klienten behelligt wird, so ist dies eine willkommene Nebenwirkung, aber die Rolle der Psychotherapeutin ist definiert durch ihre Parteilichkeit für den Klienten, das heißt die Orientierung an seinem Wohl.

Polizist und Psychotherapeutin haben ähnliche Funktionen: Beide fördern – um es der Deutlichkeit willen etwas überspitzt zu formulieren – Sicherheit und Ordnung; nur dass es sich im Sinne einer Entweder-oder-Aufteilung einmal um die äußere, d. h. soziale, Sicherheit und Ordnung (des Gemeinwesens) handelt, das andere mal um die innere, d. h. psychische, Sicherheit und Ordnung (des Klienten).

Diesen beiden Rollen ist hier nicht zufällig so viel Raum gegeben, sondern sie sollten auf die widersprüchlichen Erwartungen vorbereiten, die an die *Elternrolle* gerichtet sind. Denn wenn wir aus der Außenperspektive auf die Funktion von Eltern im Allgemeinen (d. h. nicht nur, aber auch von Adoptiv- und Pflegeeltern) schauen, so fallen Ähnlichkeiten mit beiden skizzierten Rollen auf.

Auf der einen Seite besteht ihre Aufgabe darin, das Wohl ihres Kindes im Blick zu haben und es in seiner körperlichen und seelischen Entwicklung nach bestem Wissen und Gewissen zu fördern. Das umfasst auch den Schutz des Kindes gegenüber der natürlichen Umwelt und der Gesellschaft, ihren Gefahren und Zumutungen. Sie müssen Entscheidungen treffen, die das rein physische Überleben des Kindes sichern oder gefährden können, und sie müssen die Interessen ihres »unmündigen« Kindes gegenüber anderen Menschen vertreten, für es sprechen und Verantwortung für es übernehmen. Was die Belange des Kindes angeht, so sind die Eltern im Idealfall ihr parteilicher Anwalt gegenüber der Gesellschaft.

Auf der anderen Seite repräsentieren Eltern ihren Kindern gegenüber aber immer auch die Gesellschaft, d. h. eine bestimmte Kultur oder Subkultur, Regeln, Gesetze, Werte etc. Sie sprechen mit ihrem Kind und lehren es auf diese Weise nicht nur zu sprechen und sich auszudrücken, sondern sich auch außerhalb der Familie am gesellschaftlichen Leben (an der Kommunikation) zu beteiligen. Sie reagieren mit der Äußerung positiver oder negativer Gefühle auf die Verhaltensweisen ihrer Kinder und vermitteln ihnen so, was man im gegebenen (sub-)kulturellen Rahmen lieber nicht tun sollte, wenn man nicht ausgelacht, beschimpft, gedemütigt, mit Liebensentzug bestraft werden will usw. Und sie zeigen ihnen so, mit welchem Verhalten man Glanz ins Auge der Mutter bringt, den Stolz in die Stimme des Vaters und Anerkennung und/oder (wenigstens) Aufmerksamkeit von wichtigen Bezugspersonen erhält usw.

Was die Elternrolle mit der Polizistenrolle verbindet, ist, dass Eltern die Gesellschaft – genauer gesagt: ein spezifisches soziales, ökonomisches und kulturelles Milieu – gegenüber ihren Kindern repräsentieren. Ihre Aufgabe lässt sich daher aus der Logik und den Spielregeln dieses sozialen Umfeldes erklären, d. h., von ihnen wird erwartet, dass sie die Interessen des Gemeinwesens gegenüber ihren Kindern vertreten (sie zu »guten Bürgern« erziehen und »gesellschaftsfähig« machen, d. h. »sozialisieren«).

Was die Elternrolle mit der Rolle der Psychotherapeutin verbindet, ist, dass ihre Aufgaben sich aus den Bedürfnissen eines Individuums – ihres Kindes – ableiten lassen, allerdings auch den körperlichen, nicht nur den psychischen.

Eltern befinden sich daher immer in einer Art »Sandwichposition« zwischen den Bedürfnissen des Kindes und denen des gesellschaftlichen Umfeldes. Solange ihr Kind ein Verhalten zeigt, das den sozial vorgegebenen, dem jeweiligen Alter gemäßen normativen Erwartungen an das Verhalten von Kindern entspricht – was z. B. Entwicklungsschritte, Leistung, Sozialverhalten, Disziplin etc. angeht – ist diese Mittlerposition der Eltern zwischen Kind und Gesellschaft meist unproblematisch. Schwierig wird es hingegen, wenn die Anforderungen beider Rollen sich gegenseitig ausschließen. Denn anders als bei der Psychotherapeutin und dem Polizisten ist die Rolle der Eltern nicht eindeutig im Sinne eines Entweder-oder definiert. Sie können daher *nicht* im Zweifel vorgegebenen Prioritäten folgen und *nicht* widerspruchsfrei handeln.

Der Januskopf mit seinen zwei Gesichtern, die in unterschiedliche Richtungen weisen, symbolisiert diese doppelte – und manchmal widersprüchliche – Aufgabe von Eltern. Das eine Gesicht haben Mutter und Vater ihren Kindern zugewandt. Sie beobachten ihre Kinder und richten ihre Aufmerksamkeit auf sie und ihre Bedürfnisse. Das andere Gesicht ist der Gesellschaft zugewandt. Auch die Gesellschaft und ihre Erwartungen beobachten die Eltern, da sie an sie ebenso gebunden sind wie an die ihres Kindes.

In der Entwicklung unserer gesellschaftlichen Strukturen ist zu beobachten, dass Rollen und Funktionen, die sich gegenseitig ins Gehege kommen können, im Laufe der Geschichte möglichst klar getrennt und gegeneinander abgegrenzt werden. So haben sich unterschiedliche Rollen herausbilden können, die mit widersprüchlichen Aufgaben verbunden sind.

Ärzte, Rechtsanwälte, Psychotherapeuten und Priester dürfen sich deshalb, beispielsweise, auf ihre Schweigepflicht oder das Beichtgeheimnis berufen. Sie haben ein Aussageverweigerungsrecht, wenn staatliche Organe von ihnen verlangen, Informationen preiszugeben, die gegen ihre Patienten, Mandanten, Klienten oder Sünder, denen sie gerade die Absolution erteilt haben, verwendet werden könnten. Ihre Pflicht zur Parteilichkeit für das jeweilige Individuum, das sich ihnen anvertraut hat, ist gesetzlich unmissverständlich festgelegt.

Die Vertreter des Rechtssystems hingegen, zu denen ja auch der hier als Gegenmodell verwendete Polizist gehört, haben »ohne Ansehen der Person« zu handeln. Für sie ist klar definiert, dass den Regeln und Gesetzen des Gemeinwesens eine höhere Autorität zuzubilligen ist als den persönlichen Interessen der Individuen, auf die sie angewandt werden. Auch dem Polizisten wird so die Möglichkeit eröffnet, ambivalenzfrei zu handeln.

In früheren Zeiten, als die Vater- und Mutterrollen noch stärker als heute unterschieden wurden, gab es eine ähnliche Aufteilung der elterlichen Rollen: Die Mutter hatte eher den fürsorglichen Part inne, der Vater übernahm die disziplinierende Aufgabe. Mutter konnte sich als »die Liebe« zeigen, weil Vater »der Strenge« war und für Ordnung sorgte (und umgekehrt). Die Ambivalenz und Widersprüchlichkeit der Elternrolle war auf zwei gegensätzliche, sich ergänzende und kooperative Rollen aufgespalten. Auch heute ist eine Rollentrennung in dieser Form tendenziell noch in vielen Familien zu beobachten, aber sicher nicht mehr so strikt und auf keinen Fall so radikal wie zwischen professionalisierten Rollen (Psychotherapeutin/Polizist).

Die Folge davon ist, dass jeder Elternteil faktisch beide Funktionen auszufüllen hat und seinem Kind daher beide Janus-Gesichter zeigt, wenn auch zu verschiedenen Zeiten. Mal verhalten sowohl Vater als auch Mutter sich eher fürsorglich, mal disziplinierend, mal fördernd, mal fordernd, mal gewährend, mal versagend. Die Folge ist, dass Mutter wie Vater sich ihrem Kind widersprüchlich präsentieren und das Kind ihnen daher situationsabhängig auch unterschiedliche Gefühle entgegenbringt. Mal erlebt es sie als die »Guten«, mal als die »Bösen«.

Im Laufe der Entwicklung des Kindes ändert sich die elterliche Rolle. In der Kleinkindphase steht die fürsorgliche Funktion ganz im Vordergrund. Mit zunehmendem Alter kommen immer mehr fordernde und einschränkende, die sozialen Regeln des Umfeldes vermittelnde Funktionen hinzu – und damit das Potenzial für Eltern-Kind-Konflikte.

Das gilt für alle Familien, nicht nur für Adoptivfamilien. Aber bei denen verschärft sich das Konfliktpotenzial, wenn das Verhalten des Kindes von »Urmisstrauen« bestimmt ist.

Auch Kinder mit einem hinreichenden Urvertrauen erleben ihre Eltern, wenn sie Grenzen setzen und Wünsche frustrieren, als »böse« und sind deswegen »böse« auf sie. Aber sie sind in der Lage, vertrauensvoll zu unterstellen, dass dies nicht aus Feindschaft ihnen gegenüber geschieht oder um ihnen zu schaden. Sie gehen zwar in den Konflikt und streiten für die Durchsetzung ihres Anliegens, aber sie kämpfen nicht »um ihr Leben«. Die Sicherheit in der Beziehung ermöglicht die Auseinandersetzung in Sachfragen. Und da die Eltern nicht nur als »lieb« und »nett« und »gut« erlebt werden, wird die Beziehung zu ihnen mit zunehmendem Alter immer weniger idealisiert. Die Eltern gewinnen an Kontur als unverwechselbare Personen, und die Beziehung zu ihnen wird zunehmend ambivalent erlebt. Denn die Hilfe, Unterstützung, Geborgenheit etc., die von den Eltern zu erwarten ist, hat einen Preis: die Einschränkung der Autonomie. Man muss ihren Erwartungen und Wünschen zumindest innerhalb gewisser Bandbreiten gerecht werden (»Solange du die Füße unter meinen Tisch streckst …«). Aber dieses konflikthafte Aushandeln, was wer wann von wem zu erwarten hat und wie groß die Freiräume des Kindes sind, ist Teil der heute in der westlichen

Welt als »normal« zu erwartenden Entwicklung vom Kind zum Jugendlichen und schließlich zum Erwachsenen. Sie erstreckt sich über Jahre größerer oder kleinerer Konflikte, in deren Verlauf in einer Art Salamitaktik das Vertrauen der Eltern in die Fähigkeit ihres Kindes, allein und eigenverantwortlich sein Leben in die Hand zu nehmen, steigt, bis sie sich schließlich guten Gewissens oder vielleicht auch nur aus Machtlosigkeit nicht mehr in die Lebensentscheidungen ihres Kindes einmischen (können).

Wenn ein Kind hingegen in seinen ersten Lebensmonaten kein solches Urvertrauen oder stattdessen gar ein Urmisstrauen entwickelt hat, kommt es nicht zu dieser »durchschnittlich zu erwartenden« Form der Entwicklung. Wo das Verhalten eines Kindes von der unbewussten Annahme geleitet wird, dass jeder Konflikt lebensbedrohlich ist, lassen sich wieder die beiden, nun schon mehrfach erwähnten Muster unterscheiden.

Die »Vermeider« haben keine Hoffnung, durch ihre eigenen Handlungen in diesen Konflikten »gewinnen« zu können, und reagieren daher scheinbar angepasst. Sie ducken sich weg und versuchen, die Konfrontation zu umgehen. Das heißt aber nicht, dass sie sich wirklich den elterlichen Forderungen unterordnen, sondern sie reagieren mit dem Nicht-Wollen. Statt in die Opposition zu gehen, zeigen sie sich antriebslos, ohne allzu viel Initiative. Im Zweifel wählen sie eine Art fatalistische Passivität, in der vagen Hoffnung, dass irgendwer oder -was von außen für sie eine Entscheidung treffen wird. Aus Angst vor dem Beziehungsabbruch riskieren sie nur wenige Konflikte. Daher können sie auch nur in geringem Maße offene Abgrenzungsstrategien erproben.

Die »Kämpfer« hingegen liefern gewissermaßen das Gegenbild (Pseudoautonomie). Ohne Rücksicht auf die Folgen für die Beziehung zu Eltern oder anderen Autoritäten demonstrieren sie die eigene Unabhängigkeit. Das gelingt, weil aufgrund der früh trainierten Fähigkeit, Gefühle abzuspalten, in solchen Situationen keine Ambivalenzen erlebt werden. Die disziplinierenden Erzieher werden *nur* als versagend und frustrierend erlebt. Im

Hier und Jetzt wird entweder schwarz oder weiß gemalt, Zwischentöne gibt es nicht, keine Erinnerungen an schöne Phasen der Vergangenheit, keine Angst vor der Unsicherheit der Zukunft. Aus Sicht des außenstehenden Beobachters mag es um irgendeine Banalität oder Kleinigkeit des Alltags gehen, bei der Eltern oder Erzieher Grenzen setzen. Aus Sicht des Kindes scheint es um alles oder nichts, Sein oder Nicht-Sein, zu gehen.

Dass die so demonstrierte – und wohl auch erlebte – Autonomie nicht real ist, sieht jeder unbeteiligte Beobachter. Denn das Kind ist eben nicht – je jünger, desto weniger – allein überlebensfähig. Das sehen natürlich vor allem die betroffenen Adoptiv- und Pflegeeltern, die ihre Kinder nicht ungeschützt ihren eigenen (pseudoautonomen) Weg gehen lassen können. Wenn sie der Verantwortung ihrem Kind gegenüber gerecht werden wollen, so können sie es nicht »machen lassen« (je jünger das Kind ist, desto weniger …). Sie müssen sich einmischen. Das gilt vor allem, wenn ihr Kind sich in einer Weise verhält, die nicht mit den Standards und Normen des umgebenden Gemeinwesens vereinbar ist, d. h., wenn es irgendwelche Formen des »abweichenden Verhaltens« zeigt. Hier kommt ihre Verantwortung der Gemeinschaft gegenüber ins Spiel. Denn Eltern werden von Verwandten, Nachbarn, Lehrern usw. daraufhin beobachtet, wie sie mit ihrem Kind umgehen und ob sie es »unter Kontrolle« bekommen.

So sehen sich die Eltern oft durch öffentlich wahrnehmbares, abweichendes Verhalten ihrer Kinder »gezwungen«, innerhalb der Familien ihre »Polizistenrolle« in den Vordergrund zu stellen. Gezwungen sind sie dazu natürlich nicht, sie könnten sich auch immer anders verhalten, aber der »Einladung« dazu durch das provozierende Verhalten ihres Kindes können sie nur schwer widerstehen (schließlich haben sie dazu alle Leute um sich herum bzw. deren Erwartungen nach disziplinierenden Maßnahmen auf ihrer Seite).

So ist es eher wahrscheinlich, dass die Disziplinierungsversuche der Eltern gerade dann zunehmen, wenn das Kind seine (ja nicht wirklich vorhandene) Autonomie besonders demonstriert. Auf diese Weise entsteht ein Kontrollkampf, der in geradezu genialer Weise für eine Autonomie-Abhängigkeits-Balance des Kindes sorgt: Während es seine Unabhängigkeit zeigt, übernehmen die Eltern die Aufgabe, dafür zu sorgen, dass die Beziehung nicht abbricht.

Es handelt sich hier um eine klassische *Kollusion*, d. h. eine Beziehungsgestaltung, bei der zwei Parteien einen gemeinsamen Konflikt (Autonomie versus Abhängigkeit) so lösen, dass die eine Partei versucht, der einen Seite des Konflikts zum Ziel zu verhelfen, und die andere Partei der Gegenseite. Auf diese Weise braucht jede der Parteien immer nur die Gefühle zu erleben, die mit seiner Seite des Konflikts verbunden sind. Gleichzeitig kommt es aber nicht wirklich zur Entscheidung des Konflikts, da die andere Seite dies verhindert.

Kinder, die ihre Gefühle abspalten, erleben nicht die Angst vor Trennung, der Zukunft, den Reaktionen der Gesellschaft usw., die Eltern erleben diese Angst hingegen sehr deutlich. Während ihre Kinder scheinbar sorgenfrei in den Tag hinein leben, haben sie die Angst, was denn aus den Kindern werden wird.

Doch bei dieser Schwarz-Weiß-Aufteilung des Erlebens kann die »normale« Salamitaktik, bei der die Eltern immer mehr Vertrauen in die Eigenverantwortlichkeit ihrer Kinder gewinnen und sie deshalb irgendwann guten Gewissens »loslassen« können, nicht wirklich vollzogen werden. Die paradoxe Strategie, bei der Adoptivkinder ihre Unabhängigkeit in so unangemessener Weise demonstrieren, dass verantwortungsbewusste Eltern kaum umhin kommen, sich einzumischen, erstarrt. Er wird zum entnervenden, dauerhaften, sich immer wiederholenden Muster der Interaktion zwischen Eltern und Kind. Doch das ist noch der günstigere Fall, denn die Beziehung bleibt – wenn auch voller Spannung – erhalten. Im weniger günstigen Fall kommt es zum Beziehungsabbruch, und dessen Folgen zeigen dann in der Regel in tragischer Weise, dass die Kinder eben doch nicht so selbständig lebensfähig sind, wie sie womöglich selbst geglaubt haben. Manche Kinder landen aufgrund ihres Verhaltens als Patienten bei Kinderpsychiatern, die dann vor ähnlichen Problemen stehen wie die Eltern. In Pflegefamilien wird aufgrund der Überforderung der Pflegeeltern das Kind dann oft wieder in einem Heim untergebracht – was zur Bestätigung des Urmisstrauens gegenüber vermeintlich fürsorglichen Autoritäten führt. In Adoptivfamilien verlässt oft der (noch sehr junge) Jugendliche die Familie und geht seine eigenen Wege, obwohl er oder sie dazu nach Ansicht der Eltern noch längst nicht fähig ist …

Insgesamt verändert die Abspaltungstendenz und die damit verbundene Ambivalenzfreiheit des Handelns die Qualität vieler familiärer Konflikte. Sie verlaufen nicht so harmlos wie die Unabhängigkeitsbewegungen in Durchschnittsfamilien, sondern sie können für alle eine existenziell bedrohliche Machtkampf-Dimension annehmen. Doch dieser Machtkampf ist paradox, denn die Kinder verlieren, wenn sie gewinnen … und damit verlieren immer auch die Eltern. Niemand kann dabei wirklich etwas gewinnen. Wie sich solche Machtkämpfe um das Kindeswohl gestalten, hängt von der jeweiligen Alters- und Entwicklungsphase des Kindes ab. Denn die Autonomie des Kindes und seine sozialen Kompetenzen nehmen ja tatsächlich zu, und sie lassen sich auch in den Auseinandersetzungen mit den Eltern nutzen …

5.2 »Pathologisierendes« und »normalisierendes« Beobachten

Die meisten Menschen denken, *Beobachten* sei eine relativ harmlose Tätigkeit. Das stimmt aber nur zum Teil. Wenn ein unbelebter Gegenstand beobachtet wird – z. B. ein Auto –, so ändert sich dieses Ding nicht allein dadurch, dass es betrachtet wird. Das ist bei Menschen ganz anders. Wer sich beobachtet fühlt, verhält sich meistens anders, als wenn er sich unbeobachtet fühlt. Und wenn er von dem- oder denjenigen, die ihn beobachten, auch noch bewertet und beurteilt wird, ändert sich sein Verhalten ganz massiv. Das Bewusstsein, beobachtet zu werden, hat nicht nur psychische Folgen, sondern auch körperliche. Das weiß jeder, der vor einer Prüfung noch einmal schnell die Toilette aufsuchen musste. Denn in solchen Situationen wird deutlich, dass die Art, wie man als Individuum von anderen beobachtet wird, die Weichen für den weiteren Lebensweg eines Menschen in ganz unterschiedliche Richtungen stellen kann.

Anders, als wir es bei unbelebten Gegenständen gewohnt sind, müssen wir beim Blick auf Personen immer einkalkulieren, dass die Beobachtung eine verändernde Wirkung auf den beobachteten Menschen hat. Daher ist Beobachtung bzw. die Kommunikation dessen, was man beobachtet, ein machtvolles Instrument der gegenseitigen Beeinflussung, mit dem man sorgsam umgehen sollte. Das gilt in besonderem Maße für die Beobachtung der eigenen Kinder durch die Eltern.

Denn nüchtern betrachtet ist Beobachtung die Basis aller Erziehung. Das Problem ist, dass nur die wenigsten Eltern sich der Macht, ja, der »Gewalttätigkeit«, die sie durch ihre Art zu beobachten auf ihre Kinder ausüben können, bewusst sind. Deshalb hier ein paar Hinweise darauf, wie Beobachtung funktioniert und welche Art des Beobachtens Adoptiveltern lieber *vermeiden* sollten (womit schon viel gewonnen wäre) und welche sie *bevorzugen* sollten (was natürlich noch besser ist). Denn Beobachten ist – anders, als oft gedacht – nicht einfach die Erfassung objektiver Daten und Informationen, sondern eine Methode, die Welt (auch seine Kinder) mitzugestalten. Dabei entspricht das Ergebnis leider nicht immer (oder besser gesagt: eher selten) den bewussten Absichten der Eltern. So können aus guten Absichten Katastrophen geboren werden (was natürlich tragisch ist).

Wenn ein Kind in eine Familie kommt (ob hineingeboren oder adoptiert), so wird zunächst sein Äußeres mit großem Interesse von allen Beteiligten studiert. Hier zeigt sich bereits ein Unterschied zwischen der Beobachtung leiblicher und nichtleiblicher Kinder, der für das Adoptivkind im weiteren Verlauf fatale Folgen haben kann: Leibliche Kinder werden vom ersten Moment an auf ihre Ähnlichkeiten mit irgendwelchen Verwandten hin beobachtet: »Schau nur die Nase, ganz die von Tante Marianne!«, »Nein, viel eher die von deiner Cousine Elke …«, »Und die Augen: ganz die Mutter!«, »Das Lächeln, wie bei dir …!« usw.

Man erkennt andere, nahestehende Menschen in seinem Kind, andere bestätigen dies oder weisen erst darauf hin … Das beginnt bei Äußerlichkeiten und setzt sich beim Verhalten fort. Auch hier wird das leibliche Kind meist vor der Folie des Verhaltens von Verwandten beobachtet. Und so wird dieses Verhalten dann auch erklärt und bewertet. Wenn diese Verwandten wenig geschätzt werden, so wird im Allgemeinen negativ auf dieses Verhalten reagiert, wenn es positiv gedeutet wird, dann eher positiv. Da die Verwandten und ihre Verhaltensweisen zumindest vertraut sind – wenn beide sicher auch nicht immer positiv bewertet werden –, so wird durch diese vergleichende Beobachtungsweise ein Bild des Kindes entworfen, das sich an Vertrautem orientiert. Das Bild eines fremden Menschen – des Kindes – wird so aus schon lange bekannten Merkmalen anderer Personen »komponiert«, d. h., es wird als mehr oder weniger bekanntes Wesen identifiziert. Was immer es Neues tun mag, es ist alles schon mal da gewesen, und da man bei den Verwandten weiß, wie die Geschichte weitergegangen ist, überträgt man die Erfahrungen mit den Verwandten auf das Kind.

Wenn also der 15-jährige Sohn dabei erwischt wird, wie er in einem Laden Zigaretten klaut, so wird die Sorge der Eltern, er könne auf die »schiefe Bahn« geraten, beruhigt: »Onkel Eduard ist auch mit 16 Jahren bei einem Ladendiebstahl erwischt worden, und jetzt ist er Richter am Bundesgerichtshof!«

Insgesamt kann man hier von einer »normalisierenden« Form der Beobachtung sprechen. Sie sorgt für Gelassenheit im Umgang mit dem »abweichenden Verhalten« des Kindes. Aus diesem Grund entwickelt sich in der Regel die Kommunikation in der Familie weniger aufgeregt und dramatisierend.

Die Frage, wie man mit solchem Verhalten umgeht, ist für jede Familie zentral, denn wenn man es nüchtern betrachtet, dann zeigen ja alle Kinder zunächst abweichendes Verhalten. Woher sollen sie auch wissen, wie sie sich verhalten sollen. Sie müssen ja erst »sozialisiert« werden, d. h. lernen, welche Verhaltensweisen »verboten«, »erlaubt«, »vorgeschrieben« usw. sind, damit man im gegebenen gesellschaftlichen Umfeld nicht unangenehm auffällt. Bei der normalisierenden Beobachtung wird in einer gelassenen und eher entspannten Weise auf die »Versuche und Irrtümer« der Kinder reagiert.

Da Kinder ja nicht nur beobachtet werden, sondern in der Familie auch über das, was da beobachtet wird, gesprochen wird, orientiert sich immer auch die Selbstbeschreibung und der Selbstwert des Kindes an den so kommunizierten Sichtweisen und Bewertungen. Mit jeder Aussage, die von anderen Menschen – vor allem natürlich von den eigenen Eltern – über uns (Erwachsene wie Kinder) gemacht wird, stehen wir vor der Frage, ob wir diese Aussage als »wahr«, »wichtig«, »ernstzunehmend« etc. akzeptieren und zum Bestandteil unseres Selbstbildes machen oder ob wir uns dagegen wehren sollen. Schließlich geht es um die soziale Definition der persönlichen Identität, des eigenen Charakters. Woher soll man als Kind wissen, wer man ist, wenn nicht aus den Erzählungen der Mitmenschen. Deswegen wird eins nie passieren: dass ein Kind gleichgültig darauf reagiert, wie es von anderen gesehen wird.

Bei der hier »normalisierend« genannten Form der Beobachtung entwickeln sich in der Familie Spielregeln, in der es auch Raum für Experimente des Kindes gibt und nicht jedes »schlechte Benehmen« gleich die Sicherheit der Beziehung infrage stellt. Im optimalen Fall findet das sowieso schon bestehende Urvertrauen des Kindes angesichts seiner sozialen »Ausrutscher« so seine Bestätigung.

Hinter der normalisierenden Beobachtung steht eine Theorie, mit deren Hilfe die Verhaltensweisen bzw. die unterstellten charakterlichen Merkmale eines Kindes erklärt werden: die biologische Vererbung.

Niemand würde bezweifeln, dass es sie gibt. Körperliche Merkmale, wie die Form der niedlichen Stupsnase, die tiefblauen Augen, die kleine Lachfalte zwischen den Augen usw. sind auf diese Weise ja wirklich gut zu erklären. Bei dem, was Menschen tun, ist es allerdings nicht so einfach und klar, ob bzw. wie charakteristische Muster des Verhaltens vererbt werden: biologisch oder sozial? Denn auch Adoptivkinder zeigen in erstaunlichem Maße Ähnlichkeiten mit dem Verhalten ihrer Adoptiveltern, ohne dass es dazu der biologischen Vererbung bedürfte. Das erscheint den meisten überraschend, weil es nicht erwartet wird. Denn Adoptivkinder werden meist auf ihre *Unähnlichkeit* zu den biologischen Eltern und Verwandten hin beobachtet (was problematisch ist).

Falls die biologischen Eltern (oft ja nur die Mütter) bekannt sind und die Adoptiveltern Informationen über sie haben, kann es dazu kommen, dass die Kinder sowohl auf ihre Ähnlichkeiten zur biologischen Mutter, als auch auf die Unähnlichkeit zu den Adoptiveltern (-verwandten) hin beobachtet werden. Beides wird meistens negativ bewertet, da die biologischen Mütter in der Regel ja irgendwelche Gründe hatten, ihr Kind abzugeben, die nicht den gutbürgerlichen Normen der meisten Adoptiveltern entsprechen.

Hatte die abgebende Mutter z. B. Drogenprobleme oder Schwierigkeiten im Arbeitsleben oder war sie noch sehr jung, so wird oft – mal bewusst, mal unbewusst – erwartet, dass ihre Kinder davon etwas »abbekommen« haben. Und wenn eine Schachtel Zigaretten geklaut wird, dann steht der Verdacht im Raume, das habe vielleicht doch etwas mit den »schlechten Genen« zu tun. So schwebt dann aufgrund biologischer Laientheorien ein vermutetes Gefährdungspotenzial als Damoklesschwert über der

Entwicklung des Kindes. Es wird auf mögliche Charaktermängel hin beobachtet, die Eltern reagieren beim ersten Drogenkonsum oder Zigarettenklau nicht gelassen, sondern – ganz im Gegenteil – sie zeigen ihre Panik und liefern womöglich einen Schauplatz zur Austragung pubertärer Abgrenzungskämpfe. Und die Kinder, die von diesen Befürchtungen wissen und mit den biologischen Eltern identifiziert werden und sich identifizieren, fühlen sich möglicherweise »verpflichtet«, ebenfalls früh schwanger zu werden, um ihre biologische Mutter und damit sich trotzig gegen die implizierte Abwertung zu verteidigen.

Die Fokussierung der Aufmerksamkeit auf Abweichungen wirkt oft als selbsterfüllende Prophezeiung. Sie erhöht die Wahrscheinlichkeit, dass die Kinder abweichendes Verhalten zeigen – auch wenn es die Absicht der Eltern war, gerade dies zu verhindern. Diese Beobachtungsweise kann deswegen auch – in ihrer extremen Form – als »pathologisierendes Beobachten« charakterisiert werden.

Aber selbst dann, wenn die Beobachtung auf Abweichungen fokussiert ist, gibt es noch gravierende Unterschiede bei der Erklärung der so auffallenden Verhaltensweisen. Wenn beispielsweise ein Kind oder Jugendlicher immer mal wieder »ausrastet«, so kann dies als Ausdruck seiner »Bosheit«, seiner »Rücksichtslosigkeit«, seines »Egoismus«, seiner »Stärke« usw. erklärt werden, es kann aber auch als Ausdruck seiner »Schwäche«, seiner »nicht zugelassenen Angst«, seiner »Hilflosigkeit« usw. gedeutet werden. Je nachdem, welche dieser Interpretationen bevorzugt wird, werden Eltern anders reagieren. Sie fühlen sich zu anderen Reaktionen eingeladen, und es werden in der Folge andere »Tänze« getanzt. Einmal werden sie wahrscheinlich eher selbst wütend und ärgerlich, das andere Mal versuchen sie wahrscheinlich eher, sich einzufühlen, Verständnis zu zeigen und zu helfen.

Erklärungen sind aber nur ein Aspekt des Beobachtens. Durch sie werden Ursachen für das beobachtete Verhalten konstruiert. Aber welchen Verhaltensweisen der Kinder schenkt man überhaupt Aufmerksamkeit?

Jeder Mensch verhält sich 24 Stunden am Tag, sieben Tage die Woche, 365 Tage im Jahr, ein ganzes Leben lang. Das kann gar nicht alles wahrgenommen werden. Es muss eine Auswahl getroffen werden. Auch hier gibt es normalisierende oder pathologisierende Mechanismen: Wenn ein Kind mal eine Viertelstunde »ausrastet«, so wird oft vergessen bzw. gar nicht mehr wahrgenommen, dass es möglicherweise 23 Stunden und 45 Minuten ein vollkommen unauffälliges Verhalten gezeigt hat. Die Viertelstunde wird aufgebläht, und ihr wird eine ungeheure Bedeutung gegeben, während die übrigen 23 Stunden und 45 Minuten zur Bedeutungslosigkeit geschrumpft sind. So findet dann das Misstrauen von Adoptiveltern gegenüber dem, was das Kind an biologischen Anlagen mitgebracht haben mag, scheinbar seine Bestätigung.

Aber nicht nur, was sie beobachten und wie sie es sich erklären, ist entscheidend für das Handeln von Eltern, sondern auch (und vor allem), wie es sie bewerten. Diese Bewertung zeigt sich in den Gefühlen und den Handlungsimpulsen, die mit der Beobachtung verbunden sind. So dürfte die Attraktivität biologischer Erklärungen auch daraus resultieren, dass sie die Adoptiveltern von Schuldgefühlen entlasten. Denn gerade, wenn man sich bewusst für ein Kind entschieden, viel Mühe auf sich genommen, alle möglichen behördlichen Schwierigkeiten überwunden und »ewig lange« auf sein Kind gewartet hat, will man alles richtig machen. Deswegen beobachten viele Adoptiveltern sich auch selbstkritischer als andere Eltern und neigen dazu, sich den Kopf zu zerbrechen, was sie denn nur hätten anders machen können, wenn ihre Kinder in Schwierigkeiten geraten. Hier kann einen die Idee, all die Schwierigkeiten seien auf irgendwelche mystischen, auf jeden Fall aber nicht durchschaubaren und nicht veränderbaren, erblichen Faktoren zurückzuführen, von Schuldgefühlen entlasten.

Diese Schuldentlastung ist auf der einen Seite gut und sinnvoll, weil sie den Eltern dazu verhelfen kann, gelassener mit ihren Kindern umzugehen. Auf der anderen Seite ist sie aber auch hochriskant. Denn wenn die Gleichung lautet: »Eltern haben Einfluss auf das Verhalten ihres Kindes = Eltern sind schuld am Verhalten ihres Kindes«, dann ist der Wunsch, sich von Schuld zu entlasten, immer mit der Gefahr verbunden, dass gefolgert wird, die Eltern hätten keinen Einfluss und könnten nichts anderes tun. Sie erklären sich selbst für ohnmächtig, und ihnen bleibt nichts anderes übrig, als auf Experten zu warten (z. B. Kinderpsychiater), die gegen irgendwelche unverstehbaren Ursachen ankämpfen. Das gilt besonders für alle biomythologischen Erklärungen (»schlechte Gene«). Denn sie sind nicht nur *nicht nützlich*, sondern meistens *schädlich*, da sie die Eltern nicht nur von Schuld freisprechen, sondern ihnen auch – als nicht beabsichtigte Nebenwirkung – die eigenen Handlungsmöglichkeiten nehmen. Denn niemand wird glauben, dass er, durch welche erzieherischen Maßnahmen auch immer, das Erbgut seines Kindes ändern kann.

Daher hier der *generelle Tipp:*

Es ist für Eltern (ob Adoptiveltern oder andere) immer nützlicher, Erklärungen (Ursache-Wirkungs-Hypothesen) für die Verhaltensweisen ihrer Kinder zu konstruieren, die ihnen – den Eltern – neue Handlungsmöglichkeiten eröffnen, statt solche, die ihnen suggerieren, sie könnten keinen Einfluss nehmen. Nur so können sie etwas anderes tun und aktiv die Tänze unterbrechen, die sie als leidvoll oder destruktiv erleben. Denn man kann ja als Mutter oder Vater (als »Tänzer«) immer nur sein eigenes Verhalten direkt verändern, nie das des »Mittänzers« (seines Kindes), selbst wenn man ihm auf die Füße tritt. Wenn man hingegen die Schrittfolge verändert, dann kann es sein, dass schließlich irgendwann ein anderer Tanz getanzt wird. Sieht man solche Einflussmöglichkeiten nicht, entsteht bei Eltern das – unserer Erfahrung nach vollkommen unberechtigte – Gefühl, »nichts tun« zu können, und schließlich resignieren sie, was weder für ihre Kinder noch für sie selbst gut ist.

5.3 Die Vorschulzeit

Wenn im Blick auf Kinder von Entwicklungsphasen gesprochen wird, so ist damit meist das körperliche und seelische Wachstum im Reifungsprozess gemeint. Dabei lassen sich gewisse Gesetzmäßigkeiten beschreiben, Stufen der Entwicklung, die von jedem auf dem Weg vom Kind zum Erwachsenen überwunden werden müssen. Diese Übergänge sind zum einen von den biologisch vorgegebenen (»epigenetischen«) Veränderungsprozessen im Wachstum des Kindes bestimmt. Der Körper verändert sich, und die Psyche steht vor der Anforderung, in ihrer Entwicklung irgendwie hinterherzukommen, um den Anschluss nicht zu verlieren. Der Körper verändert sich, und das Selbstbild des Kindes auch. Seine emotionalen und kognitiven Fähigkeiten, seine Handlungsmöglichkeiten nehmen zu, und damit wandelt sich auch die Beziehung zu den Menschen, mit denen es zu tun hat – vor allem zu Eltern und Geschwistern.

Die individuellen körperlichen und psychischen Wachstumsprozesse des Kindes bilden aber nur die eine Seite des Veränderungsprozesses. Auf der anderen Seite stehen die Veränderungen des sozialen Umfelds, die sich mit zunehmendem Alter des Kindes mindestens so stark ändern wie der kindliche Organismus. Da ist zunächst die Familie, in der es Erwartungen an die Entwicklungsfortschritte des Kindes gibt (»Läuft er schon?«, »Hast du gehört, sie sagt Mama!«…). Jedes Kind wird daraufhin beobachtet, ob es sich »normal« (d. h. erwartungsgemäß) entwickelt. Und mit jedem erfolgreich vollzogenen Schritt wird das Kind mit neuen Wachstums- und Entwicklungserwartungen konfrontiert.

Irgendwann ist dann der Punkt erreicht, dass dem Kind zugemutet wird, sich in anderen sozialen Systemen – anderen Familien, Kindergruppen, dem Kindergarten, schließlich der Schule usw. – zu bewegen. Dort werden nun neue, teilweise ganz andere Erwartungen an das Kind gerichtet, als das zu Hause der Fall war und ist. Hier sieht sich jedes Kind großen Anpassungsforderungen ausgesetzt, die nicht immer einfach zu bewältigen sind.

Bei vielen Adoptivkindern (um es wiederum zu betonen: *nicht allen*) scheint diese Schrittfolge mit größeren Schwierigkeiten verbunden zu sein als bei anderen, nichtadoptierten Kindern. Das hat wiederum Auswirkungen auf das Familienleben sowie die Rolle und Funktion der Eltern. Daher scheint es uns sinnvoll, uns bei der Beschreibung der einzelnen Entwicklungsphasen nicht am Kind und dessen Wachstum zu orientieren, sondern an den jeweiligen sozialen Umfeldern – der Familie, dem Kindergarten, der Schule – und ihren unterschiedlichen Spielregen.

Die Krisen, mit denen sich Adoptiveltern auseinanderzusetzen haben, sind aus dem Wechsel des jeweiligen Spielfelds, in dem sich ihr Kind zu behaupten hat, verstehbar und erklärbar – so die These, die hier vertreten wird. Könnten Kinder ihr Leben ausschließlich in der Familie verbringen – was natürlich in unserer Zeit wenig realistisch ist – so käme es wahrscheinlich nicht zu bemerkenswerten, größeren Problemen mit Adoptivkindern, auch wenn sie in ihrer frühen Kindheit diverse Trennungen erleben mussten. Aber da das nicht so ist …

Werfen wir einen Blick auf die Familie und ihre Spielregeln. Was dabei als erstes auffällt, ist, dass hier die einzelnen Personen, die Familienmitglieder, im Mittelpunkt des Interesses und der Aufmerksamkeit stehen. Der Sinn des Familienlebens, so könnte man es verkürzt und vereinfachend auf eine Formel bringen, ist das Wohlergehen der Familienmitglieder. Dazu gehört natürlich auch die Bewältigung sachlicher Aufgaben, die überlebensnotwendig und daher unvermeidlich sind: Es muss irgendwie Geld verdient (oder besser: beschafft) werden, damit Wohnung und Nahrung bezahlt werden können, es muss gekocht, gewaschen und der Haushalt besorgt werden. Die körperlichen Erfordernisse der Familienmitglieder sind ein weiterer wichtiger Bereich, in dem die Familie ihren Sinn findet – von den sexuellen Bedürfnissen über Essen und Trinken, die Hygiene und Gesundheitsvorsorge bis hin zur Krankenpflege. Die Orientierung an den einzelnen Personen – seien sie nun alt oder jung, neugeborene Babys oder Alte auf dem Sterbebett – bestimmt, wie sich die familiären Spielregeln entwickeln. In dieser Hinsicht ist die Familie einzigartig in unserer Gesellschaft, denn die meisten anderen Institutionen oder Organisationen dienen in erster Linie sehr speziellen *sachlichen* Zwecken.

Da sich die Bedürfnisse ihrer Mitglieder im Laufe des Lebens ändern, ist es ein weiteres Merkmal von Familien, dass sie außerordentlich anpassungsfähig sind. Kommt ein neues Kind in die Familie – ob nun durch Geburt oder Adoption –, so werden die familiären Spielregeln und Strukturen radikal auf den Kopf gestellt. Es muss Platz für das neue Kind geschaffen werden, und von nun scheint sich alles um dieses zu drehen. Die familiäre Interaktion passt sich den – tatsächlichen oder vermuteten – Bedürfnissen des Kindes an. Die Alt-Familie oder das Paar kann seine bis dahin bestehenden Umgangsregeln nicht weiter aufrechterhalten, sondern muss sich irgendwie mit den Notwendigkeiten für die Versorgung des Kindes arrangieren. Die Nachtruhe ist nicht mehr das, was sie früher mal war, und später müssen die Süßigkeiten unter den Geschwistern geteilt werden … Wie das im Einzelnen aussieht, ist von Familie zu Familie anders, aber stets passen sich die familiären Spielregeln der personell veränderten Situation an, Zeit und Raum werden neu geordnet.

Diese Situation ist für das adoptierte Kind im Prinzip optimal, d. h. besser, als sie im besten Heim sein könnte. Denn in der Familie – in jeder Familie – bleiben die beteiligten Personen konstant (Todesfälle und Scheidungen einmal ausgenommen), und es kann erleben, wie wichtig es genommen wird. Die Beziehungen sind zuverlässig, die Eltern mögen zwar arbeiten gehen und das Haus verlassen, aber sie kommen wieder. Hier kann es (im

Prinzip) neue Erfahrungen machen, die seinem Urmisstrauen zuwiderlaufen. Das heißt: Es könnte neue, korrigierende Erfahrungen machen, macht sie aber nicht in jedem Fall …

Was dies tragischerweise oft verhindert, ist die frühzeitig eingeschlagene (pseudo-)autonome Überlebensstrategie. Denn es wird die Tatsache, dass es keine schmerzlichen neuen Erfahrungen macht, der Tatsache zuschreiben, dass es sich gegen die »böse« Umwelt möglichst deutlich abgrenzt und kämpft oder ihr durch die vorauseilende Vermeidung von Konflikten ausweicht. Wenn es bei anderen Kindern als Zeichen der Trotzphase und ihres zunehmenden Autonomiegefühls betrachtet wird, wenn sie mit strahlenden Augen »Nein« zu ihren Eltern sagen, so scheinen viele der pseudoautonomen Adoptivkinder unmittelbar nach der Adoption (vielleicht ja schon vorher) in die Trotzphase verfallen zu sein. Ihre Abgrenzungsbemühungen sind deutlich und rührend, aber eben manchmal nervenaufreibend.

Szene 10:
In der Familie von Jakob, drei Jahre alt, in Brasilien geboren und seit zwei Jahren in Deutschland bei seinen Adoptiveltern, wird heute die Ankunft der kleinen Schwester gefeiert. Viele Gäste werden erwartet. Der Tisch mit leckeren Speisen ist schon vorbereitet. Vater und Mutter sind festlich gekleidet, ein paar Freunde, die zum Helfen gekommen sind, freuen sich schon auf den ersten Schluck Sekt nach getaner Arbeit. Jakob rennt zwischen dem Laufställchen, in dem sein neues Schwesterchen hockt und spielt, und den festlich gedeckten Tischen aufgeregt hin und her. In der Zeit, in der er jetzt bei seinen Eltern ist, hat er sich gut entwickelt. Aus dem viel zu mageren, stillen Kind ist ein gut entwickeltes, sehr munteres Kerlchen geworden. Oft haben die Eltern regelrecht Schwierigkeiten, ihn im Zaum zu halten.

Jetzt läuft er auf das niedrige Tischchen zu, auf dem auf einer weißen Serviette die Sektgläser bereit stehen. Jakob nimmt mit jeder Hand ein Glas vom Tisch und dreht sich um. Plötzlich herrscht höchste Anspannung. Mutter überlegt noch kurz, ob sie zu ihm hinsprinten soll, kann sich aber ausrechnen, dass sie nicht schnell genug sein wird. Also vertraut sie auf ihre Stimme (Beziehung), schaut ihrem allerliebst aussehenden Sohn fest in die dunklen Augen und sagt mit erhobener Stimme: »Jakob!?«

Jakob schaut fest zurück in die Augen seiner Mutter. Alle halten den Atem an. Er hebt beide Ärmchen mit den Gläsern und schmettert sie auf den gefliesten Fußboden, wo sie in tausend Stücke zerspringen. Dann rennt er weg, so schnell ihn seine kleinen Beine tragen können.

»Ich hab's geahnt!«, seufzt die Mutter und geht ihm nach.

Die Freunde schauen entsetzt. »Was war das denn?«

Der Vater holt den Besen. An der Tür klingelt es ...

Allerdings gehen diese kämpfenden Kinder oft noch einen Schritt weiter und sagen nicht nur »Nein« zu den Wünschen und Forderungen der Eltern, sondern sie scheinen sie provozieren zu wollen. Als wollten sie sich und den Adoptiveltern beweisen, dass sich die Trennung doch wiederholen wird. Da sie über eine hohe soziale Sensibilität verfügen und sehr gut erspüren, wo die Grenzen und Schwachpunkte ihrer Mitmenschen sind, schaffen sie es auch oft, die Eltern an ihre Grenzen führen. Aber da Kämpfen ihre Methode des Überlebens ist, verfügen sie über keine alternativen, »netteren« Strategien – anders als die Vermeider.

Wenn die Adoptiveltern diese (zu frühe und zu lange) »Trotzphase« persönlich nehmen, dann werden sie darum werben oder gar zu erzwingen versuchen, dass das Kind seine (objektive) Abhängigkeit eingesteht. Da das Demonstrieren der Autonomie für das Kind eine Möglichkeit ist, seine Angst vor erneuter Trennung zu bewältigen (Abspaltung der Angst), führt die Betonung der Wichtigkeit der Beziehung (bzw. der Eltern) dazu, dass die Abgrenzungs- und Autonomiedemonstrationen des Kindes noch zunehmen (die Angst nimmt zu). Auf Unterwerfungsforderungen, wie verhüllt sie auch sein mögen, reagieren sie allergisch. Wenn die Eltern hingegen signalisieren, dass sie ihr Kind als autonomes Wesen respektieren, braucht es sich nicht zu beweisen, wie wenig es die Eltern braucht.

Dass es sie tatsächlich braucht, wird deutlich, wenn die Mechanismen der Angstkontrolle nicht wirksam sind: nachts, wenn die bösen Träume kommen (und die kommen oft und lang und regelmäßig).

Insgesamt ist die Vorschulzeit für die Adoptivfamilie die Phase, die sie am einfachsten bewältigen kann. Der Unterschied zu anderen Familien scheint nicht so groß, wenn man einmal davon absieht, dass manche Adoptivkinder entweder etwas zurückhaltender oder etwas aggressiver als der Durchschnitt der Sandkastenkinder erscheint. Auch andere kleine Kinder haben Albträume, haben Angst, zeigen ihren Trotz. Die Gruppe der kleinen Kämpfer erweist sich aber oft im Kindergarten als auffällig, weil sie sich ungehemmter durchzusetzen scheinen als die anderen und aktiver und temperamentvoller erscheinen. Doch auch im Kindergarten resultieren daraus erfahrungsgemäß keine größeren Probleme, da auch der Kindergarten nach familienartigen Spielregeln funktioniert: Auch hier steht die Person im Mittelpunkt. Da man kleinen Kindern zubilligt, dass sie sich anders als Erwachsene verhalten, gewährt man ihnen einen größeren Freiraum. Im Zweifel haben die Erwachsenen sich den Bedürfnissen der Kinder anzupassen und nicht umgekehrt …

(Deswegen denkt Frau Sommer auch offensichtlich mit guten Gefühlen an die Leiterin des Kindergartens zurück, in dem Hanna war, denn die fand ihr Kind zwar anstrengend, hatte aber auch einen Blick für deren Qualitäten …)

Dieses Prinzip gilt in besonderem Maße in der Familie. Sie bildet heute einen gegen den Rest der Gesellschaft relativ abgeschlossenen Intimraum, in dem generell andere Maßstäbe und Verhaltenserwartungen gelten. Hier wird der Einzelne nicht nur als Rollenträger gesehen, und nur hier hat er die Chance, in all seinen körperlichen, psychischen, sozialen usw. Bedürfnissen und Fähigkeiten wahrgenommen zu werden. Das gilt auch und gerade für kleine Kinder. Daher kann hier immer eine größere Toleranz gegenüber individuellen Marotten an den Tag gelegt werden, als es außerhalb der Familien möglich wäre. Doch diese heimelige und freie Zeit endet für alle Kinder mit dem Eintritt in die Schule. Für die Kämpfer unter den Adoptivkindern und ihre Familien ist dies der Beginn eines Schreckens, scheinbar ohne Ende …

5.4 Die Schule

Mit dem ersten Schultag beginnt bekanntlich der »Ernst des Lebens«. Aber, was heißt das eigentlich? Und ist das wirklich so?

Aus Sicht vieler Adoptiveltern lautet die Antwort eindeutig: Ja!

Mit dem Schulbesuch ihres Kindes endet die Phase des relativ friedlichen, familiären Inseldaseins, und es beginnt die schrecklichste Phase ihres Familienlebens. Denn Schulschwierigkeiten sind für kämpfende Adoptivkinder vorprogrammiert. Nicht, weil sie irgendwelche intellektuellen Defizite aufweisen würden, sondern, weil sie nicht bereit oder fähig sind, sich in die schulische Ordnung einzufügen. Um zu verstehen, warum sie das nicht wollen oder können (was von der Wirkung her keinen Unterschied macht), empfiehlt es sich, einen Blick auf die Charakteristika und Spielregeln von Schule sowie die Unterschiede zur Familie zu richten.

Jedes Kind, das glücklich und mit der Schultüte im Arm die Schule betritt, macht einen Schritt in ein Territorium, in dem ganz andere Regeln als zu Hause gelten. Denn die Schule ist eine *Organisation*, und Organisationen bilden so etwas wie das Gegenbild zur Familie. Sie gewinnen ihre Daseinsberechtigung dadurch, dass sie gewisse gesellschaftliche Aufgaben erfüllen.

Nehmen wir ein Beispiel: die Post. Ihre Spielregeln haben sich im Laufe ihrer Geschichte in einer Weise entwickelt, dass Briefe und Pakete von irgendeinem Absender zu irgendeinem Empfänger transportiert werden können. Die Struktur der Post, so wie sie heute besteht, ist sicher nicht die einzige Möglichkeit, diese Aufgabe zu erfüllen, aber sie funktioniert hinreichend gut, sodass keine Notwendigkeit besteht, sie abzuschaffen.

Dass sie dies nun schon seit Jahrhunderten – unabhängig vom Wechsel des politischen Systems, der Regierungen, der wirtschaftlichen Lage usw. tun kann, hat mehrere Gründe. Zum einen übt sie offenbar eine nützliche Funktion für die Gesellschaft aus (Wer freut sich nicht über eine Karte aus dem Urlaub? Oder gar eine Rechnung?). Hier wird ein Dienst geleistet, den fast jeder irgendwann einmal in Anspruch nimmt oder nehmen muss. Daher erscheint es sinnvoll, dafür Leute einzustellen und Routineabläufe zu entwickeln, die ermöglichen, dass jederzeit und an jedem Ort Briefe abgeschickt und empfangen werden können. Auf diese Weise wird eine Infrastruktur bereitgestellt, die viele andere Aktivitäten erst möglich macht (Geschäftskorrespondenz, Warenlieferungen etc.). Wenn solche Dienstleistungen aber auf Dauer gesichert werden sollen, dann muss die dafür zu leistende Arbeit unabhängig von den konkreten, unverwechselbaren Menschen, die sie ausführen, gewährleistet werden. Mit anderen Worten: Die einzelnen Personen, die an diesen Tätigkeiten beteiligt sind, müssen auswechselbar werden. Briefe müssen auch weiter ausgetragen werden, wenn die Briefträgerin Schulze krank ist und der Briefträger Müller in den Ruhestand geht.

Wer eine Position in einer Organisation annimmt, muss akzeptieren, dass er eine Rolle einnimmt und seine persönlichen Besonderheiten und Bedürfnisse sekundär sind. Er muss sich den Entscheidungen anderer Menschen, die ihm vorgesetzt sind, beugen und seine persönlichen Ziele, Wünsche und Motive den Zielen, Zwecken und der Rationalität der Organisation unterordnen. Der einzelne Mitarbeiter ist Mittel zum sachlichen Zweck. Um es kurz zu machen: Organisationen sind Gift für jeden, dem seine Autonomie und seine unverwechselbare Individualität wichtig sind. Wer hier Erfolg haben will, muss sich zuerst einmal den Spielregeln der Organisation unterordnen, ansonsten kann er eben nicht »mitspielen«.

Wer als Erwachsener eine Stellung in einer Organisation – sei es die Post, die Schule, ein Unternehmen etc. – annimmt, geht sehenden Auges einen Vertrag ein, der ihn verpflichtet, sich mit dem eingeschränkten Freiraum seines Handelns zu arrangieren, die Entscheidungen anderer zur Grundlage seiner eigenen Entscheidungen zu machen und darauf zu achten, was Chefs oder irgendwelche anderen Häuptlinge gerade denken und fühlen etc. … Und dafür, dass er das macht, erhält er ein gewisses Schmerzensgeld – genannt Gehalt oder Lohn.

In der Schule als Organisation gilt dieses Gegengeschäft für die Lehrer, nicht aber für die Schüler. Der Notwendigkeit, sich einer fremdbestimmten Ordnung zu unterwerfen, entgehen aber auch die Schüler nicht. Eine ganze, 45 Minuten dauernde Schulstunde still zu sitzen, ohne das geringste Bedürfnis nach Stillsitzen zu haben, oder besser gesagt: trotz eines starken Bewegungsdrangs, ist eine Tortur für jedes Kind – aber für manche mehr als für andere. Sich auf das zu konzentrieren, was der Lehrer erzählt, ist auch schwer, denn eigentlich sind natürlich die anderen Kinder viel interessanter und spannender …

Szene 11:

Ada ist ein lebhaftes, strahlendes Mädchen. In der ersten Schulklasse fällt sie sofort auf. Sie ist besonders unruhig (wie es die Lehrerin beschreibt). Ada kann nicht lange auf ihrem Platz still sitzen. Sie schaut sich um, was hinter ihrem Rücken los ist, dabei fällt ein Mäppchen auf den Boden, dass aufgehoben werden will. Auf dem Fußboden hebt sie bei der Gelegenheit noch einen Bleistift auf, dessen Eigentümer herausgefunden werden muss. Das sorgt für Aufmerksamkeit und Heiterkeit bei den anderen Kindern. Die Schulkameraden schauen gern auf Ada, bei ihr ist immer etwas los. Auch auf dem Schulhof hat sie viele Spielideen. Mit ihr ist es nie langweilig. Andrea ist jetzt schon ihre ganz feste Freundin.

Frau Franke, die Lehrerin, findet Ada nicht ganz so amüsant. Wenn Frau Franke etwas ansagt, z. B.: »Alle nehmen jetzt einmal den grünen Stift zum Unterstreichen!«, scheint das bei Ada nicht so recht anzukommen. Frau Franke kann fest damit rechnen, dass Ada sich erst einen grünen Stift bei der Nachbarin besorgen muss oder fragt, ob sie vielleicht auch den hellgrünen nehmen kann, oder schnell noch einmal aufstehen muss, weil ihr Fuß eingeschlafen ist etc. Die Lehrerin meint, Ada störe die anderen. Die Klasse sei eh schon so unruhig, und mit Ada werde es doppelt schwierig.

»Die Kinder wollen lernen, und Ada macht es ihnen unmöglich!«

Ada soll raus aus der Klasse, zur psychologischen Beratung oder in eine besondere Einrichtung – und zwar möglichst schnell.

Das wollen aber die Eltern von Ada nicht.

Ada sagt dazu: »Mama, ich störe überhaupt nicht. Die Kinder wollen gar nicht lernen, die wollen lieber mit mir spielen, und deshalb ist die Frau Franke böse auf mich!«

Die Lehrerin hilft sich, indem sie die störende Ada immer öfter zur Strafe in die Nachbarklasse bringt. Der Konflikt eskaliert, als Frau Franke Andrea, die Klassenerste und beste Freundin Adas, anweist, Ada in die Nachbarklasse zu bringen.

Auf dem Flur wehrt sich die so Gedemütigte. Es kommt zu einer Prügelei zwischen den Freundinnen. Obwohl Andrea einen Kopf größer und stärker gebaut ist als Ada, kann diese sich behaupten. Beide Mädchen sind in Tränen aufgelöst und arg ramponiert, als sie nach Hause kommen. Die Eltern von Andrea schalten sich empört ein.

Kämpfende Adoptivkinder (wir haben inzwischen Gefallen an diesem Begriff gefunden) sind nicht sonderlich diszipliniert und auch nicht disziplinierbar. Wer das versucht, beißt sich die Zähne aus. Der Begriff »Disziplin« leitet sich vom lateinischen Wort für »Schüler« ab *(discipulus)*, und das ist kein Zufall. Um einigermaßen erfolgreich durch die Schule zu kommen, muss man als Kind lernen, was einen Schüler definiert: Disziplin. Mit anderen Worten, Disziplin hat, wer sein Verhalten den Spielregeln der Schule anpasst. Und das heißt zunächst erst einmal, sich in eine durch die Lehrer- und Schülerrolle vordefinierte Abhängigkeit und in eine eindeutige Oben-unten-Beziehung zu fügen. Ein heimlicher Lehrstoff der Schule (unter vielen anderen) ist es, sich in hierarchische Beziehungen fügen zu lernen (was für die Ausbildung und im Arbeitsleben sicher von nicht geringer Bedeutung ist).

Ein Kind, das hier – um sich seiner Unabhängigkeit zu vergewissern – das »bewährte«, widerständige (»trotzige«) Verhalten zeigt, bewältigt zwar im Moment seine eigene Angst vor dem Kontrollverlust, aber es bringt sich über den Moment hinaus in Schwierigkeiten, weil es die Grundlagen der Organisation Schule infrage stellt.

Wie auch andere Organisationen verfügt die Schule über eine Art Immunsystem, das dafür sorgt, dass Mitglieder, die sich bzw. ihr Verhalten nicht den internen Regeln anpassen, ausgegrenzt werden. Daher zeigt die Schule – zumindest die durchschnittliche Regelschule in Deutschland – nur wenig Geduld im Umgang mit Kindern, die von Lehrern als »schwierig« oder »problematisch« eingeschätzt werden. Wer sich nicht einfügt, wird aussortiert, da der geordnete Ablauf sonst durcheinanderkommt. Dahinter steckt – um das deutlich zu betonen – keine Bosheit der beteiligten Lehrer, sondern es entspricht der Logik von Organisationen – genauer: der Organisation Schule, die auf das Abarbeiten des Lehrplans gerichtet ist.

Der Schritt von der Familie in die Schule ist deswegen für viele Adoptivkinder so traumatisch, weil er einen radikalen Milieuwechsel darstellt: Während sie in der Familie als ganze Person im Mittelpunkt der Aufmerksamkeit stehen, sind nun nur noch die Aspekte ihrer Person und ihrer Talente, Kompetenzen und Interessen gefragt, die zu den schulischen Themen und Fächern passen. Vor allem aber – und das ist der Schock – wird von ihnen verlangt, sich auf eine Beziehung einzulassen, die sich seit frühesten Tagen – unbewusst – als lebensbedrohlich und schmerzhaft in ihrem Weltbild verankert hat: die Unterwerfung unter eine fremde, unkontrollierbare Macht (Stichwort: Urmisstrauen).

Wo sie solche Beziehungsangebote auch nur ahnen, gehen die roten Warnlichter an, und die Kampfbereitschaft wird aktiviert. Das beginnt auf körperlicher Ebene, die Aktivität wird erhöht, die Unruhe steigt, und die Aufmerksamkeit wird auf die Beziehung zu den anwesenden Menschen konzentriert – und die sind ziemlich unübersichtlich und nicht kalkulierbar, was wiederum zur Steigerung der Unruhe führt: »Wer tut was?«, »Wo droht welche Gefahr?«, »Wie kann ich die Kontrolle über die Situation gewinnen/bewahren?«.

Schließlich tritt das Kind faktisch mit dem Lehrer in Konkurrenz um die Gestaltung der Stunde (was der nicht sonderlich lustig findet). Es kommt zum Kampf um die Aufmerksamkeit der anderen Schüler, zum Machtkampf zwischen Lehrer und Schüler. Da kämpfende Adoptivkinder – nicht nur die kleinen, sondern später auch die jugendlichen – in solchen Situationen nicht an die Folgen ihres Handelns denken, verpuffen die Machtstrategien des Lehrers, die auf deren Sanktionsmöglichkeiten qua organisationaler Rolle beruhen. Und hilflose, in ihrer Autorität infrage gestellte Lehrer (es sind ja auch nur Menschen) reagieren erfahrungsgemäß nicht unbedingt in einer therapeutisch oder pädagogisch nützlichen Weise, sondern revanchieren sich früher oder später für die Niederlage, dass ihnen die Stunde »kaputt gemacht« wurde.

Da Kinder, die in erster Linie von der Sorge um ihre Unabhängigkeit (= Überleben) gestresst sind, nur wenig Interesse an irgendwelchen Lehrstoffen entwickeln, werden ihre Leistungen nach kurzer Zeit bestenfalls durchschnittlich oder unterdurchschnittlich. Wenn erst die Leistungen schlecht werden, eröffnet das der Schule die Chance, das störende Kind in irgendwelche Sondereinrichtungen zu »entsorgen«.

Doch das geschieht meist nicht, ohne vorher versucht zu haben, das Kind durch die bei anderen Kindern wirksamen Mittel (öffentliche Demütigung oder Androhung einer solchen) zur »Raison« zu bringen. Derartige mittelalterliche, aber immer noch anzutreffende, »erzieherische« Maßnahmen sind bei durchschnittlichen Kindern schon wenig nützlich, bei kämpfenden Adoptivkindern zeigen sie aber keine oder nur geringe Wirkung. Durch ihre Fähigkeit, schmerzliche oder kränkende Gefühle abzuspalten, sind solche Maßnahmen wieder einmal nur von kurzfristiger Nützlichkeit.

Vermeidende Adoptivkinder versuchen, der Kränkung, der Demütigung oder gar der Ausgrenzung – wie die meisten anderen Kinder auch – durch die »U-Boot-Strategie«, d. h. durch Nichtauffallen, zu entgehen. Auch sie sind nur dann an Inhalten interessiert, wenn sie schon früh in ihrer Schulkarriere sehr viel Bestätigung für ihre Fähigkeiten und Leistungen erhalten. Aber das ist eher die Ausnahme. Die große Zahl der Vermeider zeigt sich nicht sonderlich auffällig, weder im Positiven noch im Negativen. Daher werden sie oft in ihrer intellektuellen Kapazität unterschätzt. Aber da sie auch keinen großen Ehrgeiz entwickeln, sondern froh sind, wenn ihnen nichts Schlimmes passiert, geben sie sich in der Regel damit zufrieden …

Die »schwierigen«, »hochproblematischen«, d. h. kämpfenden Adoptivkinder reagieren ganz anders. Sie tun nicht das, was der so genannte gesunde Menschenverstand nahelegt. Sie fügen sich nicht, geben nicht nach, sondern verstärken ihren Kampf – und das eigentlich auch zu Recht. Denn nun kämpfen sie nicht mehr nur aufgrund ihrer früh erworbenen Muster mit fiktiven Bedrohungen für ihr Überleben, nun ist diese Bedrohung real. Auch wenn die physische Existenz des Kindes durch Demütigungen und Kränkungen nicht direkt bedroht ist, so wird doch der Selbstwert infrage gestellt, der eigene Stolz, die Möglichkeit, sich selbst zu achten. Das aber ist psychologisch gesehen eine existenzielle Voraussetzung dafür, sich überhaupt am Leben zu erhalten. Es ist daher ein Zeichen der Vitalität und Widerstandskraft dieser Kinder, dass sie auch schwerste Verletzungen wegstecken können. Eine Qualität, die nicht zu unterschätzen ist, wenn es gelingt, sie für das Wohl des Kindes nutzbar machen. Aber, wie viele andere Qualitäten, auf die später Karrieren gebaut wurden, ist diese Qualität in der Schule ein Haupthindernis für den Erfolg.

Denn die scheinbare innere Unabhängigkeit solcher Kinder entzieht der schulischen Disziplinierung die Grundlage. Wer keine Angst zeigt, disqualifiziert oder gedemütigt zu werden, dem sind Noten egal. Wer keine Sorge hat, rausgeworfen zu werden, ja, unbewusst damit rechnet, der lässt sich gar nicht erst ein, bemüht sich nicht, sich anzupassen, um dazuzugehören usw. Und wer das Selbstbild aufrecht erhalten will, dass er die Kontrolle über die Situation hat, muss sogar aktiv versuchen, rausgeworfen zu werden, denn dann kann er sich die Macht dafür zuschreiben: »Ich habe es gewollt, und deswegen ist es geschehen …« – also kein Grund zur Unruhe.

Im Unterschied zur Familie fordert die Schule vom Kind, dass es sich bzw. sein Verhalten den Spielregeln der Schule anpasst und nicht umgekehrt. Der Wechsel von der Familie, in der das Kind als Person im Mittelpunkt der Aufmerksamkeit steht und die Spielregen sich ihm zu einem guten Teil anpassen, zur Schule, in der, wie in anderen Organisationen, die Personen austauschbar sind und – zumindest nach offizieller Lesart – Sachaufgaben im Mittelpunkt stehen und die Personen sich den vorgegebenen Spielregeln anzupassen haben, könnte radikaler nicht sein. Jedes Kind ist damit konfrontiert, dass nun die Welt zweigeteilt ist: in Familie und Schule.

5.5 Das fatale Dreieck: Schule, Kind, Eltern

Die Zweiteilung der Welt zu verstehen und sich in der Familie (= Privatleben) anders zu verhalten als in Organisationen (= Arbeitsleben) gehört zu den Lernschritten, die Menschen in unserer zeitgenössischen westlichen Welt vollziehen müssen, wenn sie ein »normales« (d. h. zunächst erst einmal: unauffälliges) Leben führen wollen. Allen Erwachsenen, die jeden Tag den Wechsel der Spielfelder vollziehen und morgens den Geltungsbereich der familiären Spielregeln verlassen, um den der beruflichen Spielregeln zu betreten, ist dies so selbstverständlich in Fleisch und Blut übergegangen, dass ihnen das Bewusstsein verloren gegangen ist, eine gewaltige kognitive wie emotionale Leistung zu erbringen. Denn es ist nicht selbstverständlich, dass man in unterschiedlichen Kontexten ein anderer »ist«. Während man zu Hause die »Nummer 1« sein kann, der Mittelpunkt der Welt, ist man draußen, im »ernsten Leben« (d. h. der Schule, bei der Arbeit etc.), auch noch eine »Nummer«, aber nicht mehr unbedingt die »Nummer 1«, sondern »nur noch eine Nummer« (d. h. eine unter vielen und deshalb austauschbar). Um das auszuhalten, bedarf es einer hohen Frustrationstoleranz und der Fähigkeit, sich selbst spalten zu können: in die häusliche Person und in die öffentliche Person, als die man bei der Arbeit, in der Schule, in der Organisation erscheint. Außerdem braucht man die Bereitschaft und/oder die Einsicht in die Notwendigkeit, sich den äußerlich vorgegebenen Regeln zu unterwerfen. Man muss letztlich akzeptieren können, dass man nicht bestimmt, was geschieht, und bereit sein, dennoch mitzuspielen.

Für den Erwachsenen, der seinen Lebensunterhalt als abhängig Beschäftigter bestreitet, bildet meist sein Privatleben den Gegenpol zur Arbeit. Was er/sie tagsüber unter den Kollegen nicht tun kann, macht er/sie dann zu Hause – und umgekehrt. Die persönliche Zuwendung und Liebe, die man bei der Arbeit nicht bekommt (und auch nur begrenzt erwartet), erhält man von den Lieben daheim, die Anerkennung für die eigenen fachlichen Kompetenzen und Leistungen erhält man dagegen bei der Arbeit (und zu Hause erwartet man sie auch nicht).

So kompensiert die Familie mit ihrer Personenorientierung der Kommunikation, was die Organisation mit ihrer Sachorientierung nicht zu geben vermag. Die Zweiteilung der Welt, so erweist sich bei näherer Betrachtung, ist eine Form der Arbeitsteilung.

Das dürfte, neben den Grundlagen des Schreibens, Lesens und Rechnens, das Wichtigste sein, was Kinder in der Schule lernen. Zumindest gilt das für durchschnittliche Kinder, die sich aufgrund ihres Urvertrauens auch erst einmal freudig auf die Schule einlassen (dass dieses Vertrauen bei vielen von ihnen mit der Zeit verloren geht, ist eine ganz andere Geschichte …).

Doch das ist etwas, was das kämpfende Kind nicht in der Schule lernt. Die Welt ist für das Kind nicht zweigeteilt, sondern sie stürzt ein: Die Schule kolonisiert die Familie, und damit beginnt der Schrecken für Eltern und Kind.

Was ist hier mit »kolonisiert« gemeint?

Die meisten Eltern (meistens die Mütter) von Grundschülern machen die Erfahrung, dass sie von der Schule als Hilfslehrer missbraucht werden. Sie sollen die Hausaufgaben der lieben Kleinen begleiten und möglichst auch kontrollieren, mit ihnen üben usw. Wenn dies nicht gemacht wird und die lieben Kleinen nicht besonders selbstständig und motiviert sind, führt dies oft zu schlechteren Leistungen in der Schule. Welche Eltern wollen das schon? – Schließlich geht es um die Zukunft ihres Kindes. So nehmen sie denn die Delegation schulischer Aufgaben an (auch wenn es dabei immer mal wieder zu nervenden Konflikten mit ihrem Kind kommt).

In Adoptivfamilien mit kämpfenden Kindern läuft das Ganze nicht so gemütlich ab. Die Involvierung der Eltern beginnt oft schon nach wenigen Schultagen. Denn ihr Kind zeigt sich in der Schule nur wenig geneigt, sich dort den Erwartungen an brave Kinder entsprechend zu verhalten und sich der Autorität der Lehrer unterzuordnen (siehe Interview mit Frau Sommer). Wenn er oder sie mit allen Disziplinierungsversuchen gescheitert ist, was manchmal sehr schnell geht, dann kommen die Eltern ins Spiel. Sie werden einbestellt, es werden ernste Gespräche geführt, es wird die eheliche Situation der Eltern hinterfragt, geschaut, ob dem Kind zu Hause auch alles gegeben wird, was es braucht, um in der Schule ein Musterkind zu sein usw.

Um es kurz zu machen (denn diese Gespräche laufen natürlich sehr verschieden ab, je nachdem, welche Theorie der Lehrer für das störende Verhalten des Kindes entwickelt hat, aber das Ergebnis ist meist dasselbe): Am Ende gehen die Eltern mit dem – etwas widersinnigen – Auftrag nach Hause, doch gefälligst zu Hause dafür zu sorgen, dass ihr Kind sich in der Schule anders verhält. Denn, wenn das nicht gelingt, dann kann das Kind auf Dauer sicher nicht in der Schule bleiben …

Da die Eltern sich der Folgen bewusst sind, die es für ihr Kind hat, wenn es keine anständige Schulausbildung hat, so erleben sie von nun an den Anpassungsdruck, den ihr Kind – aufgrund seiner Fähigkeit, seine Gefühle abzuspalten – nicht erlebt. Sie identifizieren sich mit ihm, sehen seine Zukunft (oder besser: seine gefährdete Zukunft) vor sich, fühlen sich (gewissermaßen als Stellvertreter) schlecht, niedergeschlagen und unter dem Zwang, »etwas zu tun«.

Was bei anderen Kindern fruchtet, hilft bei kämpfenden Adoptivkindern nicht. Man kann nicht freundlich und einfühlsam mit ihnen reden, denn sie lassen in Sachen »Unterwerfung« (ein zugegebenermaßen bombastischer Begriff für die scheinbar banale, altersentsprechende Anforderung, sich in der Schule ein wenig einzuordnen) nicht wirklich mit sich reden. Sie zeigen sich im Gespräch zwar einsichtig, geloben, alles zu tun, was besprochen wurde, aber wenn sie in der Schule dann mit der Notwendigkeit, die Kontrolle an den Lehrer abzugeben, konfrontiert sind, dann fällt bei ihnen die Klappe, und sie gehen in den heimlichen Widerstand oder kämpfen, als ob es um ihr Leben ginge …

Das hat zur Folge, dass vonseiten der Schule der Druck auf die Eltern erhöht wird, den diese – hilflos, wie sie sich fühlen – an ihr Kind weitergeben. All das hilft nicht, die Klasse wird gewechselt, mehrfach, im Laufe der Jahre werden auch die Schulen gewechselt, aber das schulische Elend nimmt kein Ende. Neue Schule, neue Schulformen, neue Hoffnungen, neue Enttäuschungen – für das Kind wie für die Eltern (wobei die Eltern offenbar mehr leiden als das Kind – aus den bekannten Gründen). Das Muster wiederholt sich …

All dies ist nicht zum Wohle des Kindes, denn die in die Ferne rückenden Schulabschlüsse, die den Eltern so wichtig sind, sind für das Kind von untergeordneter Bedeutung, wenn es tagein, tagaus, hier und jetzt, ums schlichte Überleben kämpft.

Das Fatale an der Dreiecksbeziehung zwischen Schule, Eltern und Kind ist, dass die Eltern sich – aus Sicht ihres Kindes – auf die Seite der Schule zu stellen scheinen und zu deren Anwalt innerhalb der Familien werden. Sobald die Eltern Partei für die Anliegen der Lehrer bzw. der schulischen Spielregeln nehmen, wird die Grenze zwischen Familie und Schule als abgetrenntem Lebensraum aufgelöst. Die Eltern verhalten sich – aus Sicht des Kindes, wohlgemerkt, nicht nach ihrem Selbstverständnis – nicht mehr so, als ob sie die persönlichen Interessen des Kindes an die erste Stelle setzen, sondern sie gehen auf die Seite der Schule und ihrer hierarchischen Spielregeln.

So geht die Zweiteilung der Welt verloren, oder besser gesagt: Sie kann gar nicht erst erfahren werden. Das Kind bleibt immer dasselbe, kämpft hier wie dort um seine Identität als autonomes, unabhängiges und nicht der Macht anderer ausgeliefertes Wesen, und die Familie verliert ihren Charakter als Ort, der als Kompensation für die Zumutungen der Schule (Organisation) und als Supportsystem seine Bedeutung erhält.

Schließlich sieht sich das Kind nur noch *einem* »Gegner« gegenüber: den Autoritäten, seien es nun Lehrer oder Eltern. Es muss sich seine Verbündeten woanders suchen, und das tut es auch, spätestens, wenn es kein Kind mehr ist: als Jugendlicher.

Von nun an richtet es seine Aufmerksamkeit in erster Linie auf die Gleichaltrigen (die Peergruppe). Die Orientierung an der Familie wird reduziert zugunsten der Orientierung an anderen Jugendlichen. Hier gibt es keine »natürlichen« Autoritäten, gegen die gekämpft werden muss. Aber es kann trotzdem Konflikte geben. Ist das der Fall, so bietet sich als einfachster Weg die Flucht an. Da es weit mehr andere Jugendliche als Eltern (oder andere Autoritäten) gibt, sorgt deren Austauschbarkeit dafür, dass Beziehung ohne Abhängigkeitsangst gelebt werden kann. Wenn es Schwierigkeiten gibt, dann wechselt man halt die Freunde.

Für die Schule bedeutet dies aber auch nichts Gutes. Denn wenn es Konflikte mit den Mitschülern gibt, wird eben die Schule verlassen, und das heißt leider meistens: gewechselt oder abgebrochen … (mit den bekannten, autodestruktiven Folgen).

Für die Eltern ist ihre eingezwängte Position zwischen Schule und Kind, ihre Rolle als Sachwalter schulischer Anforderungen, oft unerträglich. Denn sie sollen/wollen zwei Anforderungen gerecht werden: das Interesse des Kindes im Auge behalten und das der Schule, deren Betrieb ja tatsächlich offenbar vom eigenen Kind gestört wird. Mit dieser Ambivalenz umzugehen stellt eine der größten Herausforderungen an die Adoptiveltern kämpfender Kinder dar.

Dabei wird der Druck, dem sie sich ausgesetzt sehen, nicht allein von ihren eigenen Ansprüchen an sich und ihre Qualität als Eltern produziert, sondern er ist auch durch die gesetzliche Sorgepflicht vorgezeichnet. Denn man kann seinen unmündigen Kindern nicht einfach erlauben, nicht in die Schule zu gehen (um nur ein einfaches Beispiel zu nennen). Also muss man versuchen, sie da hinzubekommen. Kinder, die in der Lage sind, schmerzhafte Gefühle abzuspalten, erleben nicht die Angst vor dem, was ihnen bevorsteht, wenn sie nicht »folgen«.

(Daher kann Frau Sommer ihre Hanna dann gern in die Schule fahren und überprüfen, ob sie auch wirklich die Klasse betritt und den Unterricht beginnt, aber nach der ersten Pause ist ihre Tochter dann doch über alle Berge …)

Die faktische Machtlosigkeit ihren Kindern gegenüber resultiert daraus, dass diese Kinder, die der Verlässlichkeit der Bindung an die Eltern nicht vertrauen, sich nicht um der Beziehung zu ihren Eltern willen an die Anforderungen der sozialen Umwelt anpassen. Bei Kindern mit einer guten Bindung an ihre Eltern ist dies eine von den Grundlagen der Erziehung und des elterlichen Einflusses. Wo dies nicht der Fall ist, bleiben Eltern mehr oder weniger machtlos.

Die elterliche Machtlosigkeit steht im Kontrast zu den Anforderungen und Pflichten, die Eltern offiziell zu erfüllen haben. Die Schulpflicht verlangt von ihnen, dass sie ihre Kinder – wie auch immer – in die Schule schaffen. Aber das – siehe Frau Sommer – können sie nicht. Im schlimmsten Fall schalten sich dann die Behörden ein, und die Eltern erhalten Ärger mit dem Gericht. Hier wird eine höhere, den Eltern übergeordnete Autorität in das Spiel einbezogen, die noch einmal den Druck auf die sich machtlos fühlenden Eltern erhöht.

Da der Schulbesuch kein einmaliges Ereignis ist, sondern täglich zu erfolgen hat, ist auch der tägliche Ärger mit der Schule vorprogrammiert. Dass Eltern dabei an den »Rand des Nervenzusammenbruchs« gebracht werden, darf nicht verwundern. Wenn sie dann aggressiv auf ihre Kinder reagieren, was verstehbar, aber trotzdem falsch ist, dann findet die Logik des kindlichen Urmisstrauens seine Bestätigung: Es ist umgeben von Leuten, die es nicht gut mit ihm meinen, und deshalb muss es auf sich selbst aufpassen, und es darf sich nicht in Situationen begeben, in denen sein Schicksal in der Hand anderer liegt. Denn früher oder später werden sie es im Stich lassen und sich von ihm trennen. Und wenn das droht, dann geht man lieber gleich auf Abstand.

Diese Dynamik findet ihren Höhepunkt in der Pubertät und Adoleszenz, wo tendenziell ähnliche Abgrenzungs- und Autonomiebewegungen ja auch bei bis dahin unauffälligen und nichtadoptierten Kindern zu beobachten sind.

5.6 Pubertät und Adoleszenz

Übergänge erfolgen im menschlichen Lebenszyklus nicht von einem Augenblick zum anderen, sondern sie dauern längere Zeit. Auch wenn die gesetzliche Regelung festlegt, dass ein Mensch mit 18 Jahren als mündig zu betrachten ist, so heißt das nicht, dass mit dem 18. Geburtstag (0:00 Uhr) aus einem Kind ein Erwachsener geworden ist. Das war in traditionellen Gesellschaften mit ihren Initiationsriten der Fall, wo die Stufe zum Erwachsensein in einem Schritt und öffentlich bezeugt und fixiert genommen wurde, sodass jeder (auch der Betreffende selbst) wusste, dass aus einem Jugendlichen nun ein voll schuldfähiger und zurechnungsfähiger

Erwachsener geworden war. Ähnliches findet man bei uns heute zwar noch bei Examina und anderen Graduierungen (heute ein Doktor Schulze und gestern noch ein einfacher Schulze), aber nicht beim Schritt vom Jugendlichen zum Erwachsenen. Hier ist der Übergang unklar und verwaschen. Er beginnt schleichend und endet schleichend, und er wird von Eltern auch so beobachtet, d. h., die Frage, wie sehr sie sich in das Leben ihrer Kinder einmischen müssen, ist nicht eindeutig und klar zu beantworten.

Das entspricht – anders als die formaljuristische Definition – auch der Kontinuität biologischer und psychischer Reifungsprozesse. Aber da es – anders als in traditionellen Gesellschaften – keine objektiven Kriterien (vor dem Initiationsritus vs. nach dem Initiationsritus) gibt, an denen man ablesen kann, ob das eigene Kind nun tatsächlich in der Lage ist, eigenverantwortlich zu handeln oder nicht, sind Konflikte zwischen Eltern und Kindern in dieser Übergangsphase vorprogrammiert. Diese Zeit nennt man üblicherweise Pubertät oder Adoleszenz. Und sie ist eine Zeit der Krisen für alle Familien, ob die Kinder nun adoptiert sind oder nicht.

Für die Jugendlichen ist dieser Übergang mit Krisen verbunden, weil sie großen Veränderungen ausgesetzt sind, die sie nicht selbst beeinflussen können. Denn das Wachstum des Körpers und seine Veränderungen während der Pubertät erfolgen kontinuierlich, unabhängig davon, ob der betreffende Junge oder das Mädchen mit dieser Verwandlung einverstanden ist oder nicht. Niemand hat auch nur um Erlaubnis gefragt, geschweige denn erklärt, was da alles Unvorhersehbares passieren wird.

Der kontinuierliche Wandel ist für den außenstehenden Beobachter anhand der langsam sprießenden Barthaare oder des wachsenden Busens zu beobachten, für die Besitzerin des Busens und den Besitzer der Barthaare an einer Veränderung des eigenen Gefühlshaushalts. Mädchen wie Jungs sind damit konfrontiert, dass sie sich in einer Weise verändern, die sie nicht unter Kontrolle haben – was an sich schon höchst beunruhigend ist.

Außerdem bemerken sie, dass sie nicht mehr so funktionieren, wie sie das zuvor getan haben: Auf einmal werden Wünsche und Gefühle wach, die es vorher noch nicht gab.

Es ist die Zeit der großen Fragen an das Leben, der Unsicherheit darüber, wer man ist, wer man sein will, wie man von anderen gesehen wird und gesehen werden will. Verbunden ist der Übergang vom Kindstatus zum Erwachsenenstatus zwangsläufig mit inneren Konflikten und Ambivalenzen (wie bei den meisten anderen Veränderungen, über die man die Entscheidung hat, auch). Denn von dem, was man aufgibt oder aufgeben muss – dem Kindstatus – weiß man ja, was man hat: elterliche Fürsorge und Versorgung auf der einen Seite (»Hotel Mama«), Einschränkung der Freiheit durch elterliche Forderung (»Um … Uhr bist du zu Hause!«) auf der anderen Seite. Von dem, was kommt, hat man dagegen nur vage Vorstellungen und Fantasien: Man muss niemanden mehr um Erlaubnis fragen, kann die Nächte durchmachen usw. Aber auch das hat natürlich seinen Preis: Es werden Anforderungen gestellt, das Wünschen allein hilft nicht mehr, selbst der selbstverständlich aus der Steckdose kommende Strom muss bezahlt werden und das Geld dazu irgendwie beschafft …

Es scheint eines der Grundgesetze menschlicher Konflikte zu sein, dass interne Konflikte immer am leichtesten zu beseitigen sind, indem äußere Konflikte vom Zaun gebrochen werden. Das wissen Politiker, die Widersprüche und gegensätzliche politische Strömungen innerhalb ihres Landes dadurch unwichtig machen, dass sie einen Konflikt mit einem äußeren Gegner beginnen, und das wissen auch Jugendliche, die ihren Ambivalenzen dadurch zu scheinbarer Klarheit verhelfen, dass sie in den Konflikt mit ihren Eltern gehen. Wenn die Kinder scheinbar ganz ambivalenzfrei die Akzeptanz ihres Erwachsenenstatus einfordern, dann sehen die Eltern fast zwangsläufig, wie weit ihre Kinder noch davon entfernt sind, diesem Anspruch gerecht zu werden. So wird die Ambivalenz (»Ich bin bzw. unser Kind ist erwachsen« versus »Ich brauche bzw. unser Kind braucht noch elterliche Fürsorge und Aufsicht«) auf zwei Parteien aufgespalten, die beide jeweils nur noch die eine Seite der Ambivalenz erleben. Sie erleben sich, wenn der Konflikt wirklich in Szene gesetzt wird, nicht mehr als ambivalent, sondern es scheint vollkommen klar, wie die Lage einzuschätzen ist (nur eben von beiden Seiten ganz anders …).

Doch, das muss hier zum Trost aller Eltern unterstrichen werden, solche Eltern-Kind-Konflikte sind ein Zeichen funktionierender Bindung. Bei Adoptivkindern stellen sie sogar ein ausgesprochen gutes Zeichen dar, denn sie zeigen, dass die Kinder die Beziehung als tragfähig genug erleben, um den Konflikt zu wagen. Wenn das nicht der Fall wäre, würden sie wahrscheinlich eher ihr Heil in der Flucht suchen.

Im Laufe der Jahre und nach Dutzenden solcher Konflikte verschieben sich in »durchschnittlichen« Familien die Grenzen. Die Ängste der Eltern, ihren Pflichten nicht gerecht zu werden, verringern sich, und ihr Vertrauen in das Verantwortungsbewusstsein ihres Kindes steigt. (Wahrscheinlich kommt der Begriff Verantwortung ja daher, dass Eltern in dieser Lebensphase ihre Kinder immer nach irgendwelchen Antworten fragen: »Wann kommst du nach Hause?«, »Mit wem gehst du weg?«, »Hast du genug für die Schule getan?« usw. Und wenn die Kinder diese Fragen zufriedenstellend beantworten und die Eltern das Gefühl haben, ihre Kinder würden sich diese Fragen selbst stellen, dann gelten sie als hinreichend verantwortlich, um eigenverantwortlich handeln zu können; wenn das nicht der Fall ist, dann sehen sich die Eltern weiterhin in der Verantwortung, d. h., sie stellen sich und ihren Kindern diese Fragen weiterhin.)

Im Rahmen der individuellen Identitätsbildung gewinnt die Zugehörigkeit zu Gruppen oder anderen sozialen Einheiten eine leitende Funktion. Die Familie ist dabei von zentraler Bedeutung. Sie bildet die Lebenswelt der ersten Jahre, sie ist der Ort, wo sprechen gelernt wurde, wo das Teilnehmen am sozialen Leben eingeübt wurde. Und sie ist der Ort, wo die ersten Ideen darüber entwickelt werden, wer man selbst ist, welche Eigenschaften einen als Familienmitglied von Nichtfamilienmitgliedern unterscheiden, welche Merkmale, Fähigkeiten und Handicaps ein Individuum vom anderen unterscheiden. Das alles erfährt man im Rahmen der alltäglichen Kommunikation in der Familie durch Zuschreibungen von Eigenschaften (»Ludwig ist handwerklich sehr begabt, aber ein bisschen schwer von Begriff!«), die man dann akzeptieren oder ablehnen kann. Wenn man sie annimmt, dann haben sie den Charakter von selbsterfüllenden Prophezeiungen (Ludwig kultiviert im Laufe seines Lebens alle denkbaren handwerklichen Fähigkeiten und renoviert sein Haus selbst), wenn man sie ablehnt, den Charakter von selbstfalsifizierenden Prophezeiungen (Ludwig zeigt, dass er »zwei linke Hände« hat und erwirbt stattdessen drei Doktortitel).

Über die Zugehörigkeit zur Familie wird auch die Zugehörigkeit zu größeren sozialen Einheiten erworben (Kultur, Nation, Religion, soziale Schicht, Rasse etc.). Das kann später bei Adoptionen von Kindern aus fernen Ländern mit anderer Hautfarbe eine Rolle spielen und zu Fragen an die eigene Identität führen (»Äußerlich sei ich zwar schwarz, aber innerlich weiß – sagen meine afrikanischen Freunde«).

Insgesamt liefert die Zugehörigkeit zur Familie die wohl beständigste Grundlage der individuellen Identitätsbildung. Das gilt aber nicht nur im positiven Sinne, sondern auch im negativen Sinne, d. h., die Familie und ihre Mitglieder bieten auch die Möglichkeit, sich abzugrenzen. Denn die Eltern können in zweifacher Hinsicht als Rollenmodell dienen: Sie laden ein zur Identifikation (»Ich will einmal sein wie Mutter …«), sie ermöglichen aber auch herauszufinden, was und wie man auf keinen Fall sein und/oder leben will (»Nie werde ich einmal so wie Du!«).

In dieser Phase der mehr oder weniger regelmäßigen, mal größeren, mal kleineren Konflikte in der Familie, werden die Gleichaltrigen für die Jugendlichen immer wichtiger. Die Zugehörigkeit zu einer Gruppe Gleichaltriger bildet den zweiten

Strang der Identitätsbildung. An wem sollte man sich auch sonst orientieren, wenn die Familie aus Gründen der Abgrenzung wegfällt? Also sucht man sich eine Gruppe von Leuten, die in einer ähnlichen Situation sind: genauso alt, ähnliche Konflikte mit den Eltern, ähnliche Fragen an die Zukunft und das Leben.

Durch die Bildung einer Dreiecksbeziehung zwischen der Familie, speziell den Eltern, auf der einen Seite und den Gleichaltrigen auf der anderen Seite eröffnet sich die Möglichkeit, einen eigenen Weg zu finden und sich seiner Zugehörigkeiten gewiss zu sein, ohne sich von Eltern oder Gleichaltrigen abhängig zu machen. Wenn man sich mit den einen identifiziert, kann man sich von den anderen abgrenzen, und wenn man sich mit den anderen identifiziert, kann sich von den einen abgrenzen …

All dies lässt sich bei Kindern und Eltern im Allgemeinen beobachten – zumindest, wenn sie in unserer heutigen westlichen Welt leben. Also stehen auch Adoptivkinder vor der Frage, wer sie sind und sein wollen. Für sie verkompliziert sich die Situation aus mehreren Gründen. Zum Ersten sind die Tatsache und das Bewusstsein zu nennen, dass es für sie – zumindest als Fiktion, manchmal in Fleisch und Blut – immer noch ihre leiblichen Eltern/die Mutter im Hintergrund gibt. Daher stellt sich für sie zusätzlich die Frage nach Abgrenzung und/oder Identifikation mit den biologischen Eltern. Zum Zweiten ist die Adoleszenz für Kinder, denen Abhängigkeit seit Urzeiten ein Problem ist, natürlich besonders brisant. Denn nun scheinen sie durch ihre körperliche Entwicklung wirklich fähig zu sein, allein zu leben und ihre eigenen Wege zu gehen …

Versuchen wir, die Muster der Dynamik von Adoptivfamilien zu beschreiben, so empfiehlt es sich, wieder zwischen Vermeidern und Kämpfern zu unterscheiden (immer mit der Einschränkung, dass wir hier natürlich eine Klischeebildung vornehmen, die dem Einzelfall mit seinen Besonderheiten nicht gerecht wird; aber zur groben Orientierung sind solche Beschreibungen typischer Muster einfach sehr hilfreich).

Vermeidende Adoptivkinder reagieren auf die Veränderung ihres Körpers eher verschreckt und scheinen sich dabei von durchschnittlichen anderen Kindern nicht sehr zu unterscheiden. Zumindest zeigen sie sich nicht als besonders auffällig. Sie erscheinen ja sowieso schon verschlossen, und nun nimmt ihre Verschlossenheit eher noch zu. Man weiß nicht so recht, was in ihnen vorgeht, da sie ihr Herz nicht auf der Zunge tragen. Schließlich haben sie Angst vor Kränkung und Verletzung, und die drohen in dieser Lebensphase der persönlichen Unsicherheit ja besonders. Daher scheuen sie auch das Risiko, das mit aufmüpfigem oder experimentellem Verhalten verbunden ist.

Am liebsten, so scheint es, würden sie die Adoleszenz ganz vermeiden. Sie lösen die Ambivalenz, die mit den drohenden und irgendwie ja unvermeidlichen (körperlichen wie sozialen) Veränderungen verbunden sind, durch Nichtstun. Sie warten ab, was geschieht. Sie gehen nicht in den Konflikt mit den Eltern, sie schlagen nicht über die Stränge, sie scheinen brav und angepasst. Wie sie sich fühlen, zeigen sie nicht, da sie sich dadurch angreifbar machen würden. Sich bedeckt zu halten, ist ihre Form, sich abzusichern.

Sie sind deshalb auch in der Beziehung zu Gleichaltrigen vorsichtig und suchen eher den Kontakt zu denen von ihnen, die keine Bedrohung für sie darstellen. Auf keinen Fall wählen sie sich Freunde, die sich in irgendeiner Weise über sie stellen und ihnen eine Oben-unten-Beziehung anbieten. Am besten funktionieren Freundschaften, in denen keiner dauerhaft die Oberhand hat (wie bei den meisten anderen Menschen auch), aber wenn es schon ein Ungleichgewicht gibt, dann suchen die Vermeider sich lieber Freunde, die ihnen die Rolle des Starken überlassen und sie nicht infrage stellen. Daher sind sie auch zurückhaltend, was die Kontakte zum anderen Geschlecht angeht. Denn hier etwas zu wollen, hieße ja, sich abhängig zu machen.

Das gilt im Prinzip auch für die Kämpfer. Auch sie begeben sich nicht in irgendwelche Unterordnungsbeziehungen zu ihren

Altersgenossen oder gar zu Vertretern des anderen Geschlechts. Aber sie sind aggressiver, was – wie die wörtliche Übersetzung des Wortes nahe legt – erst einmal nur heißt, dass sie auf andere zugehen und nicht abwarten. Sie sind aktiv, unternehmen viel, stellen was auf die Beine, sind keine Langweiler, und ihre Gesellschaft ist daher auch für andere attraktiv.

Aber in der Schule oder bei der Lehrstelle kommt es zum Knall. Die in dieser Lebensphase bei den meisten Jugendlichen anstehenden Auseinandersetzungen mit den Autoritäten, die für die bürgerlichen Werte stehen, findet auch bei ihnen statt. Sie beginnt ja nicht erst jetzt, sondern findet ja schon seit Wirksamwerden der Schulpflicht statt. Aber sie verschärft sich noch einmal massiv. Denn jetzt scheint es wirklich möglich, allein und ohne Rücksicht auf Eltern, Lehrer oder andere Autoritäten durchs Leben zu kommen. Dabei ist auch wieder der Augenblick – hier und jetzt – wichtiger als die Langzeitperspektive. Denn die würde das schöne Sicherheitsgefühl ja trüben.

Bei der Suche nach der eigenen Identität kommen nun – in Abgrenzung zu den Adoptiveltern – auch (eigentlich erstmals in bedeutender Weise) die biologischen Eltern ins Spiel.

Während nichtadoptierte Kinder, die bei ihren leiblichen Eltern aufwachsen, sich zum Zwecke der Abgrenzung von ihnen manchmal vorstellen, sie seien adoptiert oder eigentlich seien ihre Eltern etwas ganz Großartiges und gleich nach der Geburt seien die Babys vertauscht worden usw., gibt es hier tatsächlich noch andere, leibliche Eltern. Diese liefern nun – wie die Gleichaltrigen – Identifikationsmöglichkeiten. Wenn von den leiblichen Eltern wenig bekannt ist, außer z. B., dass die Mutter bereits in jungen Jahren schwanger war, so kann dies dazu führen, dass adoptierte Mädchen in diesem Alter ihren biologischen Müttern folgen und ebenfalls früh schwanger werden.

Ganz generell lassen sich die leiblichen Eltern – d. h. meist die Mütter – nutzen, um den Adoptiveltern gegenüber die eigene Autonomie zu demonstrieren, weil man deren Disziplinierungsversuche mit Argumenten wie »Du bist ja gar nicht meine richtige Mutter!« vom Tisch fegen kann und damit obendrein womöglich noch eine wunde Stelle der Adoptivmutter berührt. Dieses Risiko wird dann besonders groß, wenn die Adoptiveltern bewusst oder unbewusst, offen oder heimlich die biologischen Eltern entwerten. Sie schubsen dadurch ihr Kind entweder in Loyalitätskonflikte zwischen biologischen und Adoptiveltern, oder aber sie eröffnen eine Feld für Machtspiele. Beides ist nicht sonderlich nützlich.

Für Adoptiveltern ist es oft schwer auszuhalten, wenn ihre kämpfenden Kinder ihre Abgrenzungsstrategien mit einer kaum vorstellbaren Radikalität durchziehen. Wenn 14-Jährige tagelang nicht nach Hause kommen (vom Schulbesuch ganz zu schweigen) und die Eltern nicht wissen, wo sich ihr Kind aufhält, mit wem es gerade wo zu tun hat, ob es in Gefahr ist, in wessen Gesellschaft es sich befindet, dann schlafen sie nicht nur schlecht, sondern all ihre Gedanken drehen sich um ihr Kind: »Müssen wir die Polizei verständigen?«, »Sollten wir sie als vermisst melden?«, »Müssen wir ihn suchen lassen?«, »Müssen wir irgendwelche Ämter einschalten?«.

Und wenn ihr Kind dann nach Tagen doch noch auftaucht und so tut, als sei nichts gewesen, dann sind sie zwar erleichtert, dass nichts passiert ist, aber sie wissen nicht, wie sie angemessen reagieren sollen. Ihre Freude zu zeigen, würde die falsche Botschaft senden. Ihre Wut und ihren Ärger zu zeigen, würde nur dazu führen, dass der oder die »liebe« (gar nicht mehr) Kleine sofort wieder über alle Berge ist … Was tun?

Emotional ist das kaum auszuhalten. Und es ist nicht klar, ob dies dazu führt, dass die Eltern sich als Paar besser verstehen und eventuelle Probleme des Paares dadurch überdeckt werden, oder ob es erst zu Problemen zwischen den Partnern führt, weil sie sich nicht über die richtige Umgangsweise mit ihrem als extrem »problematisch« erlebten Kind einigen können. Beide schwanken angesichts der eigenen Hilflosigkeit zwischen Verzweiflung und Wut.

Auch hier kann man wieder davon ausgehen, dass ihr Kind angesichts seiner Fähigkeit zur Abspaltung von Gefühlen die selbst nicht erlebten Gefühle gewissermaßen bei seinen Eltern deponiert. Wie das zustande kommt, ist nicht schwer zu erklären. Wenn Eltern sich mit ihrem Kind identifizieren, dann denken und fühlen sie so, als ob sie an seiner Stelle wären. Das sind sie natürlich nicht, aber sie können sich doch in die Situation einfühlen und hineindenken, in der sich ihr adoleszentes Kind befindet. Sie sehen, was es sich selbst mit seinen – von außen betrachtet – als autodestruktiv zu bewertenden Verhaltensmustern antut. Und sie leiden darunter. Sie übernehmen dabei aber nur die eine Seite der Ambivalenz, denn die Vorzüge dieser sorglosen, nur auf den Augenblick gerichteten Lebensweise genießt in dem Moment gerade ihr Kind. Realistisch wäre es, beides zu erleben, aber die beiden Seiten sind – wie in einem Parlament – auf zwei oppositionelle Parteien aufgespalten. Auf diese Weise können beide Parteien scheinbar ambivalenzfrei handeln, doch diese Ambivalenzfreiheit ist auf beiden Seiten mit der Blindheit auf jeweils einem Auge erkauft. Zum perspektivischen Schauen braucht man aber beide Augen.

Das Risiko bei diesem Arrangement besteht darin, dass dieses Muster nicht als Übergangsphase wie in anderen Familien nur eine begrenzte Zeit inszeniert wird, sondern sich verfestigt und auf Dauer gestellt wird. Das »Kind« oder der/die »Jugendliche«, der oder die dann schon in den Zwanzigern ist oder noch älter, bleibt weiter in seiner pseudoautonomen Rolle und handelt so, dass die Eltern sich einmischen, um das Schlimmste zu verhindern. Die von einem Erwachsenen zu erwartende Eigenverantwortung und Entscheidungsfähigkeit setzt voraus, dass Ambivalenzen erlebt und langfristige Kosten-Nutzen-Rechnungen aufgemacht werden können. Wenn sich aber zwischen Eltern und Kindern eine dauerhafte Arbeitsteilung entwickelt, bei der die Eltern immer die Kostenseite sehen (und übernehmen), die Kinder nur die Nutzenseite sehen (und übernehmen), so bleibt das dann schon ziemlich alte und unkindliche Kind auf Dauer – und paradoxerweise – in einer Abhängigkeitsrolle den Eltern (oder wer immer an ihre Stelle treten mag) gegenüber. Paradox ist dies, weil diese Abhängigkeit ja das Resultat der Demonstration von (eben leider nur: Schein-)Autonomie ist.

6 Zehn Gebote für Adoptiveltern

Pädagogische Ratschläge müssen zwangsläufig immer ziemlich allgemein bleiben. Schließlich ist die Zukunft nicht vorherzusehen, auch nicht die des eigenen Familienlebens. Und Kinder sind genauso wenig wie Erwachsene irgendwelche Maschinen, für die man Bedienungsanleitungen schreiben könnte. Tipps an Eltern können daher immer nur die abstrakte Form von Prinzipien annehmen, wie wir sie auch sonst bei Regeln für ein gedeihliches Zusammenleben von Menschen kennen (wie etwa bei der sogenannten goldenen Regel: »Was du nicht willst, dass man dir tu, das füg auch keinem anderen zu!«).

Wenn wir einzelne Situationen aus dem Leben von Adoptivfamilien skizziert haben, so geschah dies in der Hoffnung, dass wir dadurch implizit bestimmte – aus unserer Sicht – nützliche Verhaltensprinzipien für den Umgang mit nicht immer ganz einfachen Kindern (um es milde auszudrücken) vermitteln können. Auch wenn wir in den Kommentaren dazu versucht haben, sie explizit zu benennen, so bleiben sie doch sehr auf die geschilderten – immer einzigartigen – Ereignisse bezogen. Deshalb wollen wir im Folgenden versuchen, einige allgemeine Faustregeln zu formulieren, an denen sich Eltern mit Adoptivkindern orientieren können. Dass wir gerade *zehn* Gebote aufstellen, hat damit zu tun, dass sich diese Zahl beim Vermitteln von Geboten (die zu einem großen Teil Verbote sind) im Laufe der Geschichte bewährt hat. Wir hätten auch noch viel mehr solcher wohlmeinenden Anweisungen zusammenstellen können, aber dann wäre das Ganze sicher zu unübersichtlich geworden. Durch die Beschränkung auf die Zahl 10 waren wir auch gezwungen, eine Gewichtung vorzunehmen und uns auf wesentliche Prinzipien zu beschränken. Manchmal leiten sich diese Gebote voneinander ab, manchmal überschneiden sie sich auch. Wiederholungen sind daher, wenn auch mit Perspektivverschiebungen, nicht ganz zu vermeiden …

Und – um das auch zu betonen – wir verbinden mit den folgenden Geboten keinen Anspruch auf eine höhere Wahrheit, es geht eher um das Kondensat von Erfahrungen. Deshalb versuchen wir, zu jedem Gebot auch eine Begründung zu liefern, die auch als Zusammenfassung der bislang gelieferten Überlegungen zu verstehen sein sollte.

1. Gebot:
Was immer Ihr Kind auch tun mag, es ist Ihre Aufgabe, die Kommunikation nicht abreißen zu lassen und die Beziehung zu ihm aufrecht zu erhalten!

Warum?

Alle adoptierten Kinder haben nach der Geburt die Trennung von ihrer biologischen Mutter erlebt. Viele verkraften das gut und entwickeln zu ihren Adoptiveltern eine Beziehung, die nicht anders ist als die zu biologischen Eltern. Aber manche Adoptivkinder tun dies nicht – vor allem, wenn sie mehrere Trennungen in der frühen Kindheit durchgemacht haben. Auf Beziehungsabbrüche reagieren sie allergisch. Sie schützen sich daher vor künftigen Trennungen, indem ihr Vertrauen in neue Beziehungen begrenzt ist (Urmisstrauen). Wenn Sie ein Kind adoptieren, müssen Sie sich klar darüber sein, dass dies eine unkündbare Beziehung ist. Sie werden mit ihrem Adoptivkind (weit konsequenter und radikaler als bei einem biologischen Kind) durch dick und dünn gehen müssen, ob Sie im gegebenen Moment Lust dazu haben werden oder nicht. Aber anders als bei einem »durchschnittlichen« Kind, das sich in der Regel aktiv um den Erhalt der Beziehung zu den Eltern bemüht oder zumindest vieles vermeidet, was diese Beziehung trüben oder gefährden könnte, kann es sein, dass Ihr

Adoptivkind ihnen die »kalte Schulter« zeigt (aus Selbstschutz). Daher kann es dazu kommen, dass die Verantwortung für die Aufrechterhaltung der Kommunikation und der Beziehung allein auf Ihren Schultern ruht. Falls es so weit kommen sollte, dürfen Sie sich nicht aus Kränkung zurückziehen und warten, dass Ihr Kind auf Sie zukommt. Im Zweifel müssen immer Sie aktiv werden. Sie sind die Eltern, Sie sind die Erwachsenen, Sie stecken Kränkungen weg … – wer sonst? (Das gilt im Prinzip natürlich auch für biologische Eltern, aber wenn sie sich nicht in gleichem Maße strikt an diese Vorgaben halten, so bewältigen ihre Kinder das besser, d. h. sie sind in der Hinsicht weniger fragil bzw. belastungs- und widerstandsfähiger).

2. Gebot:
Wenn Ihr Kind sich so verhält wie »durchschnittliche« (biologische) Kinder, gehen Sie mit ihm wie mit einem »durchschnittlichen« Kind um! Wenn Ihr Kind sich anders verhält als andere Kinder (= nicht »durchschnittlich«), dann gehen Sie mit ihm auch anders um, als Sie mit »durchschnittlichen« Kindern umgehen würden!

Warum?

Auch Adoptivkinder sind zunächst erst einmal Kinder. Sie verhalten und entwickeln sich nicht prinzipiell anders als alle anderen Kinder. Daher sollten Sie davon ausgehen, dass sich Ihr Kind ganz normal (= »durchschnittlich«) verhält. Achten Sie auf Ähnlichkeiten zwischen Ihnen/Ihrem Partner, Verwandten, Bekannten usw. und Ihrem Kind (»normalisierende Beobachtung«). Kinder lernen in erster Linie am Modell und durch Imitation. Daher werden Sie vieles Vertraute entdecken, was Sie von sich selbst/Ihrem Partner kennen. Diesen Übereinstimmungen stehen die Besonderheiten Ihres Kindes gegenüber, die es zu einem einzigartigen, unvergleichbaren Wesen machen. Es hat seine spezifischen und unverwechselbaren Talente, Neigungen, Macken – wie alle anderen Kinder auch. Wenn Sie sich beim Umgang mit

Ihrem Kind von ihren Bauchgefühlen leiten lassen, so liegen Sie zunächst wahrscheinlich nicht ganz falsch – schließlich hat so die Menschheit überlebt. Im Zweifel fragen Sie Verwandte, Freunde und Bekannte, wie die das mit ihren Kindern angestellt haben, und probieren Sie, ob das bei Ihrem Kind auch funktioniert.

Wenn das der Fall ist, machen Sie so weiter!

Wenn das nicht der Fall ist, hören Sie auf damit!

Damit sind wir bei dem Thema, um das es in diesem Buch eigentlich geht: den Umgang mit Adoptivkindern, die sich auffällig/abweichend verhalten und als ungewöhnlich schwierig erweisen. Sie passen sich nicht so einfach an die Erwartungen ihrer Umwelt (Eltern/Schule etc.) an und reagieren nicht auf die durchschnittlichen erzieherischen Maßnahmen, da sie »pseudoautonom« reagieren.

Da diese Kinder alle nur denkbaren Strafen oder disziplinarischen Maßnahmen riskieren, nur um sich selbst ihre eigene Unabhängigkeit (von den Eltern/anderen Menschen) zu beweisen, laufen »normale« elterliche Lösungsstrategien, vor allem aber Disziplinierungsstrategien ins Leere. Wenn Sie als Eltern das nicht merken, laufen Sie Gefahr, mehr von dem zu tun, was sowieso nicht funktioniert. Das macht die Angelegenheit nicht besser, sondern führt mit einer gewissen Wahrscheinlichkeit zu Machtkämpfen.

3. Gebot:
Lassen Sie sich nie auf Machtkämpfe mit Ihrem Kind ein, denn Sie und Ihr Kind können dabei nur verlieren!

Warum?

Objektiv scheinen Eltern ihren Kindern gegenüber immer in der machtvolleren Position zu sein. Je jünger die Kinder sind, umso mehr ist ihr Überleben daran gebunden, dass ihre Eltern für sie sorgen. Je älter die Kinder werden, umso größer wird ihr unabhängiger Handlungsspielraum. Sie haben die Wahl, ob sie sich so verhalten, wie Autoritäten (z. B. Eltern/Lehrer) das erwarten oder sich das wünschen. Sie können oder könnten sich aber auch immer anders verhalten.

Sich so zu verhalten, wie andere es wollen, setzt genauso eine Entscheidung des Kindes voraus wie sich nicht so zu verhalten. Für beide Verhaltensweisen bedarf es der Motivation. »Durchschnittliche« Kinder, deren Beziehung zu Autoritäten von einem stabilen Urvertrauen bestimmt wird, »folgen« ihren Eltern, weil sie, zunächst unbewusst, in späteren Jahren auch bewusst, davon ausgehen, dass ihre Eltern ihnen zumindest nichts Böses wollen. Sie mögen zwar nicht den »richtigen Durchblick« haben, aber aller Wahrscheinlichkeit und Erfahrung nach »meinen sie es gut« – was auch Sicht des Kindes/Jugendlichen natürlich nicht wirklich gut sein muss. Aber Kinder mit Urvertrauen sind in der Beurteilung ihrer Eltern milder als Kinder, die nicht diesen Vertrauensvorschuss gewähren. Sie sind deshalb auch weitgehend – je kleiner sie sind, desto mehr – bereit, das zu tun, was ihre Eltern von ihnen wünschen oder fordern.

Wenn man unter dem Begriff Macht eine Beziehung versteht, in der einer der Beteiligten (z. B. die Mutter/der Vater) entscheidet, was der andere (z. B. das Kind) tut, so »schenken« oder »gewähren« Kinder ihren Eltern immer ihre Macht, indem sie auf sie hören und sich nach ihnen richten. Diese Macht kann nicht wirklich erzwungen werden. Sich den Wünschen anderer unterzuordnen erfordert eine Abwägung von »Kosten« (z. B. Ärger mit den Eltern/Liebesentzug/Aushalten von Sanktionen etc.) und »Nutzen« (z. B. Harmonie zu Hause/Vermeidung negativ bewerteter Konsequenzen in der Zukunft etc.). Sieht man Macht als Aspekt einer Beziehung, müssen immer beide Seiten Ja dazu sagen, d. h., Macht kann nie einseitig erzwungen werden.

Das erweist sich im Umgang mit Kindern ohne stabiles Urvertrauen oder mit einem ausgeprägten Urmisstrauen. Sie fürchten nichts mehr, als anderen Macht über sich zu geben. Sie gehen aufgrund ihrer Vorerfahrung davon aus, dass ihr Vertrauen enttäuscht wird. Deswegen rechnen sie nicht nur nicht mit der Zuverlässigkeit der ihnen nahestehenden Personen (Eltern), sondern sie rechnen mit deren Unzuverlässigkeit, d. h. dem Beziehungsabbruch. Also wappnen sie sich, indem sie vor allem sich selbst ihre Unabhängigkeit beweisen.

Die Folge ist: Wenn solche Kinder/Jugendlichen ihre Abhängigkeit von irgendwelchen Autoritäten spüren, fühlen sie sich bemüßigt, um ihre Autonomie zu kämpfen.

Den unvoreingenommenen Beobachtern erscheinen solche kämpferischen Strategien autodestruktiv, da sie die Kosten für das Kind/den Jugendlichen sehen. Dem Betroffenen selbst hingegen stellt sich nicht die banale Frage nach langfristigen »Kosten« oder »Nutzen«, da es für ihn um das schlichte Überleben geht. Das ist zwar objektiv gesehen – physisch – nicht der Fall, aber unbewusst wirken die alten, früh erlernten Muster weiter:

Autonomie = Überleben,
Abhängigkeit = Schmerz und Leid.

Wenn nun Autoritäten versuchen, sich oder ihre Forderungen durchzusetzen, dann wird das für Urmisstrauische Adoptivkinder zur Überlebensfrage. Kampf oder Flucht sind die beiden Alternativen, zwischen denen sie wählen, wenn sie sich selbst schützen wollen. In beiden Fällen bleiben die jeweiligen Autoritäten, ob das nun Eltern oder Lehrer sind, machtlos.

Im schlimmsten Fall kommt es zu einer Eskalation, deren Verlierer am Ende in der Regel alle Beteiligte sind. Denn nichts kann Eltern das eigene Scheitern und die eigene Ohnmacht deutlicher beweisen als das autodestruktive Verhalten der eigenen Kinder. »Gescheiterte« Kinder bedeuten immer auch »gescheiterte« Eltern.

Konkret heißt dies, dass Sie als Eltern immer dann, wenn Sie die Einladung zum Machtkampf spüren, besser das Feld räumen, das Thema wechseln, spazieren gehen usw., um nicht in die Automatik solcher Eskalationen zu geraten. Zeitgewinn ist der erste Schritt zur emotionalen Distanzierung. Das eröffnet Ihnen und Ihrem Kind die Chance, mit einigem zeitlichen Abstand nüchtern über die Geschehnisse zu sprechen. Sie können dann auch versuchen, deutlich zu machen, wo und inwiefern sie mit seinem oder ihrem Verhalten nicht einverstanden waren (denn das lässt sich im Zusammenleben ja nicht vermeiden, dass man in dieser Hinsicht unterschiedlicher Meinung ist und sich auseinandersetzen muss).

4. Gebot:
Respektieren Sie die Autonomie und Grenzen Ihres Kindes. Lassen Sie die Verantwortung für sein Handeln bei ihm und denken Sie nicht, Sie wüssten, warum es sich so verhält, wie es sich verhält. Auch wenn Ihnen sein Verhalten nicht gefällt oder nicht akzeptabel erscheint: Werten Sie Ihr Kind nie als Person ab.

Warum?

Gehen Sie stets von der Annahme aus, dass Ihr Kind für sein Verhalten gute – d. h. rationale – Gründe hat. Die Rationalität seines Verhaltens mag zwar einer eigenartigen und nicht sofort durchschaubaren Logik folgen (z. B. der des Urmisstrauens), aber Sie sollten ihm keine »bösen Absichten« unterstellen. Wenn Ihr Kind ein Verhalten zeigt, das Sie nicht billigen und das Sie nicht verstehen, zeigen Sie sich lieber als jemand, der nicht versteht, als jemand, der nicht billigt. Denn Sie können ja wirklich nicht in das Kind hineinschauen. Diese Grenze kann Ihr Kind nur selbst öffnen, indem es sie Anteil an seinem Erleben nehmen lässt. Das ist allerdings nicht wirklich zu erwarten, denn erstens sind ihm seine eigenen Motive wahrscheinlich selbst nicht bewusst, und zweitens bedarf es eines sehr großen Vertrauens, andere am eigenen Erleben, Fühlen und Denken Anteil nehmen zu lassen. Mit diesem Vertrauen können Sie bei Adoptivkindern, die schmerzhafte Trennungen hinter sich haben, aber nicht von vornherein rechnen. Es dauert manchmal Jahre, bis dieses Vertrauen wächst.

Wenn Sie Ihrem Kind »böse Absichten« unterstellen, dann verletzen Sie seine Grenzen, indem Sie vorgeben, Sie könnten in es hineinschauen. Das ist eine Grenzverletzung und Bedrohung seiner Autonomie. Wenn Sie das, was Sie da gedankenleserisch wahrgenommen zu haben meinen, auch noch zur Grundlage eines moralischen Urteils machen, geraten Sie mit großer Wahrscheinlichkeit in eine Position, in der Sie sich (moralisch) »erhöhen« und gleichzeitig Ihr Kind »erniedrigen«. Wenn Sie dann auch noch versuchen, Ihr Kind »auf den rechten Weg zu bringen« – etwa, weil Sie sich für sein Handeln verantwortlich fühlen (oder die Nachbarn sie kritisch beobachten usw.) –, dann ist der Machtkampf unvermeidlich – mit allen möglichen destruktiven Folgen … Es geht dann nicht mehr um ein Verhalten, das positiv oder negativ zu bewerten ist, sondern es geht um seinen Wert als Person.

Hüten Sie sich also vor Disqualifikationen, Demütigungen, Respektlosigkeiten, »Kleinmachen«, verdeckten oder offenen Abwertungen aller Art. Zeigen Sie deutlich, dass Sie zwischen dem Verhalten Ihres Kindes und ihm als Person einen Unterschied machen.

Bieten Sie Ihrem Kind, so weit das geht, eine Beziehung in Augenhöhe an, als Verbündeter, Ratgeber oder Unterstützer, aber nie als »Vorgesetzter«. Dass Sie die Mutter oder der Vater Ihres Kindes sind, ist sowieso klar, d. h., dieser Unterschied muss nicht extra betont werden. Das gilt auch für den Alters- und Erfahrungsunterschied. Wenn Sie in dieser Rolle von Ihrem Kind gefragt sind, sollten Sie auch entsprechend reagieren. Zum Problem wird dieser Statusunterschied nur, wenn er mit einem Wertunterschied der betreffenden Person verbunden wird (z. B. älter + erfahrener = besser). Eine Beziehung auf Augenhöhe anzubieten heißt hier: Nehmen Sie Ihr Kind »für voll«. Die einzig akzeptable Art, sich in einer bewertenden Art über Ihr Kind zu stellen, besteht darin, es zu loben und anzuerkennen.

5. Gebot:
Geben Sie Ihrem Kind so viel positive Rückmeldung wie nur irgend möglich. Im Zweifel bejubeln Sie auch Kleinigkeiten und vermeintliche Selbstverständlichkeiten. Werden Sie zum »Präsidenten des Fanklubs« Ihres Kindes[6]!

Warum?

Als Menschen denken wir über uns zu einem guten Teil dasselbe, was andere über uns denken. Aufgrund der Tatsache, dass andere uns sagen, wer oder was oder wie wir sind, entwickeln wir ein charakteristisches Selbstbild. Wenn uns ständig signalisiert wird, mit uns sei etwas nicht in Ordnung (z. B., wir hätten »schlechte Gene«), so beobachten wir uns selbst misstrauisch. Wir entwickeln ein negatives Selbstbild, sind nicht in der Lage, ein stabiles Selbstbewusstsein zu entwickeln, ja, wir können uns sogar dazu veranlasst sehen, irgendwelche negativen Prophezeiungen (»Das wird bös enden!«) Wirklichkeit werden zu lassen.

Wird uns hingegen signalisiert – und das nicht nur einmal, sondern mehr oder weniger durchgängig –, dass wir okay sind, einmalig, liebenswert, so werden wir in die Lage versetzt, uns selbst zu mögen und zu schätzen. Wir trauen uns dann mehr zu, sind neugierig auf uns selbst und beobachten uns wohlwollend. Das ist dann eine gute Basis für die Entwicklung eines stabilen Selbstwertgefühls.

Das gilt für alle Menschen, ob Kinder oder Erwachsene. Adoptivkinder, die frühe Trennungen durchmachen mussten, brauchen erfahrungsgemäß mehr Bestätigung als andere Kinder. Sie schreiben sich oft (bewusst oder unbewusst) die Schuld dafür zu, dass sie von ihren biologischen Eltern nicht aufgezogen werden, indem sie davon ausgehen, dass etwas mit ihnen »nicht stimmt«, dass sie selbst irgendwie »schuld daran« seien, dass sie

[6] Eine Formulierung, die wir dankbar von Sherry Eldridge übernehmen; vgl. Eldridge (1999).

»die Mühe nicht wert« gewesen seien usw. Das ist keine gute Basis dafür, einen größeren Vorrat an Selbstwertgefühl anzulegen.

Aus diesem Grund sollten Sie Ihr Kind mit Anerkennung und Bewunderung überschütten, wo immer Sie eine Chance dazu sehen. Dieser Rat ist nicht wirklich schwer zu befolgen, und er zeitigt sofort Wirkungen. Dem Lob der Eltern kann sich kein Kind entziehen.

Zeigen Sie, dass Sie der Fan Ihres Kindes sind. Das ist – zugegeben – ziemlich schwer, wenn sich etwa Ihr 15-Jähriger gerade in einer Weise verhält, die Sie eigentlich »zum Kotzen« finden. Deshalb sollten Sie auch nicht versuchen, dieses Verhalten jetzt irgendwie als »toll« oder »großartig« herauszustreichen. Aber aller Erfahrung nach wird auch dieser 15-Jährige noch irgendetwas anderes tun, bei dem Sie Ihr Einverständnis und Ihre Anerkennung signalisieren können (kein Mensch verhält sich 24 Stunden am Tag, sieben Tage die Woche in einer für andere unerträglichen Weise, schließlich muss er ja auch mal schlafen). Jeder Mensch hat Talente und Qualitäten, man muss sie nur entdecken. Das gilt auch für Ihr Kind. Wer könnte oder sollte neugieriger darauf sein als Sie?

6. Gebot:
Stehen Sie Ihrem Kind gegenüber für Ihre persönlichen Werte ein, aber tun Sie dies ohne den Anspruch, eine höhere Wahrheit oder absolute Normen zu verwalten. Vergessen Sie dabei nicht, dass Ihre alltäglichen Verhaltensweisen im Blick auf Ihre eigenen Werte aussagekräftiger sind als alle Worte.

Warum?

Erziehung erfolgt zum größten Teil durch Vorbild. Kinder studieren ihre Eltern, sie analysieren die Regeln des Verhaltens und sind hoch sensibel für Widersprüche zwischen dem, was gesagt wird, und dem, was getan wird. So lesen sie die »tatsächlichen«

Werte und Prinzipien ihrer Eltern aus deren alltäglichem Verhalten ab, unabhängig davon, was sie erzählen mögen.

An diesen Werten orientieren sie sich in doppelter Weise. Zum einen dienen sie ihnen als Möglichkeit der Abgrenzung und der Bestätigung der eigenen Unabhängigkeit, zum anderen dienen sie der Identifikation.

Was immer Sie als Eltern tun, Sie laufen also Gefahr, dass Ihre Kinder genau das tun, was Sie als Eltern schrecklich finden – nur, um sich und Ihnen die eigene Unabhängigkeit zu beweisen. Auf der anderen Seite werden die Kinder Sie imitieren und nachahmen. Welche Auswahl Ihre Kinder da treffen, d. h., womit sie sich identifizieren oder wogegen sie sich abgrenzen, ist genauso wenig steuerbar wie die Auswahl der Gene, die bei der Zeugung eines Kindes wirksam werden.

Aber, je weniger Sie versuchen, Ihre Kinder in eine bestimmte Richtung zu drängen, und je mehr Sie Ihr Kind seinen eigenen Weg gehen lassen, selbst wenn er von Ihren Vorstellungen abweicht, desto mehr wird sich Ihr Kind an Ihnen orientieren. Dazu gehört aber, dass Sie für Ihre Sichtweisen einstehen und nicht – um der Mühe der Auseinandersetzung auszuweichen – den inhaltlichen Konflikt vermeiden. Es wäre ja auch unangemessen und wenig glaubhaft, wenn Sie mit den Meinungen Ihres Kindes immer übereinstimmen oder sein Verhalten gut finden würden. Ganz im Gegenteil, vieles werden sie ganz und gar nicht gut finden. Das weiß auch Ihr Kind, gerade dann, wenn es sich abweichend oder gar destruktiv verhält.

Wichtig ist dabei allerdings – das muss noch einmal betont werden –, dass Sie sich nicht auf einen Machtkampf einlassen. Schützen Sie sich vor Destruktion, aber lassen Sie Ihrem Kind seine Meinung. Thematisieren Sie diese Meinungsverschiedenheiten, aber vermeiden Sie die Frage oder gar die Entscheidung, wer denn nun Recht hat.

Sprechen Sie die Verhaltensweisen Ihres Kindes an, die sie nicht okay finden. Aber tun Sie das lieber nicht in emotional aufgeheizten Situationen, sondern mit einem gewissen zeitlichen und emotionalen Abstand. Dann können Sie nämlich alle den vergangenen Geschehnissen gegenüber in die Außenperspektive (Rückblick) gehen und über die Ereignisse reden, aber Sie sind nicht mehr Teil der Ereignisse. Auf diese Weise ist es auch möglich, Konsequenzen zu ziehen.

Angesichts der Tatsache, dass Ihr Kind Angst vor Autonomieverlust hat, ist es nützlicher, es dabei immer als ein wenig erwachsener, d. h. eigenverantwortlicher, zu behandeln, als Sie es tatsächlich einschätzen. Auf diese Weise eröffnen Sie ihm die Möglichkeit, auf die andere Seite der Ambivalenz zu gehen und sich seiner kindlichen Bedürfnisse bewusst zu werden.

Trotz der von Erziehern aller Schulen propagierten und bewährten Formel »Fordern und Fördern« sollten Sie im Zweifel Ihre Aktivitäten eher zur Seite des Förderns hin gewichten. Denn die Erfahrung zeigt, dass Fordern von den kämpfenden Adoptivkindern als Disziplinierung und Einladung zum Machtkampf verstanden wird. Ihre Sorge, verwöhnend zu wirken und ein »falsches« Bild der Welt zu vermitteln, ist unbegründet, solange Sie selbst ein nicht verwöhntes und eigenverantwortliches Leben führen, denn – wie gesagt – Erziehung erfolgt in erster Linie durch die praktizierten, impliziten Regeln des Zusammenlebens.

7. Gebot:
Seien Sie gegenüber der Außenwelt parteilich für Ihr Kind. Zeigen Sie ihm, dass Sie es bedingungslos – wie die sprichwörtliche Löwenmutter ihr Junges – verteidigen. Und tun Sie das selbst dann, wenn Sie sehen, dass Ihr Kind Unrecht hat.

Warum?

Gerade dann, wenn Sie sehen oder berichtet bekommen, dass sich Ihr Kind in einer Weise verhält, die für Sie wie für andere nicht akzeptabel ist, gehen Sie offen auf seine Seite. Wer sollte es denn sonst tun? Und wenn Sie es nicht tun, wird Ihr Kind erneut bestätigt finden, dass es allein gegen den Rest der Welt kämpfen muss.

Außerdem können Sie so Ihr Kind in vielen Fällen vor Übergriffen (z. B. der Schule) schützen. Denn – das zeigt die Erfahrung – die negativen Reaktionen, die ihr kämpfendes Kind bei anderen, vor allem den Vertretern gutbürgerlicher Normen wie etwa Lehrern, auslöst, stehen meist in keinem angemessenen Verhältnis zum Anlass (s. Familie Sommer: »Das Kind hat einen Keks zertreten!«).

Verhindern Sie, soweit es Ihnen möglich ist, die Pathologisierung und Ausgrenzung Ihres Kindes. Das heißt nicht, dass Sie irgendwelche therapeutischen Maßnahmen ablehnen sollten. Aber zu viel sollten Sie sich davon auch nicht versprechen, und eine Patientenkarriere ist immer hoch riskant, da sie eine Art des faulen Kompromisses, der Scheinlösung, darstellt, die sich leicht zu einem chronischen Zustand entwickelt. Denn die Schule – hier werden die meisten Patientenkarrieren eingeleitet – ist froh, das Kind oder den Jugendlichen, der den geordneten Ablauf stört, loszuwerden. Und das geht am besten, d. h. ohne schlechtes Gewissen der Beteiligten, wenn all dies »im besten Interesse des Kindes« geschieht und es in eine therapeutische Einrichtung eingewiesen wird. Für das Kind/den Jugendlichen ist das zunächst auch eine ganz attraktive »Lösung«, da es hier weniger Anpassungsdruck erlebt und scheinbar seinen individuellen Weg gehen kann. Doch Urmisstrauen kann nicht durch kurzfristige therapeutische Maßnahmen abgebaut werden. Solche Kinder/Jugendliche brauchen alltäglich spürbar dauerhafte, zuverlässige Beziehungen, um das nötige Vertrauen in andere Menschen wie auch sich selbst aufbauen zu können. Dies ist ein sehr zeitaufwendiger Prozess, und diese Art der Beziehung ist nicht in einem zeitlich begrenzten, professionellen Kontext zu finden, sondern nur in einer Familie oder – auch das ist ein gangbarer Weg – in einer Paarbeziehung (mit der Freundin/dem Freund). Eine Paarbeziehung hat hier sogar noch den Vorteil, dass sie in der Regel auf der Symmetrie der Partner beruht und daher nicht von vornherein durch das Misstrauen, das man Autoritäten (= Eltern) entgegenbringt, vorbelastet ist.

Parteilichkeit für Ihr Kind bedeutet, dass Sie sich eventuell auch den Ansinnen der Umwelt (auch hier ist wieder die Schule an erster Stelle zu nennen), für das Wohlverhalten Ihres Kindes zu sorgen, widersetzen müssen. Dies ist weniger eine Frage des Prinzips als der Pragmatik, denn Ihre Möglichkeiten, Ihr Kind zu irgendetwas zu zwingen, sind sehr begrenzt, wenn es sie denn überhaupt geben sollte. Also empfiehlt es sich, statt als Anwalt der Schule oder anderer gesellschaftlicher Institutionen zu fungieren, eher in die Rolle des Beraters oder Coachs Ihres Kindes zu gehen, um auf diese Weise die Anforderungen der Gesellschaft an ihre Mitglieder zu thematisieren. So können Sie auch den Schatten der Zukunft, d. h. die zu erwartenden negativen Konsequenzen abweichenden Verhaltens bzw. die positiven Konsequenzen des Wohlverhaltens, ins Bewusstsein Ihres Kindes bringen, ohne als Repräsentant der äußeren Realität wahrgenommen oder als zu bekämpfender, weil Unterwerfung fordernder, Gegner identifiziert zu werden. Aber auch da sollten Sie auf jeden Fall eine neugierig fragende Haltung einnehmen, um den Eindruck zu vermeiden, Sie wollten Ihr Kind in irgendeiner Richtung manipulieren.

8. Gebot:

Erzählen Sie Ihrem Kind – jeweils in der seinem Alter entsprechenden Form – alles, was Sie über seine Herkunft, die biologischen Eltern und die Hintergründe und Umstände seiner Adoption wissen. Das alles sollte nicht als Geheimnis behandelt werden oder als etwas, dessen man sich schämen müsste. In diesen Erzählungen sollten Sie den biologischen Eltern Ihres Kindes immer unterstellen, dass sie stets das Beste für Ihr Kind wollten. Enthalten Sie sich jeder Abwertung der biologischen Eltern, denn Sie würden damit auch Ihr Kind abwerten.

Warum?

Sie können nicht verhindern, dass Ihr Kind sich – früher oder später – mit seinen biologischen Eltern identifiziert. Das beginnt damit, dass es sich für seine Herkunft interessiert, und setzt sich spätestens in der Pubertät fort, wenn es sich gegen Sie als Eltern abzugrenzen versucht. Hier bietet ihm die Tatsache, noch über andere – »richtige« – Eltern zu verfügen die Chance, z. B. die eine Mutter gegen die andere auszuspielen. Auf solch ein Konkurrenzangebot sollten Sie sich auf keinen Fall einlassen. Im Zweifel nehmen Sie sogar Partei für die biologischen Eltern (meist geht es dabei ja nur um die Mutter). Das heißt nicht nur, dass Sie sich nicht gegen sie ausspielen lassen, sondern sie gegebenenfalls auch gegen eventuelle Vorwürfe Ihres Kindes verteidigen.

Widerstehen Sie der Versuchung, selbst zu glauben, Sie seien nicht die »richtige« Mutter Ihres Adoptivkindes. Denn eine gemeinsam durchlebte Geschichte (soziale Elternschaft) sorgt für gemeinsame Erfahrungen, die langfristig stärkere Bindungen schaffen können als die rein physische Mutter- oder Vaterschaft. Es gibt also keinen Grund, mit der biologischen Mutter um die Gunst und Liebe Ihres Kindes zu rivalisieren. Problematisch für Ihr Kind wäre es aber, wenn Sie es in einen Loyalitätskonflikt bringen, indem Sie seine Herkunft und damit das Kind selbst abwerten.

Wenn Sie von vornherein aus der Tatsache der Adoption kein Geheimnis machen und obendrein auch noch die abgebende Mutter in einem eher positiven Licht erscheinen lassen, so fahren Sie aller Erfahrung nach am besten.

Das wird Sie allerdings nicht vor Problemen schützen, die daraus resultieren können, dass sich, zum Beispiel, plötzlich die abgebende Mutter Ihres Kindes meldet und irgendwelche Ansprüche an dieses anmeldet (aber das sind dann Schwierigkeiten, die in eine andere Kategorie als die hier behandelten fallen, wo Sie erneut als Unterstützer Ihres Kindes in emotional schwierigen Situationen gefragt sind).

9. Gebot:
Machen Sie sich, Ihre Identität und Ihr Selbstwertgefühl unabhängig vom Verhalten Ihres Kindes. Schützen Sie sich vor seinen eventuellen »Ausrastern«, vor allem, wenn sie mit destruktiven Aktionen verbunden sind. Seien Sie darauf gefasst, dass Sie aufgrund der manchmal ziemlich radikalen Verhaltensweisen Ihres Kindes, die nicht immer den Erwartungen und Normen Ihres sozialen Umfeldes entsprechen, selbst vorübergehend in eine Außenseiterrolle geraten können.

Warum?

Wer ein Kind hat, das sich auffällig verhält, hat nicht nur viel Druck von anderen auszuhalten, sondern er oder sie setzt sich auch selbst unter Druck. Welcher vernünftige, zur Selbstkritik fähige Mensch würde sich nicht fragen, was er falsch gemacht hat oder anders machen könnte, wenn sein Kind offensichtlich Probleme hat bzw. von anderen in seinem Verhalten als problematisch bewertet wird? Diese Frage ist sicher immer berechtigt. Das heißt aber nicht, dass es wirklich in der Macht der Eltern läge, irgendwie steuernd oder disziplinierend auf ein Kind, das außer Rand und Band ist, einzuwirken.

In solch einer Situation ist es wichtig, dass Sie Ihr Selbstbewusstsein und Ihr Selbstvertrauen behalten. Auch wenn die Probleme mit Ihrem Kind Überhand zu nehmen scheinen, lassen Sie sich nicht darauf reduzieren, Vater oder Mutter eines schwierigen Kindes zu sein. Das ist natürlich nicht so einfach, falls Sie Ihre »Selbstverwirklichung« durch dieses Kind suchen. Das geht schon deswegen schief, weil dadurch die Beziehung auf den Kopf gestellt wird: Sie brauchen Ihr Kind mehr, als Ihr Kind Sie braucht. Wenn Sie in Ihrem Selbstwertgefühl abhängig vom Wohlverhalten Ihres Kindes sind, können Sie es auch nicht gegen eine ihm feindlich gegenübertretende Umwelt (z. B. in der Schule) verteidigen. Sie müssen dann sogar versuchen, Ihr Kind irgendwie »zur Raison« zu bringen, weil davon ja abhängt, wie

Sie sich selbst sehen. Dann aber ist der Machtkampf vorgezeichnet.

In Flugzeugen wird manchmal durchgesagt, im Falle des Sauerstoffdruckabfalls sollten die Eltern erst sich selbst die Sauerstoffmaske aufsetzen, bevor sie dafür sorgen, dass auch ihre Kinder die Maske richtig anlegen. Dieses Prinzip sollten sich auch Adoptiveltern zu eigen machen: *Sorge dich erst einmal um dein eigenes Überleben, bevor du dich um das Wohlbefinden deines Kindes kümmerst.* Denn Eltern sind in einer paradoxen Lage, die das Flugzeugbeispiel gut verdeutlicht. Die Sorge für sich selbst ist die Voraussetzung ihrer Sorge für das Kind. Wenn Eltern im Flugzeug in solch einer Notsituation erst ihren Kindern die Maske anzulegen versuchen, kann es passieren, dass sie selbst ohnmächtig werden, bevor sie dazu kommen, ihr Kind zu retten. Sorgen sie hingegen dafür, dass sie selbst handlungsfähig bleiben, so können sie auch alles tun, was für das Überleben und die Gesundheit ihres Kindes notwendig ist.

Nur Eltern, die stark sind und sich auch als Paar nicht so leicht verunsichern lassen, sind Sie in der Lage, die Auseinandersetzung mit Ihrem kämpfenden Kind auszuhalten und durchzustehen, ohne selbst die Flucht zu ergreifen oder die Trennung zu forcieren (vom Kind, vom Partner, von beiden …) – was dann für Ihr Kind wieder fatale Folgen hätte. Die Stabilität Ihrer Paarbeziehung ist nahezu unverzichtbar, wenn Sie die Beziehung zu Ihrem Kind auch in schwersten Zeiten nicht abreißen lassen wollen.

Um diese Stärke zu bewahren, kümmern Sie sich darum, dass Sie – allein wie zusammen – noch andere Themen und Interessen haben außer Ihrem Kind. Das ist manchmal schwer, weil Sie von der Dramatik des Geschehens regelrecht überschwemmt werden können. Trotzdem: Ihre Identität darf nicht allein daraus bestehen, Mutter oder Vater zu sein. Das ist ganz wesentlich für Ihr Kind – für jedes Kind –, denn sonst gewinnt es eine Wichtigkeit, die ihm langfristig nicht bekömmlich ist. Setzen Sie die Sauerstoffmaske auf, sonst können Sie auch nicht dafür sorgen, dass Ihrem Kind die Luft zum Atmen bleibt.

10. Gebot:
Haben Sie Geduld, Geduld, Geduld! Behalten Sie die Zuversicht, dass früher oder später alles gut wird!

Warum?

Adoptierte Kinder, die früh viele und/oder schmerzhafte Trennungen nur als »Kämpfer« oder »Vermeider« überleben konnten, brauchen sehr, sehr lange Zeit, um ihr Glaubenssystem, dass vertrauensvolle Beziehungen gefährlich sind, infrage stellen zu können. Dabei reicht das Verstreichen der Zeit allein nicht, sie müssen auch neue Erfahrungen machen können. Doch es ist nicht so leicht, korrigierende Erfahrungen zu machen: Wer kämpft oder vermeidet und überlebt, wird sich in seiner Vorannahme, dass der Kampf bzw. das Vermeiden ihn am Leben gehalten und vor Schrecklichem bewahrt habe, bestätigt sehen (= Händeklatschen gegen Elefanten).

Bei den Kämpfern kommt noch hinzu, dass ihr kämpferisches (= aggressives) Beziehungsangebot an die Menschen in der Umwelt (Schule, Arbeit etc.) dafür sorgt, dass mit großer Wahrscheinlichkeit ihr tief verwurzeltes Urmisstrauen bestätigt wird, d. h., die Trennungserfahrung wird wiederholt. Dies ist das tragische Muster einer selbsterfüllenden Prophezeiung.

Dieser Teufelskreis lässt sich am ehesten durch eine unerschütterlich zuverlässige Beziehung zu Adoptiveltern, die sich durch nichts und niemanden entmutigen lassen, durchbrechen. Dies ist ein Projekt, das nicht in ein oder zwei Monaten erledigt ist, sondern Jahre benötigt. Wenn Sie sich aber darauf einlassen, so können Sie erleben, dass Ihr Kind im Laufe der Zeit sein Urmisstrauen ablegt und sich seinerseits auf Sie einlässt. Und dann erhalten Sie sehr, sehr viel von Ihrem emotionalen Investment zurück. Allerdings sollten Sie nicht darauf spekulieren, denn es gibt natürlich keine Garantie dafür, und es handelt sich auch nicht um ein Tauschgeschäft, wo Sie Ihre Entlohnung einklagen könnten. Aber die Erfahrung zeigt, dass Sie oft umso mehr zurückbekommen, je mehr Sie sich plagen mussten. Was Sie aber in jedem Fall gewinnen und was Sie in der ganzen Zeit nicht aus dem Auge verlieren sollten, ist die Gewissheit, etwas unvergleichlich Sinnvolles zu tun.

Nachbemerkung

Mit diesen zehn Geboten kommen wir zum Ende unserer Ratschläge. Der Fokus der Aufmerksamkeit war dabei – wie zu Beginn angekündigt – auf die schwierigeren Fälle von Adoption gerichtet. Das heißt aber auch, dass wir ganz viele, wichtige Themen nicht besprochen haben. Das beginnt mit dem Entschluss und den Motiven, ein Kind zu adoptieren, den Mühen mit den Behörden, dem Warten auf das lang ersehnte Kind, den notwendigen Veränderungen der Paarbeziehung, wenn ein Kind in die Beziehung tritt, der Geschwisterrivalität, dem Verhältnis adoptierter Kinder zu ihren nichtadoptierten Geschwistern, Fragen, wie mit den abgebenden Eltern/Müttern umgegangen werden kann, usw.

All dies sind Fragen, die durchaus ein oder gar viele Bücher wert wären. Und es gibt Autoren, die sich mit diesen und ähnlichen Themen befassen (siehe das kommentierte Literaturverzeichnis am Ende des Buches). Wir haben diese Fragen hier ausgeklammert oder, wenn überhaupt, nur am Rande berührt. Der Grund ist, dass wir den Eltern zur Seite stehen wollten, die sich – wie es so schön heißt – über lange Zeit »am Rande des Nervenzusammenbruchs« bewegen. Unser Ziel war es, sie zu ermutigen und ihnen ein wenig aus der Isolation zu verhelfen, die daraus resultiert, dass nur wenige Menschen in ihrer Umgebung ihre Situation und Hilflosigkeit verstehen und nachvollziehen können. Und wir wollten wirklich Tipps geben, die Handlungsmöglichkeiten eröffnen, wo ansonsten nur Ratlosigkeit herrscht.

Um die Botschaft, die wir gern geben würden, noch einmal zu betonen: Auch wenn Sie mit Ihrem Kind durch extrem schwierige Zeiten gehen mögen, es lohnt sich durchzuhalten! Haben Sie Geduld mit sich und Ihrem Kind!

Kommentiertes Literaturverzeichnis

Da es uns hier nicht um die objektive Kritik von Büchern ging, haben wir in unser Verzeichnis nur Bücher aufgenommen, die wir persönlich empfehlen können – und natürlich die Publikationen, die wir im Text zitiert haben. Und da erfahrungsgemäß niemand alle Bücher zu einem Thema lesen kann, haben wir dabei noch einmal unterschieden und die Bücher, die wir besonders empfehlen wollen, mit einem Kommentar versehen.

Bonus, B. (2006): Mit den Augen eines Kindes sehen lernen. Norderstedt (Books on Demand).
Eines der inhaltlich von uns am meisten geschätzten Bücher, auch wenn die Autorin sich in das Modell der Traumatisierung verliebt zu haben scheint. Die ständige Wiederholung des Terminus »frühtraumatisiertes hochproblematisches Pflege- oder Adoptivkind« macht das Lesen wirklich etwas anstrengend, aber das beeinträchtigt die inhaltliche Qualität nicht. Hier können Eltern mit schwierigen Adoptivkindern ihre Situation wiedererkennen und Anregungen und Hilfen für den Alltag finden. Bettina Bonus zeigt in ihren Beispielen, dass es oft wirklich ums schiere Überleben geht.

Bott, R. (1995): Adoptierte suchen ihre Herkunft. Göttingen/Zürich (Vandenhoeck und Ruprecht).

Brisch, K. H. u. T. Hellbrügge (2003): Bindung und Trauma, Risiken und Schutzfaktoren für die Entwicklung von Kindern. Stuttgart (Klett-Cotta), 2. Aufl. 2006.
Hier geht es um theoretische Grundlagen der Bindungstheorie. Das Buch ist für diejenigen empfehlenswert, die sich auf einer allgemeineren Ebene mit dem Phänomen der Bindung beschäftigen wollen. Ratschläge für den Alltag sind nicht zu erwarten.

Brodinsky, D. M., M. D. Schechter a. R. M. Hening (1992): Being Adopted. The Lifelong Search for Self. New York (Random House).
Es sind 50 Jahre Erfahrung mit Adoptierten, die in diesem Buch eine Stimme bekommen. Verschiedene Autoren liefern sorgfältige Analysen unterschiedlicher Aspekte des Themas: Was es in den unterschiedlichen Lebensphasen eines

Menschen bedeutet, adoptiert zu sein; welchen Einfluss diese Tatsache auf das Leben aller daran Beteiligten – Eltern wie Adoptierten – hat; ob und, wenn ja, welche Unterschiede es zu leiblichen Kindern gibt; welche wissenschaftlichen Studien zu welchen Ergebnissen kommen etc.

Brodinsky, D. M., D. W. Smith a. A.B. Brodinsky (1998): Children's Adjustment to Adoption. Developmental and Clinical Issues. Thousand Oaks, California (SAGE).

Brodinsky, D. M. a. M. D. Schechter (1990): The Psychology of Adoption. New York (Oxford University Press).

Eldridge, S. (1999): Twenty Things Adopted Kids Wish Their Adoptive Parents Knew. New York (Random House).
Die Autorin, selbst ein adoptiertes Kind, schildert frank und frei und voller Gefühl, wie »die Amerikaner« nun mal so sind, ihren Lebensweg im Blick auf Adoption und Identitätsfindung. Das Buch ist sehr praxisnah, beschreibt die Probleme in jeder Lebensphase des Adoptierten, vom Kindesalter bis zum Erwachsensein. Hinter jedem Kapitel, für jede Phase, findet sich ein Abschnitt darüber, was das Kind braucht, ein weiterer Abschnitt, was die Eltern tun können. Sherry Eldridge liefert viele Ideen und Anregungen, wie man mit den kritischen Phasen und Problemen pragmatisch umgehen kann. Leider gibt es das Buch nicht auf Deutsch, das Englisch ist aber leicht zu lesen. Es ist mit sehr viel Herzblut geschrieben, was vielleicht nicht jedermanns Sache ist. Trotzdem ein gutes Buch.

Eldridge, S. (2003): Twenty Life Transforming Choices Adoptees Need to Make. Colorado Springs (Pinon Press).
Dieses Buch folgt dem Strickmuster des ersten Buchs, ist aber explizit für den Adoptierten geschrieben. Es ist ebenfalls sehr pragmatisch und voller Tipps, wie man konkret jedes genannte und psychologisch hinterfragte Problem angehen kann.

Lifton, B. J. (1994): Journey of the Adopted Self. A Quest for Wholeness. New York (Perseus Books).

Lifton, B. J. (1987): Adoption. München (Klett).
Ein Klassiker der Adoptionsliteratur, über dessen Thesen man sich auch streiten kann.

Omer, H. u. A. von Schlippe (2002): Autorität ohne Gewalt. Coaching für Eltern von Kindern mit Verhaltensproblemen. »Elterliche Präsenz« als systemisches Konzept. Göttingen (Vandenhoeck und Ruprecht).

Machleidt, W., L. Gutjahr u. A. Müggle (1989): Grundgefühle. Heidelberg (Springer).

Sichtermann, B. u. C. Leggewie (2003): Das Wunschkind. Adoption und Familie von heute. München (Ullstein).
Die Autoren beschäftigen sich aus soziologischer Sicht mit dem Thema Adoption. Ein lesenswertes Buch darüber, wie man seine Idee von Familie verwirklichen und leben kann. Wer allerdings Probleme mit seinem Adoptivkind hat, wird hier keine Hilfe finden.

Simon, F. B. (1990): Meine Psychose, mein Fahrrad und ich. Zur Selbstorganisation der Verrücktheit. Heidelberg (Carl-Auer), 11. Aufl. 2007.

Simon, F. B (2006): Einführung in Systemtheorie und Konstruktivismus. Heidelberg (Carl-Auer), 2. Aufl. 2007.

Riedle, H., B. Gillig-Riedle u. B. Riedle (2005): Adoption. Alles was man wissen muss. Würzburg (TiVan Verlag).
Ein neuerer, moderner und umfassender Ratgeber. Er ist praxisnah, gut geschrieben, und bietet zu vielen Fragen und Problemen Lösungsvorschläge. Es empfiehlt sich, das Buch schon im Vorfeld zu lesen, damit man weiß, was auf einen zukommt. Es ist auch nützlich, weil es spezielle Hilfen und Tipps für den Alltag gibt. Es bietet u. a. auch einen rechtlichen Teil zum Adoptionsverfahren, Adressen für Vermittlungsstellen, auch fürs Ausland etc.

Schleiffer, R. (1993): Anderssein – Zur Familiendynamik dissozialer Adoptivkinder. *Familiendynamik* 18: 386–396.

Schleiffer, R. (1997): Adoption: psychiatrisches Risiko und/oder protektiver Faktor. *Prax. Kinderpsychol. Kinderpsychiat.* 46: 645–659.
Zwei wissenschaftliche Artikel, in denen ein Kinder- und Jugendlichenpsychiater sehr schlüssig darstellt, wie das dissoziale Verhalten mancher Adoptivkinder zu erklären ist und warum die Adoption trotzdem – bzw. gerade deswegen – meist die beste Lösung für die Kinder ist.

Wendels, C. (1989): Mütter ohne Kinder: Wie Frauen die Adoptionsfreigabe erleben. Freiburg (Lambertus).

Wiemann, I. (2003): Pflege- und Adoptivkinder. Familienbeispiele, Informationen, Konfliktlösungen. Reinbek (Rowohlt).
Alle drei hier aufgeführten Bücher von Irmela Wiemann sind u. E. empfehlenswert, weil sie sehr praxisorientiert sind. An Beispielen zeigt die Autorin, wie

Probleme mit Adoptiv- und/oder Pflegekindern aussehen, wie der Hintergrund der Schwierigkeiten zu verstehen und zu erklären ist, was man tun kann, was man auf keinen Fall tun sollte, welche Fehler häufig gemacht werden usw. Eine Autorin mit langjähriger Beratungs- und Therapieerfahrung in diesem Feld, die jede Menge wertvoller Anregungen liefert.

Wiemann, I. (2005): Ratgeber Pflegekinder. Erfahrungen, Hilfen, Perspektiven. Reinbek (Rowohlt).

Wiemann, I. (2006): Ratgeber Adoptivkinder. Erfahrungen, Hilfen, Perspektiven. Reinbek (Rowohlt).

Über die Autoren

Christel Rech-Simon ist analytische Kinder- und Jugendlichen-Psychotherapeutin. Zunächst langjährige Arbeit in der Anstaltspsychiatrie, danach in eigener psychotherapeutischer Praxis. Gemeinsam mit Fritz B. Simon Autorin von *Zirkuläres Fragen. Systemische Therapie in Fallbeispielen. Ein Lernbuch* (15. Aufl. 2023). Herausgeberin der Kinderbuchreihe *Carl-Auer Kids*.

Fritz B. Simon, Dr. med., Professor für Führung und Organisation am Institut für Familienunternehmen der Universität Witten/Herdecke. Systemischer Organisationsberater, Psychiater, Psychoanalytiker und systemischer Familientherapeut. Mitbegründer der Simon, Weber and Friends, Systemische Organisationsberatung GmbH. Autor bzw. Herausgeber von ca. 300 wissenschaftlichen Fachartikeln und 35 Büchern, die in 15 Sprachen übersetzt sind.